Lindsay Brown

WIE STERNE IN DER NACHT

Lindsay Brown

Wie Sterne in der Nacht

Inspirierende Geschichten von Gottes Wirken an Hochschulen weltweit

Für unsere liebe

Anne-Christin

von Opa und Oma aus

Bad Lausick

FRANCKE
Verlag der Francke-Buchhandlung GmbH

— Weihnachten 2007 —

Über den Autor: Lindsay Brown hat Geschichte in Oxford und Theologie in Paris studiert. 1991–2007 war er als Generalsekretär der International Fellowship of Evangelical Students (IFES) weltweit unterwegs, um die 150 nationalen, zur IFES gehörenden Studentenbewegungen in ihrer missionarischen Arbeit zu unterstützen.

Bibelstellen sind, soweit nicht anders angegeben, nach der Luther-Übersetzung von 1984 zitiert.

Bibliografische Information Der Deutschen Bibliothek
Die Deutsche Bibliothek verzeichnet diese Publikation in der Deutschen Nationalbibliografie; detaillierte bibliografische Daten sind im Internet über http://dnb.ddb.de abrufbar.

ISBN 978-3-86122-970-4

Originaltitel: Shining Like Stars

Published by arrangement with Inter-Varsity Press, Nottingham, England

Übersetzung: Andrea Wegener
Lektorat: Ulrich Pontes
Umschlaggestaltung: Henri Oetjen, DesignStudio Lemgo
Satz: Verlag der Francke-Buchhandlung GmbH
Druck: Koninklijke Wöhrmann, Niederlande

www.francke-buch.de

Inhaltsverzeichnis

Widmung

Dieses Buch ist all meinen Mitstreitern in der International Fellowship of Evangelical Students gewidmet, deren Leben von der Leidenschaft bestimmt wird, unter Studenten in aller Welt Gottes Herrlichkeit zu verkündigen. Es war ein Vorrecht, in den letzten fünfundzwanzig Jahren an ihrer Seite zu arbeiten und zu dienen.

Ein ergreifender Bericht über *Gottes Geschichte mit der IFES*, durch den sich wie ein roter Faden Gottes Treue und Kraft sowie der Glaubensmut und die Ausdauer junger Menschen ziehen, die an mehr als Karriere interessiert waren und – oft durch Leiden hindurch – Sterne Gottes in einer dunklen Welt wurden. Ein lesenswertes Buch mit kostbaren Prinzipien für Menschen, die Jesus lieb haben und die mit ihrem Leben beitragen wollen zu *Gottes Geschichte mit dieser Welt*!

Noor van Haaften, Buchautorin und Referentin

„Wie Sterne in der Nacht" ist ein faszinierender Bericht über Entwicklung und Grundzüge der christlichen Studentenbewegung IFES. Es besteht aus bewegenden Lebensberichten von Menschen, die durch die persönliche Begegnung mit Jesus Christus radikal verändert wurden, und praktischen Beispielen aus aller Welt, wie das Evangelium an Hochschulen verkündigt wird. Ein eindrucksvolles Buch, das von jedem gelesen werden muss!

Dr. Detlef Blöcher, DMG-Missionsleiter und Vorsitzender der Arbeitsgemeinschaft Evangelikaler Missionen in Deutschland (AEM)

„Wie Sterne in der Nacht" ist ein unglaubliches Stärkungsmittel für den Glauben! Ich hatte den Eindruck, eine moderne Apostelgeschichte zu lesen. Die Seiten sind voll mit bemerkenswerten Geschichten darüber, wie Gott Menschen gebrauchen kann, die – überzeugt von der Wahrheit und der verändernden Kraft des Evangeliums – bereit sind, Verfolgung und Verurteilung zu riskieren. Lindsay Browns Einsichten in evangelistische Strategien sind von unschätzbarem Wert – nicht nur für die Studentenarbeit, sondern für die Kirche insgesamt. Ich konnte nicht aufhören zu lesen!

Rebecca Manley-Pippert („Heraus aus dem Salzfass")

Hervorragend, visionär und Glaubens-aufbauend.

George Verwer, Gründer von OM (Operation Mobilisation)

Die Universität ist ein Dreh- und Angelpunkt, von dem aus sich die ganze Welt bewegen lässt. Die Kirche kann sich selbst und dem Evangelium keinen größeren Dienst erweisen als zu versuchen, die Universitäten für Christus zurückzugewinnen. Noch viel mehr als in allen anderen Bereichen gilt:
Wer die Universitäten verändert, verändert die Welt.
(Charles Habib Malik, ehemaliger Vorsitzender der UN-Versammlung, 1981 bei den „Pascal-Vorlesungen über christlichen Glauben und die Universität“ in Waterloo, Kanada)

Die International Fellowship of Evangelical Students (Internationale Gemeinschaft evangelikaler Studenten, kurz IFES) wurde 1947 von den Leitern evangelikaler Studentenbewegungen in zehn Ländern gegründet[1]. Im Namen der Studenten und Hauptamtlichen ihrer Bewegungen beschlossen sie, daran zu arbeiten und dafür zu beten, dass Christus unter Studenten aller Nationen bezeugt wird. Inzwischen gibt es in 150 Ländern nationale Bewegungen. Der Aufgabe, der wir uns damals gestellt haben, sind wir bis heute unbeirrt verpflichtet; weiterhin setzen wir alles daran, in den noch nicht erreichten Ländern Studentenbewegungen ins Leben zu rufen.

Wir rüsten jede neue Studentengeneration dazu aus, (a) das Evangelium wirkungsvoll weiterzusagen, (b) Jesus Christus ernsthaft nachzufolgen und (c) Mission nie aus den Augen zu verlieren. Wenn unsere Studenten mit dem Studium fertig sind, möchten wir, dass sie der Gemeinde weltweit dienen und Christus in ihre jeweiligen Berufe und Arbeitsbereiche, in Familie und Gesellschaft tragen.

Unsere Arbeit konzentriert sich vor allem auf Universitäten weltweit, obwohl viele nationale IFES-Bewegungen auch unter Schülern weiterführender Schulen aktiv sind, einzelne auch unter Akademikern. Es gibt also ein weites Feld von Gelegenheiten, das Evangelium zu bezeugen. Die Geschichten in diesem Buch stammen aus dem Hochschulbereich.

www.ifesworld.org

Vorwort zur deutschen Ausgabe

„Jede christliche Bewegung braucht einen ‚story-teller'" – also jemanden, der die Geschichte und die Geschichten vom Wirken Gottes zu erzählen vermag. So hat es ein englischer Evangelist einmal formuliert. Lindsay Brown ist diese Gabe gegeben. Es gibt wohl wenige Menschen, die in so vielen Ländern der Welt leitende Persönlichkeiten in der missionarischen Arbeit namentlich kennen, oft zusammen mit Ehepartnern und Kindern. Als Generalsekretär der IFES hat er viele davon selbst besucht. Nach 16-jähriger Amtszeit trägt er nun Erlebtes und Beobachtetes zusammen.

Das Ergebnis ist nicht einfach nur eine Sammlung netter Geschichten. Es sind gedeutete Erlebnisse; ein spannender Einblick in die jüngere Kirchen- und Missionsgeschichte. Allein die eingeflochtenen grundsätzlichen und praktischen Schlussfolgerungen – man lese nur einmal das Kapitel 3 zum Thema Evangelisation – lohnen bereits die Lektüre dieses Buches. Was sich in den vergangenen Jahrzehnten weltweit in der christlichen Studierendenarbeit getan hat, ist bemerkenswert. Ein Leser meinte, eigentlich müsse man das Buch „Apostelgeschichte 29 Folgende" betiteln. Die Aufbruchgeschichte aus den Anfängen der jungen christlichen Gemeinde findet ihre Fortsetzung.

Die SMD (Studentenmission in Deutschland) gehört zur IFES. Als Mitgliedsbewegung sind wir dieser weltweiten Gemeinschaft sehr verbunden. Manche Entwicklungen der jüngeren Zeit, insbesondere nach dem Fall der Berliner Mauer 1989, haben wir von Deutschland aus aktiv miterlebt. Immer waren die geistlichen Aufbrüche in anderen Ländern für uns Auftrag und Inspiration zugleich. Auch daran hatte Lindsay Brown Anteil, wenn er uns in Deutschland besuchte, aktuell berichtete, internationale Partnerschaften stärkte und uns ermutigte, an unserer missionarischen Berufung festzuhalten.

Einblicke, wie sie Lindsay Brown vermittelt, brauchen wir gerade im säkularisierten und manchmal kirchlich-geistlich so deprimiert wirkenden Westeuropa. Die Gemeinde Jesu wächst weltweit – und wir können daran Anteil nehmen. Dieses Buch kann ein Therapeutikum gegen Hoffnungslosigkeit und Resignation in der missionarischen Verkündigung sein. Ich kann es nur wärmstens empfehlen.

Gernot Spies
Generalsekretär der SMD

Geleitwort zur englischen Originalausgabe

Mission unter Einheimischen im digitalen Zeitalter

Vor einem Vierteljahrhundert schrieben und redeten Spezialisten für Theologie und Mission endlos über Kontextualisierung. Ein Jahrhundert davor drehte sich alles um die Eigenständigkeit: Das Ziel von Mission, so wurde man damals belehrt, bestand darin, „einheimische" Kirchen zu gründen, Gemeinden also, die sich selbst verwalteten, selbst finanzierten und selbst weiter ausbreiteten. „Kontextualisierung" fügte dem nur noch ein Element hinzu: Die Gemeinden sollten auch selbst ihre Theologie formulieren, oder, um es anders auszudrücken, sie sollten sich mit der Bibel selbst auseinandersetzen und dabei überlegen, was sie in ihrer Sprache und Kultur, in ihren eigenen Strukturen zu sagen hatte.

Wie nicht anders zu erwarten war, führte der Ruf nach Kontextualisierung zu einigen guten und einigen schlechten Ergebnissen. Wo der eigene kulturelle Hintergrund zur letzten Beurteilungsinstanz erhoben wird, verliert die historische Verankerung – und manchmal sogar die Bibel selbst – an Gewicht und wird gezähmt. Manche Spielarten einer auf diese Weise kontextualisierten Theologie wurden zum bloßen Vorwand für sozialreformerische Bewegungen, die mit dem Evangelium von Jesus Christus nur noch am Rande zu tun hatten. Auf der anderen Seite war es sicher gut und richtig, dass Japaner und Bolivianer, Menschen aus Singapur und Ruanda lernten, die Bibel selbst zu lesen. Sie zogen ihre Lehren aus der Kirchengeschichte und blieben dem Evangelium treu – und doch schafften sie es, die Bibel vor dem Hintergrund ihrer eigenen Kultur und Umgebung zu lesen.

Natürlich muss Theologie weiterhin kontextualisiert werden; diese Aufgabe hört nie auf. Und doch scheint das Wort selbst heute fast ein wenig altmodisch. Missionsbeobachter und -theoretiker sprechen heute von der Globalisierung der Mission und der Globalisierung der Theologie. In unserer Welt, in der man so schnell von einem Punkt zum anderen reisen kann, in der Welt der digitalen Kommunikation lassen sich

Ideen, Augenzeugenberichte, Geschichten, Bilder und andere Daten schneller verbreiten als je zuvor. Und sobald eine Gemeinschaft zu dieser digitalen Welt Zutritt bekommt, kann man sie nicht länger als isolierte Gesellschaft betrachten, um derentwillen man alles kontextualisieren müsste: Sie wird Teil der weltweiten Gesellschaft, in der man voneinander lernt und einander beeinflusst. Wir können Kontextualisierung nicht einfach ignorieren, aber sie steht nun in einer Spannung mit Globalisierung.

Auch in dieser Entwicklung stecken Vorteile und Gefahren gleichermaßen. Wer immer das halbleere Glas sieht, wird sicher nur an die Gefahren denken; für wen das Glas halbvoll ist, der wird die Möglichkeiten und Chancen betonen.[2]

Manche von uns machen sich gerne bewusst, dass sich eines Tages Männer und Frauen aus jedem Volk und jedem Stamm, aus jeder Sprache und Nation um Gottes Thron sammeln werden, und natürlich freuen wir uns dann, dass Weltmission immer weniger bedeutet, dass Leute aus dem Westen in andere Länder gehen und Christus dort dienen, sondern dass Leute aus allen Ländern überallhin gehen. Und sogar in der Theologie – wenn wir auch niemals und unter gar keinen Umständen von der Bibel als unserem einen, letzten Maßstab abrücken dürfen – lernen wir voneinander und lehren einander.

Das Buch, das Sie in Händen halten, behandelt all diese Dinge nicht in der Theorie. Stattdessen tut es etwas viel Grundlegenderes: Es stellt Ihnen die Geschichten verschiedener Christen in einer bemerkenswert weltweiten Bewegung vor. Die International Fellowship of Evangelical Students (IFES) setzt sich aus vielen nationalen Studentenbewegungen zusammen und arbeitet unter einer der strategisch bedeutendsten Zielgruppen der Welt. Hochschulabsolventen wachsen in den meisten Ländern nicht nur zu Führungspersonal heran, aus ihnen rekrutiert sich auch die kommende Generation geistlicher Leiter. Lindsay Brown öffnet uns die Augen für das, was in der Welt passiert; er hilft uns damit, „globale Christen" zu werden.

Wenn Sie diese Kapitel lesen, werden Sie staunen, Sie werden ins Nachdenken geraten, Sie werden lachen und weinen. Und über all das hinaus werden Sie sich daran erinnern, dass der Herr Jesus Christus noch immer

Leute beruft. Dass Christen an vielen, vielen Orten Schwestern und Brüder haben, alle mit ihrer eigenen Geschichte. Dass Menschen, die mit Christi Blut erkauft sind, ihre Treue zum Evangelium und zu ihrem Herrn noch immer durch Ausdauer, Mut und mitunter Leiden bis zum Märtyrertod zum Ausdruck bringen. Und dass wir alle – nicht zuletzt wir hier im Westen – jede Menge von der Gemeinde weltweit zu lernen haben.

Dieses Buch ist nicht geschrieben worden, um alle strategischen oder theologischen Fragen zu klären, die bei der Behandlung dieses Themas auftreten könnten. Es ist geschrieben worden, damit wir wirkliche Brüder und Schwestern kennen lernen – und das ist wichtig. Denn weder die Wahrheit des Christentums noch seine Liebe können lange überleben, wenn wir die Menschen vergessen, die sie in sich tragen. Deswegen lesen Sie dieses Buch – und geben Sie es anderen weiter!

D. A. Carson
Trinity Evangelical Divinity School
Trinity International University

Vorwort

Wenn ihr als Kinder Gottes mitten in dieser verdorbenen und heillosen Welt vorbildlich lebt und die Botschaft, die zum Leben führt, an eure Mitmenschen weitergebt, werdet ihr unter ihnen wie Sterne am Nachthimmel leuchten.

(Phil. 2,15-16 nach der Neuen Genfer Übersetzung)

Was für ein herrliches und ausdrucksstarkes Bild Paulus hier gebraucht, um die Christen in Philippi zu beschreiben! Er sieht so Großes vor und in ihnen. Es ist nicht weiter überraschend, dass Menschen, die an Gottes Reich mitarbeiten, überall und immer wieder auf die Briefe von Paulus zurückkommen, um daraus Mut zu schöpfen und Grundprinzipien für ihre eigene Arbeit abzuleiten.

Die Universitäten der Welt widersetzen sich dem Evangelium vehement. Studenten zahlen einen hohen Preis, wenn sie an der Botschaft, die zum Leben führt, festhalten; davon werden Sie in diesem Buch einiges lesen. Und doch gibt es keinen bedeutenderen Einflussbereich, in dem Christus bekannt gemacht werden sollte. Die geistliche Arbeit unter Studenten ist immer eine zerbrechliche Angelegenheit: Selbst unsere erfahrensten Leiter sind erst seit einigen Jahren Christen; Tausende kommen erst während des Studiums zum Glauben. Und doch leiten sie Gruppen, die oft größer sind als durchschnittliche Gemeinden, die im Dialog mit anderen Glaubensrichtungen an vorderster Front stehen und sich in einem Umfeld zu behaupten haben, das der Wahrheit zutiefst feindlich gegenübersteht. Sie brauchen unser Gebet.

Seit dem Fall der Berliner Mauer 1989 haben wir erstaunliches Gemeindewachstum erlebt, und dieses Wachstum kommt auch in der Ausbreitung evangelikaler Studentenbewegungen zum Ausdruck. 1989 gab es in 100 Ländern Bewegungen, die sich zum Dachverband der IFES zählten; 2006 waren es schon 150 Länder. Hinter diesen Statistiken stehen Geschichten davon, wie Gott Studenten und Akademiker gebraucht hat – Geschichten, die dem Vergleich mit Gottes großartigem Wirken zu anderen Zeiten und mit anderen Menschen mühelos standhalten.

Eric Hobsbawm hat in seinem Buch *Das Zeitalter der Extreme* den Verlust des Geschichtsbewusstseins als „eines der unheimlichsten Phänomene des ausgehenden zwanzigsten Jahrhunderts" beschrieben. Wir sind unseren familiären und kulturellen Wurzeln immer mehr entfremdet worden, und das hat zu einem überwältigenden Gefühl der Heimatlosigkeit geführt. Unsere Generation ist regelrecht versessen darauf, Identität zu finden, und der Diskurs ist zu großen Teilen vom Geschichtsverlust geprägt. Das hat schwerwiegende Konsequenzen für uns als Christen. Die Heilige Schrift ist voll davon, wie Gott in der Geschichte handelt. Wenn wir uns dessen nicht bewusst sind, verliert unser Leben schnell an Tiefe.

Wenn wir uns die Geschichte der Gemeinde Gottes vor Augen halten, lernen wir Gott immer mehr so kennen, wie er ist, wir werden uns unserer Wurzeln neu bewusst und unser Glaube wird für die Taten gestärkt, die vor uns liegen. Ich bete, dass Sie durch dieses Buch, in den Geschichten dieser vielen gebildeten und doch demütigen Menschen, Gottes Wirken erkennen. Er ist es, der durch die mutigen Taten seiner Nachfolger handelt. Ich wünsche mir, dass Sie selber neu ermutigt werden, hinzugehen und Christus bezeugen, wo immer Sie sind: in der Schule, an der Universität, am Arbeitsplatz; in einer nominell christlichen Kultur oder in einer Umgebung, die dem Evangelium feindlich gegenübersteht.

> Darum auch wir: Weil wir eine solche Wolke von Zeugen um uns haben, lasst uns ablegen alles, was uns beschwert, und die Sünde, die uns ständig umstrickt, und lasst uns laufen mit Geduld in dem Kampf, der uns bestimmt ist, und aufsehen zu Jesus, dem Anfänger und Vollender des Glaubens, der, obwohl er hätte Freude haben können, das Kreuz erduldete und die Schande gering achtete und sich gesetzt hat zur Rechten des Thrones Gottes.
> Hebräer 12,1-2

Ich bin Gott sehr dankbar für die Unterstützung der vier stellvertretenden Generalsekretäre, die mir in den sechzehn Jahren an der IFES-Spitze zur Seite standen: Joshua Wathanga, Koichi Ohtawa, Jonathan Lamb und Las Newman. Ebenso für die Vorstandsvorsitzenden Anfin Skaaheim, Barney Ford und Dieter Brepohl. Daniel Bourdanné, mein Bruder und Kollege, dem Sie im 3. Kapitel begegnen werden, ist zu meinem Nachfolger ernannt worden, zum vierten Generalsekretär der IFES. Ich befehle ihn Ihren Gebeten an.

Beim Niederschreiben dieser Berichte und Erfahrungen sind mir Sophie Van Houtryve, Lindsey Capper und Kirsty Thorburn mit ihren Gaben im organisatorischen und Bürobereich eine unschätzbare Hilfe gewesen. Julia Cameron ist eine unermüdliche Redakteurin gewesen. Mängel in der Einschätzung und faktische Fehler gehen ausschließlich auf mein Konto.

Lindsay Brown
September 2006

Einführung:
Eine Leidenschaft für Gottes Herrlichkeit

In diesem Buch geht es um Studenten auf der ganzen Welt – und darum, wie Gott sie gebraucht hat. Es gibt uns einen kleinen Eindruck von ihrem Einsatz für Christus. Ein Einsatz, der viele von ihnen teuer zu stehen kommt. Wichtiger als ihr eigenes Weiterkommen ist ihnen geworden, dass Christus in ihrem Leben, an ihrer Universität und in ihrem Land verherrlicht wird. Sie haben sich die Worte Christi im Gleichnis vom reichen Kornbauern zu Herzen genommen und beschlossen, „reich bei Gott" zu sein (Lukas 12,21); Hunderte und vielleicht sogar Tausende sind ihm treu geblieben, selbst wenn es sie das Leben kostete.[3]

Es ist ihre Leidenschaft dafür, dass Christus verherrlicht wird, die mich zum Schreiben bewogen hat. Diese Leidenschaft hat mich oft in Frage gestellt, aber ebenso zutiefst begeistert und beflügelt. Wenn Sie selbst an einer Universität oder Hochschule studieren, wünsche ich Ihnen, dass diese Geschichten von Kommilitonen in anderen Teilen der Welt Sie anspornen, Christus auch in Ihrem Umfeld treu zu bezeugen. Sie sind Teil einer weltweiten Gemeinschaft! Wir alle aber sollten uns vom Leben und Zeugnis dieser Studenten neu aufrütteln lassen. Und wenn die Leidenschaft, die wir selbst einmal für Christus empfunden haben, verblasst ist, wünsche ich uns, dass diese Geschichten sie neu aufleben lassen.

Jesus Christus und die Universität

Es gibt viele Stellen in der Bibel, die studentische und hauptamtliche Mitarbeiter unserer Bewegungen sich immer wieder vornehmen. Eine von ihnen ist Kolosser 2,2-3, wo Paulus von seinem Gebet für die Christen in Laodizea und für andere Menschen, denen er nie persönlich begegnet ist, berichtet:

> ... damit ihre Herzen gestärkt und zusammengefügt werden in der Liebe und zu allem Reichtum an Gewissheit und Verständnis, zu erkennen das Geheimnis Gottes, das Christus ist, in welchem verborgen liegen alle Schätze der Weisheit und der Erkenntnis.

„In welchem verborgen liegen alle Schätze der Weisheit und der Erkenntnis" – was für eine gewaltige Beschreibung des Herrn Jesus! Wie könnten wir ausgerechnet an Hochschulen und Universitäten nicht um den Namen des Herrn eifern! Es ist ein Skandal – und zutiefst paradox – dass er ausgerechnet dort ignoriert, verachtet und lächerlich gemacht wird, wo Weisheit und Erkenntnis gesucht und gelehrt werden sollen.

An Hochschulen reifen Ideen und Beziehungen heran, die beiden Elemente, auf die es bei der Entwicklung der Menschheit letztlich ankommt. Sie werden dort zum Guten wie zum Bösen herangezüchtet. Universitäten sind das Schlachtfeld für allerlei Ideologien und Strömungen. Deshalb müssen wir unermüdlich beten und arbeiten, dass gerade dort Christus verherrlicht wird. Es ist kein Zufall, dass Charles Malik, der libanesische Christ und zeitweilige Präsident der UN-Vollversammlung, 1981 seine hervorragenden Pascal-Vorlesungen entlang der Frage entwickelte: „Was hält Jesus Christus von der Universität?"[4]

Wenn wir Jesus Christus zutiefst als den Handelnden in der Schöpfung begriffen haben, der alles zusammenhält, von dem und durch den und zu dem alle Dinge sind[5], müssen wir vor Lernen und Forschung keine Angst haben. Denn je mehr wir die Welt verstehen und begreifen, wie sie funktioniert, desto größer wird das Bild, das wir von Christus haben.

Wenn wir in den IFES-Bewegungen Studenten zur Jüngerschaft anleiten, fordern wir sie heraus, Gott „von ganzem Herzen, mit ganzer Seele, mit aller Kraft und aus ganzem Verstand" zu lieben.[6] Dass dazu an vielen Orten sehr viel Mut gehört, wird in diesem Buch deutlich werden.

Uns ist allen bewusst, dass an westlichen Universitäten eine laxe Sexualmoral herrscht und dass Studenten dem Anpassungsdruck oft nur schwer widerstehen können. Weniger bekannt ist, dass Studentinnen an vielen Orten in Lateinamerika und Afrika mit ihren Dozenten schlafen müssen, um überhaupt ihre Prüfungen zu bestehen. Gerade wenn man die hohen Aids-Raten in diesen Regionen bedenkt, ist es erschütternd, welche Tragik daraus für Studenten und ihre Familien, für ganze Länder und ihre Kulturen erwächst. Sie werden in diesem Buch von Studenten lesen, die vor sehr schwierigen Entscheidungen standen.

DEN GLAUBEN WEITERGEBEN – MOSLEMS UND CHRISTEN

Im Westen wird Mission von der Kirche oder christlichen Organisationen betrieben; im Islam, in dem es keine Trennung von Staat und Kirche gibt, ist Missionierung (da'wa) ein entscheidender Bestandteil der Außenpolitik.

Es ist kein Geheimnis, dass an mehreren großen Universitäten des Westens Lehrstühle mit Geldern aus der Golfregion gestiftet worden sind. Arabische Staaten haben auch wichtige Einrichtungen mancher Hochschulen ausgestattet: Bibliotheken, Studentenwohnheime und Wirtschaftsschulen, die von Studenten aller Religionen und Kulturen rege genutzt werden. Die islamische Welt investiert sehr geschickt in Wissenschaft und vergrößert ihren Einfluss dort beständig – und damit auch in den betreffenden Ländern. Die begabtesten muslimischen Studenten aus Afrika und Asien erhalten Stipendien, um im Ausland zu studieren. Das Ziel liegt auf der Hand: Es wird eine neue Generation islamischer Denker im Norden und Süden, im Westen und Osten herangezogen, die dann in ihren Ländern ihren Einfluss geltend machen.

In was investieren wir? Und wie? Wir haben nicht die Milliarden, die dem Islam zu Missionszwecken zur Verfügung stehen, und an vielen Orten scheinen wir uns vergeblich abzumühen. Wir dienen einem demütigen Christus, der die Botschaft von der Versöhnung an den Universitäten seinen Studenten anvertraut hat. Paulus hat das in 2. Korinther 5,20 deutlich auf den Punkt gebracht: „So sind wir nun Botschafter an Christi statt, denn Gott ermahnt durch uns“. Koichi Ohtawa, der zunächst mit der japanischen Bewegung KGK arbeitete und dann viele Jahre lang mit IFES in Ostasien, hat immer ein Bild aus dem Baugewerbe herangezogen, wenn er Studentenarbeit beschrieb: Sie ist wie das Einrammen vieler Pfähle in den Boden – sie geschieht allmählich, sie kostet jede Menge Energie und harte Arbeit, sie ist oft unspektakulär und nach außen hin unsichtbar. Aber sie ist das unverzichtbare und stabile Fundament, auf dem das Gebäude schließlich steht. In meinen dreißig Jahren in der Studentenarbeit hat es mich immer wieder bewegt, wie Gott ausgezeichnete Mitarbeiter dazu berief, Pfähle einzurammen – begabte Universitätsabsolventen, die wussten, worauf es ankommt. Von mehreren dieser Leute werden Sie hier lesen.

Manchmal gebraucht Gott Studenten in den extremsten Umständen, um ihren Völkern Frieden und Hoffnung zu bringen. Sie haben kein Geld, aber den Reichtum Christi; sie haben keine Macht, aber die Kraft des Heiligen Geistes. Sie tragen das Leben Christi in sich und haben ein Evangelium der Hoffnung zu bieten.

Diese Studenten sind die neue IFES-Generation. Als die Organisation 1947 entstand, schlossen sich die zehn Gründungsmitglieder mit dem Ziel zusammen, dafür zu beten und zu arbeiten, dass an jeder Universität der Welt ein klares Zeugnis für das Evangelium entsteht. Diesem Ziel ist auch jede neue nationale Bewegung verpflichtet. Wir sind es Christus und einander schuldig.

Nachtrag

Gott hat an Hochschulen nicht erst mit der Gründung der IFES zu wirken begonnen! Er ist der allmächtige Herr von Zeit und Ewigkeit, und er hat in jeder Generation Menschen berufen, die von ihm gezeugt haben. Wir tun gut daran, uns in Dankbarkeit an die Menschen zu erinnern, die dem Glauben treu geblieben sind und ihn weitergeben konnten. Und deswegen holen wir mit unserer Geschichte ein bisschen weiter aus.

1. Wozu Studenten so alles fähig sind

Nicht ist so kurz wie das Gedächtnis des Christenmenschen.
(Martin Luther)

Warum Geschichte so wichtig ist

Schon im sechzehnten Jahrhundert hat Martin Luther erkannt, wie wenig Wertschätzung Christen der Geschichte entgegenbrachten. Man kann sich gut vorstellen, wie er auf Henry Fords viel zitierte Bemerkung: „Geschichte ist Quatsch!“ reagiert haben würde … Die Geschichte kann uns so viel lehren. Trends und Sitten kommen und gehen; sie haben keinen Bestand. Aber an der menschlichen Natur hat sich seit 1. Mose 3 nichts mehr geändert.

Ich erinnere mich noch gut, wie ich einmal die Studentenbewegung in Israel besuchte. Zusammen mit einem Studenten, der offensichtlich wenig für Geschichte übrig hatte, wurde ich durch ein Museum geführt und ich fragte ihn, ob er schon einmal dort gewesen war. „Nein“, gab er zurück. „Ich finde Geschichte völlig sinnlos. Wir sollten uns nur auf Gegenwart und Zukunft konzentrieren.“ Meine Überraschung hat man mir bestimmt angesehen; es war das Holocaustmuseum, das wir besuchten!

Vielleicht würden viele gläubige Studenten und Akademiker auf der ganzen Welt diesem Studenten zustimmen, und doch glaube ich, dass alle Christen sich für Geschichte interessieren sollten. Schließlich ist die Bibel ein Buch voller Geschichte. Im Alten Testament wurden die Juden immer und immer wieder aufgefordert, sich an Gottes Taten zu *erinnern*. Im Hebräerbrief findet sich eine lange Liste mit großen Glaubensgestalten der Vergangenheit, die als Beispiel dienten. Josua 4,1-7 ist möglicherweise eine der bedeutendsten Stellen, in denen es um die Wichtigkeit von Geschichte geht (Hervorhebung von mir):

> Als nun das Volk ganz über den Jordan gegangen war, sprach der HERR zu Josua: Nehmt euch aus dem Volk zwölf Männer, aus jedem Stamm einen, und gebietet ihnen: Hebt mitten aus dem Jordan zwölf Steine auf von der Stelle, wo die Füße der Priester stillstehen, und bringt sie mit euch hinüber und legt sie in dem Lager nieder, wo ihr diese Nacht bleiben werdet. Da rief Josua die zwölf Männer, die er bestellt hatte aus Israel, aus jedem Stamm einen, und sprach zu ihnen: Geht hinüber vor der Lade des HERRN, eures Gottes, mitten in den Jordan und ein jeder hebe einen Stein auf seine Schulter, nach der Zahl der Stämme Israels, damit sie ein Zeichen seien unter euch. Wenn eure Kinder später einmal fragen: Was bedeuten euch diese Steine?, so sollt ihr ihnen sagen: Weil das Wasser des Jordans weggeflossen ist vor der Lade des Bundes des HERRN, als sie durch den Jordan ging, *sollen diese Steine für Israel ein ewiges Andenken sein.*

Geschichte war in der jüdischen Überlieferung sehr wichtig. Petrus steht in dieser Tradition, wenn er schreibt: „Ich halte es aber für richtig (...) euch zu erwecken und zu erinnern" (2. Petrus 1,13). Was hat man eigentlich davon, wenn man Dinge aus historischer Perspektive betrachtet? Ich möchte drei wichtige Punkte nennen.

Erstens erinnert uns die Geschichte an das, was Gott in der Vergangenheit getan hat – an erstaunliche Gebetserhörungen, Beweise seiner übernatürlichen Kraft, an Ereignisse, in denen er sichtbar in unser Leben eingegriffen hat. Das führt unweigerlich zum Lob. In den Psalmen steht die Aufforderung, Gott zu loben, immer und immer wieder hinter einer Auflistung all der Taten Gottes in der Vergangenheit. Der Psalmist fügt es wie einen Refrain ein: „*Denkt daran*, wie Gott uns aus Ägypten befreit hat, *erinnert euch*, wie er uns durch die Wüste geführt hat, *vergesst nicht*, wie er uns den Weg durch den Jordan bereitet hat, *denkt doch daran*, wie er uns ins Verheißene Land geführt hat. Deswegen lobt den Herrn!" Geschichtsbewusstsein ist notwendig, um zum Lob Gottes zu gelangen. Der Ausdruck „Lobt den Herrn!" kommt in der Bibel 550-mal vor. Es ist die häufigste Aufforderung und in fast allen Fällen kein bloßer Ausruf, sondern tatsächlich eine Anordnung. Wenn wir also wollen, dass Gott in unserer Gemeinde oder Studentengruppe mehr gelobt und gepriesen wird, sorgen wir an besten dafür, dass die Leute sich an die großen Taten Gottes in der Vergangenheit erinnern. Ohne diesen historischen Blickwinkel wird unsere Anbetung flach sein und nicht ganz dem biblischen Maßstab entsprechen.

Zweitens erinnert uns die Geschichte daran, wer wir sind – an unsere Identität und unsere Wurzeln. Wenn wir uns als Gottes Diener in einer langen Folge von Zeugen und Nachfolgern begreifen, hält uns das demütig. Hochmütige geistliche Leiter haben oft kein Empfinden dafür, was vor ihnen gewesen ist; ihnen ist nicht bewusst, dass ihnen der Stab von den Generationen treuer Christen vor ihnen übergeben worden ist. Demütige geistliche Leiter sehen sich selbst als Glied in einer langen Kette von Heiligen aller Zeiten.

Eines der Markenzeichen von Gottes Werk ist, dass es auch dann Bestand hat, wenn der Gründer oder Leiter nicht mehr da ist. Um das zu begreifen, muss man sich ein bisschen mit der Geschichte des Christentums befasst haben. Wer nichts über die Werke Gottes in der Vergangenheit liest und über die Leute, die er dazu gebraucht hat, der hat immer nur ein vages Gefühl für die eigenen Wurzeln und sein geistliches Erbe.

Drittens brauchen wir Geschichte, um unsere Ziele und Visionen für die Zukunft zu formulieren. Wenn wir uns das großartige Handeln Gottes in Erinnerung rufen, die mutigen Taten seiner Diener und das kühne Zeugnis der Menschen, die ihm gefolgt sind, hilft uns das, entschiedener und entschlossener vorwärts zu gehen. Wir begreifen: Wenn Gott in der Vergangenheit schwache, zerbrochene und oft ausgesprochen sonderbare Menschen benutzt hat, kann er auch mit uns etwas anfangen. Auf solch einer Grundlage können wir anfangen, unsere Träume zu entwickeln!

Hüten Sie sich vor Leuten, die sagen: „Du redest zu viel von der Vergangenheit!" Wir sollen nicht bei der Vergangenheit stehen bleiben, aber unser Startpunkt ist die Erinnerung an das, was Gott getan hat. Ich wünsche Ihnen, dass Glaube und Hoffnung in Ihren Herzen wachsen, wenn Sie von Gottes Wirken unter Studenten in aller Welt lesen!

STUDIEREN IM GEGENWIND

Die erste Studentengruppe, von der uns berichtet wird, bestand aus vier internationalen Studenten, die es in die Hauptstadt einer Weltmacht verschlagen hatte. Daniel und seine drei Freunde waren im fünften Jahrhundert vor Christus aus Israel verschleppt worden und als Gefangene im damals mächtigsten Reich der Welt gelandet, in Babylon, dem heutigen Irak.

> Im dritten Jahr der Herrschaft Jojakims, des Königs von Juda, zog Nebukadnezar, der König von Babel, vor Jerusalem und belagerte es. Und der Herr gab in seine Hand Jojakim, den König von Juda, und einen Teil der Geräte aus dem Hause Gottes. Die ließ er ins Land Schinar bringen, in den Tempel seines Gottes, und tat die Geräte in die Schatzkammer seines Gottes. Und der König sprach zu Aschpenas, seinem obersten Kämmerer, er sollte einige von den Israeliten auswählen, und zwar von königlichem Stamm und von edler Herkunft, junge Leute, die keine Gebrechen hätten, sondern schön, begabt, weise, klug und verständig wären, also fähig, an des Königs Hof zu dienen; und er sollte sie in Schrift und Sprache der Chaldäer unterrichten lassen. Und der König bestimmte, was man ihnen täglich geben sollte von seiner Speise und von dem Wein, den er selbst trank; so sollten sie drei Jahre erzogen werden und danach vor dem König dienen. Unter ihnen waren aus Juda Daniel, Hananja, Mischaël und Asarja. Und der oberste Kämmerer gab ihnen andere Namen und nannte Daniel Beltschazar und Hananja Schadrach und Mischaël Meschach und Asarja Abed-Nego. Aber Daniel nahm sich in seinem Herzen vor, dass er sich mit des Königs Speise und mit seinem Wein nicht unrein machen wollte, und bat den obersten Kämmerer, dass er sich nicht unrein machen müsste.
> (Daniel 1,1-8)

Sie standen vor einer doppelten Erniedrigung. Nicht nur waren sie aus ihrer Heimat verschleppt worden – nun sollten sie auch noch die Sprache und Kultur der Babylonier studieren, von denen sie besiegt worden waren! Obwohl sie massivem Druck ausgesetzt waren, sich anzupassen, hielten sie an dem Glauben fest, der ihr Leben bis dahin geprägt hatte; das war radikale Nachfolge!

Die Geschichte von Daniel, Schadrach, Meschach und Abed-Nego wiederholte sich Anfang der 1990er Jahre im Sudan, als die islamische Regierung des Nordens die Hauptuniversität von Juba, der Hauptstadt des Südens, gewaltsam schloss, und alle Studenten im Norden ansiedelte, in Khartoum, wo der Islam am stärksten ist. Unter den Umgesiedelten waren auch einige evangelikale Studenten, die das Evangelium mit an ihre neue Universität nahmen. Sie erzählten den anderen Studenten in Khartoum mutig von ihrem Glauben, was zu einer regelrechten Explosion der evangelikalen Studentenbewegung führte. Genau wie Daniel mussten sie unter einem fremden Gesetz leben, dem islamischen Recht der Scharia, und auch sie wurden gezwungen, eine fremde Sprache zu lernen, Arabisch. Es war eine doppelte Demütigung, wie sie es auch für Daniel gewesen war.

Wie Daniel und seine Freunde stellten auch sie sich nicht die Frage: „Warum hat Gott zugelassen, dass uns das hier passierte?" Ihre Frage war viel radikaler: „Wie kann mein Leben und Reden in meiner neuen Situation aussehen, damit es Gott gefällt und das Evangelium von Jesus Christus weiterträgt?" Das ist immer die Frage, die sich reife Christen in Zeiten der Not stellen. Und genauso wie wir aus der Geschichte Daniels lernen können, können uns diese einfachen Studenten, die die Saat des Evangeliums in ihrem neuen, fremden Land ausstreuten, ein Vorbild sein.

Sie bildeten Bibelkreise und luden ihre Freunde dazu ein. Studenten kamen in großer Anzahl zum Glauben. Ende der 90er trafen sich zur jährlichen Osterkonferenz mehr als 1300 Studenten und Jungakademiker. Das zog Kreise über die akademische Welt hinaus. Zu einer Konferenz kamen auch ein Armeegeneral, der Direktor einer Ölgesellschaft und Eltern von Studenten. Viele bekehrten sich.

2001 veranstalteten christliche sudanesische Studenten eine Konferenz zum Thema Weltmission. Sie mieteten sich in einem islamischen Jugendzentrum in Khartoum ein und hofften auf 600 Teilnehmer. Und kamen sechshundert? Nein. Mehr als doppelt so viele strömten herbei. Von der ersten Mahlzeit an mussten sich jeweils zwei Teilnehmer eine

Portion Essen teilen. Am letzten Tag waren es drei. Bei dieser Konferenz beschlossen ungefähr einhundert Studenten, dass sie Christus nach dem Studium in einer fremden Kultur dienen wollten. Das an sich war schon ergreifend. Aber weitere hundert Studenten kamen in diesen wenigen Tagen zum Glauben! Der Heilige Geist hatte Studenten zu einer Konferenz über Weltmission gezogen, obwohl sie selbst noch keine Christen waren – und das in einem Land, in dem alle, die zu Christus umkehren oder gar anderen das Evangelium weitersagen, ein großes Risiko eingehen. Was dort passierte, war wirklich „überschwänglich über alles hinaus, was wir bitten oder verstehen".[7]

WAS STUDENTEN IM LAUF DER JAHRHUNDERTE BEWEGT HABEN

Es gibt gute Argumente dafür, dass die Reformation – eine der bedeutendsten Bewegungen innerhalb der Kirchengeschichte – entstand, als der Heilige Geist unter Studenten in Europa wirkte, dass sie also in erster Linie eine Bewegung an den Universitäten war.

Martin Luther, der einen so nachhaltigen Einfluss in Europa, und dadurch in der ganzen westlichen Welt, ausübte, kam 1517 als junger Theologieprofessor in Wittenberg zum Glauben, als er die großartige Lehre der Rechtfertigung aus Glauben entdeckte. Seine ersten Nachfolger waren seine Studenten. Viele Historiker weisen darauf hin, dass die Reformation nur deswegen in Deutschland Fuß fassen und sich ausbreiten konnte, weil sich einzelne Fürsten hinter sie stellten. Verbreitet in ganz Europa aber wurden die Ideen, die Luther in seinen 95 Thesen vorgebracht hatte, durch Studenten, die in den Zentren der akademischen Welt von der gewaltigen Botschaft des Evangeliums mitgerissen worden waren.

Am Vorabend der Reformation in England lud Thomas Ridley eine Gruppe Studenten der Universität Cambridge in die „Herberge zum Weißen Ross" (White Horse Inn) ein und las mit ihnen heimlich aus dem Neuen Testament und Luthers Schriften. Einige aus dieser Gruppe wurden später auf dem Scheiterhaufen verbrannt, darunter in Oxford 1555–1556 Cranmer, Latimer und Ridley selbst. Latimers außergewöhnliche und mutige Worte sind durch die Jahrhunderte gehallt: „Fassen Sie Mut, Master Ridley! Mit uns wird heute eine Fackel angezündet, die nie wieder erlöschen wird." Ihr Zeugnis aus den Flammen des Scheiterhaufens heraus erinnert an das Zeugnis von Schadrach, Meschach und Abed-Nego.

Vom persönlichen Erleben des großen Reformators Johannes Calvin (1509–1564) wissen wir nur wenig, aber in seinem Hauptwerk „Unterricht in der christlichen Religion" erfahren wir, dass er sich als Student an der Universität Orléans in Frankreich bekehrte.

In dieser Zeit erschienen immer wieder einmal Studentengruppen in verschiedenen Ländern Europas auf der Bildfläche. Die Beteiligung von Studenten an der Weltmission lässt sich zum ersten Mal Anfang des siebzehnten Jahrhunderts in Deutschland nachweisen. Einige Jura-Studenten aus Lübeck, die zusammen in Paris studierten, verpflichteten sich, als Missionare in einer anderen Kultur das Evangelium zu verkündigen.[8] Drei von ihnen segelten nach Afrika. Von zweien von ihnen verliert sich jede Spur, aber der Name von Peter Heiling ist erhalten geblieben. Nachdem er zwei Jahre in Ägypten verbrachte hatte, reiste er 1634 nach Äthiopien, wo er zwanzig Jahre lebte und die Bibel ins Amharische übersetzte. Er starb dort den Märtyrertod. Heiling hatte keinen Nachfolger, und so wurde sein Werk nicht weitergeführt. Und doch ist es bewegend, sich diese Gruppe junger Studenten vorzustellen, die im Gebet und Dienst dafür einstehen, dass die Gemeinde sich in aller Welt ausbreitet.

Graf Nikolaus Ludwig von Zinzendorf (1700–1760), der in Wittenberg Rechtswissenschaften studierte, wurde von seinem Patenonkel, dem führenden Pietisten Philipp Spener, und von August Hermann Francke, dem Begründer des Waisenhauses in Halle an der Saale, maßgeblich geprägt. Schon in jungen Jahren war er in seiner Hingabe an den Herrn Jesus Christus und in seiner Nachfolge beständig und unbeirrbar. „Ich habe nur eine Passion, und die ist ER, nur ER!", schrieb er.[9]

Zusammen mit fünf anderen gründete Zinzendorf den „Senfkornorden", dessen Ziele denen der IFES sehr ähnlich waren. Sie betonten, dass sie den Wunsch hatten, Christus zu bezeugen; das Bestreben, das Evangelium in ferne Länder zu tragen; das Ziel, Christen zusammenzuführen; und die Hoffnung, Gläubigen beizustehen, die in einer Notlage waren. 1732 schickten sie ihre ersten Missionare in die Karibik, zur kleinen Insel St. Thomas. Man könnte also behaupten, dass die moderne weltweite Missionsbewegung eigentlich in den Herzen einer Gruppe junger Studenten geboren wurde, die sich in Halle zum Beten trafen.

Entwicklungen verbinden sich

Im folgenden Jahrhundert lässt sich beobachten, wie Gott auf wundersame Weise verschiedene dieser Linien zusammenbringt. Die Geschichte der Gruppe um Zinzendorf wurde in Oxford bekannt; sie inspirierte John und Charles Wesley, die Begründer der methodistischen Bewegung, und auch ihren Freund George Whitefield, der die Erweckungsbewegung des achtzehnten Jahrhunderts anführen sollte. Aber das war nicht der einzige Einfluss, der auf diese Männer in Oxford einwirkte, ein anderer kam aus dem Norden Schottlands.

Die erste von Studenten geleitete Studentengruppe der Neuzeit, von der wir wissen, wurde von Henry Scougal (1650–1678) an der Universität von Aberdeen gegründet. Er war ein offensichtlich hochbegabter Gelehrter, der mit neunzehn zum Philosophieprofessor ernannt wurde und mit dreiundzwanzig als Professor der Theologie den profiliertesten Lehrstuhl seiner Universität einnahm. Das kleine Buch, das er mit 26 Jahren schrieb, *The Life of God in the Soul of Man* („Das Leben Gottes in der Seele des Menschen"), bekamen die Wesleys von ihrer Mutter geschenkt.[10] Sie liehen es an George Whitefield aus, und dieser entdeckte darin das Evangelium der Gnade, nach dem er gesucht hatte. In die frühen Ausgaben dieses Buches war die Verfassung der christlichen Studentengruppe von Aberdeen eingedruckt, und diese diente den Wesleys als Vorlage für ihre eigene Gruppe, den sogenannten „Holy Club", in dem sie Klassiker und das Neue Testament lasen.

Charles Wesley trat 1726 ins College in Christ Church, Oxford, ein, als sein Bruder seine Studien dort gerade beendet hatte. John Wesley kehrte als Dozent nach Oxford zurück, allerdings ans Lincoln College. Im Oktober 1735 reisten die beiden Brüder nach Georgia, um der einheimischen indianischen Bevölkerung das Evangelium zu verkündigen.

John Wesleys Tagebuchaufzeichnungen aus dieser Zeit lassen darauf schließen, dass er sich zu diesem Zeitpunkt seiner Errettung noch nicht gewiss war und dass er auch deswegen nach Amerika reiste, weil er Gott besser kennen zu lernen hoffte. Nach einer Zeit des Dienstes in den Kolonien, die enttäuschend verlief, kehrte er nach England zurück, wo er Christus in einem Gottesdienst in London begegnete. Als er die Einführung zu Luthers Kommentar zu Römer 1 hörte, spürte er, „wie sich sein Herz seltsam erwärmte". Und so begannen fünfzig Jahre fruchtbaren Dienstes. Charles wurde vermutlich der bedeutendste Liederdichter der englischen Sprache.

Studenten in Cambridge

Charles Simeon kam 1779 zum Glauben, in seinem ersten Studienjahr am King's College in Cambridge.[11] Nach dem Studium wurde er Pfarrer der Holy Trinity Church, wo er über fünfzig Jahre lang tätig war. Er hatte enormen Einfluss. Immer wieder lud er Studenten in seine Wohnung am King's College ein, wo er Zeit seines Lebens wohnte; dort hielt er Bibelstunden für Studenten, Gebetstreffen und missionarische Tee-Partys ab. Eine Gruppe von fünf Studenten, die maßgeblich von ihm geprägt worden waren, gründeten die Jesus Lane Sunday School, in der sie unter den Jungen und Mädchen der Nachbarschaft das Evangelium von Jesus Christus verkündeten. Unter ihnen waren Männer wie B. F. Westcott, die später besonders wegen ihrer Bibelauslegungen bekannt und geschätzt wurden.

Henry Martyn, ein Mathematikstudent, der 1800 zum Glauben kam, wurde Simeons Hilfspastor. Martyn war der begabteste Mathematiker seines Jahrgangs. Sein Entschluss, nach Indien zu segeln und die Heilige Schrift ins Hindustanische, Persische und Urdu zu übersetzen, kam für diejenigen, die ihn kannten und wussten, wie sehr er von der Herrlichkeit Christi ergriffen worden war, nicht überraschend. Andere waren befremdet, dass ein Student mit einer so offenkundigen Begabung sein Leben auf diese Weise „verschwendete". Er starb im Alter von neunundzwanzig Jahren.[12]

1882, fünf Jahre nachdem die Cambridge Inter-Collegiate Christian

Union (CICCU) gegründet worden war, luden Studenten den bekannten amerikanischen Evangelisten D. L. Moody nach Cambridge ein. Es war ihr erster Versuch, das Evangelium in einem möglichst großen Rahmen an ihrer Universität bekannt zu machen. Einige Akademiker, die diese Gruppe unterstützten, hielten das für eine ausgesprochen unkluge Idee. Moody war weder Brite, noch entstammte er der Middle Class, und ein Gelehrter, der an Universitäten zu Hause war, war er erst recht nicht. Sie hatten Recht, und doch bemerkte Oliver Barclay, der zweite Generalsekretär der britischen IFES-Bewegung, zu dieser Initiative: „Sie war ausgesprochen unklug, aber sie kam trotzdem von Gott." Zur ersten Veranstaltung kamen 1700 Studenten. Viele waren nur gekommen, um sich ein bisschen zu amüsieren. Sie sangen freche Lieder, bauten aus Stühlen eine Pyramide und reagierten auf die Aufforderung zum Gebet mit „Hört, hört!" Moody kehrte zu seinem Hotel zurück, riss sich den schweißdurchtränkten Kragen vom Hemd und meinte: „Ich glaube, zu dieser Meute zieht mich nun wirklich gar nichts mehr!" Aber die Treffen gingen weiter, und die ersten Studenten bekehrten sich. Am letzten Abend war mehr als die Hälfte aller Bachelor-Studenten der Universität anwesend, und Moody bat alle, die während der Woche in irgendeiner Form Segen erlebt hatten, aufzustehen. 200 erhoben sich. Einer der erwähnten Akademiker bekam mit, dass Moody flüsterte: „Mein Gott, für das hier lohnt es sich wirklich zu leben." Die Evangelisation erregte im ganzen Land Aufsehen.

Zwei Jahre später stellte die Gruppe, die bald einfach als die „Cambridge Seven" bekannt wurde, sich der China Inland Mission zur Verfügung. Diese Männer waren begabt; sie stammten aus wohlhabenden, angesehenen Familien und arbeiteten alle viele Jahre lang als Missionare im Ausland. Unter ihnen war C.T. Studd, der in der Nationalmannschaft Kricket spielte und vermutlich eines der vielseitigsten Multi-Talente seiner Zeit war.[13] Stanley Smith, der auch zu den sieben gehörte, zog „mit Bibel und Zahnbürste" los, um in überfüllten Sälen das Evangelium zu verkündigen. In Edinburgh kamen zweitausend Studenten zusammen, um ihn reden zu hören, und viele bekehrten sich an diesem Abend. Die Gespräche zogen sich so lange hin, dass die Studenten um Mitternacht aus dem Saal geworfen werden mussten.[14]

Im Februar 1885 segelten die sieben nach China. Scharen von Studenten, die unter ihrem Einfluss ihr Leben Jesus ganz zur Verfügung gestellt hatten, taten es ihnen nach und zogen los, um in fremden Ländern das Evangelium bekannt zu machen. Das Vorbild dieser Menschen verursachte ein wahres Erdbeben unter den Studenten, und Handley Moule, der damals Leiter des Ridley Hall Theological College sowie Freund und Begleiter der CICCU war, musste seinen Studenten ins Gewissen reden, die geistliche Not in ihrem eigenen Land nicht ganz aus den Augen zu verlieren.

In den folgenden Jahren war viel Segen zu spüren, der sich in einem enormen Mut und einer begeisterten Hingabe an Christus ausdrückte. Die Studenten gewöhnten es sich an, viel für ihre Freunde zu beten, sie mit zum Gottesdienst zu nehmen und hinterher noch mit ihnen im Gespräch zu bleiben. Eine „Morgenwache"-Gruppe wurde gegründet, deren Mitglieder sich verpflichteten, jeden Morgen mindestens zwanzig Minuten, besser aber noch eine halbe Stunde für Bibellese und Gebet frei zu halten – heutzutage eher bekannt als „Stille Zeit".

Howard Guinness setzt einen Trend

Die Familie Guinness ist in der ganzen Welt bekannt – durch das gleichnamige Bier. Aber diese bemerkenswerte Familie hat noch in zwei weiteren Bereichen Großes geleistet: im Bankwesen und in der Weltmission. Es war ein Guinness, der eine Tradition in der IFES begann, die sich durch die Generationen hindurch und in der ganzen Welt gehalten hat.

Howard Guinness war Medizinstudent und leitete die Studentengruppe an der Universität London von 1926 bis 1928. In diesem Jahr wurde die erste Konferenz der frisch gegründeten Inter-Varsity Fellowship abgehalten. Den Studenten wurde bewusst, dass es strategisch sinnvoll war, in jeder Universität in Großbritannien eine Gruppe zu gründen, und ihr Glaube blickte gleich weiter: „Können wir denn nicht auch an den Universitäten anderer Länder christliche Studentengruppen gründen?" Der Gedanke ließ sie nicht los, und sie verkauften ihre Sportausrüstungen, um Howard Guinness als Abgesandten nach Kanada schicken zu können. Er segelte von Southampton los – mit einer einfachen Hinfahrkarte und einem neuem Mantel, der ihm in der Kälte Kanadas gute Dienste leisten sollte. Er kam in Montreal an und machte sich sofort an die Arbeit. Nachdem er eine Studentenbewegung gegründet hatte, bestürmte er die Kanadier, nun auch in den USA Pionierarbeit zu leisten und neue Gruppen zu gründen. Die erste Intervarsity-Gruppe in den USA entstand 1938 in Michigan. Guinness war schon 1930 weitergesegelt nach Australien und Neuseeland, um auch dort christliche Studentenbewegungen zu gründen.

Das Modell, das diese Londoner Studenten begonnen hatten, diente anderen als Vorlage. Von diesem Moment an übernahmen immer Studenten und Hauptamtliche aus bestehenden und funktionierenden Bewegungen die Verantwortung dafür, in anderen Ländern neue Gruppen zu gründen.

Diese Praxis hatte weitreichende Auswirkungen. Von Anfang an verstand sich IFES als Zusammenschluss von einheimischen nationalen Bewegungen, die andere einheimische nationale Bewegungen gründeten. Auf diese Weise wurden einfache Studenten zu Missionaren im Ausland – ohne besondere theologische Ausbildung und ohne erst Englisch zu lernen. Manche dieser Pioniere stammen aus einigen der ärmsten Länder der Welt. Während des zwanzig Jahre andauernden Bürgerkriegs im Tschad beispielsweise gründeten Studenten, die von ihrer Regierung an Universitäten im Ausland geschickt worden waren, IFES-Bewegungen in Niger, Mali, der Elfenbeinküste, im Senegal und in Burkina Faso. Ungefähr 50 Prozent aller Missionare, die in den letzten 50 Jahren von Indien ausgegangen sind, haben ihre geistlichen Wurzeln in der IFES.[15] Und wenn man sich die Missionsgeschichte von Indien oder dem Tschad einmal genauer ansieht, findet sich dort genauso viel Herausragendes wie in den Biographien von C. T. Studd oder Hudson Taylor. Niemand macht sich die Mühe, diese Geschichten niederzuschreiben, und doch zählen sie mit zu den großartigsten Begebenheiten in der Missionsgeschichte des zwanzigsten Jahrhunderts. Beim Lesen dieses Buches bekommt man eine kleine Ahnung davon. Es ist wirklich aufregend, sich bewusst zu machen, was all diese Menschen in Afrika und Asien dazu beigetragen haben, dass das Evangelium verkündet wurde!

Sicher haben die christlichen Studentenbewegungen in Großbritannien, Nordamerika, Korea, Australien und Neuseeland Bemerkenswertes zur weltweiten Kirche beigetragen. Aber wenn am Ende der Zeit die Bücher aufgeschlagen werden, werden wir auch die weniger bekannten Geschichten zu hören bekommen – die von den Studentenbewegungen in Indien und im Tschad, die von den ukrainischen Studenten in Zentralasien, die von den Balkanstudenten im muslimischen Europa und auch die von sudanesischen und nigerianischen Studenten in den Hochburgen des Islam.

Ein Student in Nordamerika

Kaum eine Kirche hat in der Vergangenheit so viele Missionare ausgesandt wie die in Nordamerika. Die ersten Bemühungen in dieser Richtung ließ Gott durch einen Studenten zustande kommen: Samuel Mills. Seine Mutter hatte ihn schon von Geburt an Gott geweiht, „um Gott als Missionar zu dienen" – was umso erstaunlicher ist, wenn wir uns bewusst machen, dass er 1783 geboren wurde, bevor überhaupt irgendwelche Missionare aus Nordamerika ausgesandt worden waren. Sie kannte keine Missionare in fernen Ländern, deren Vorbild sie zu diesem Schritt hätte bewegen können. Ein ungewöhnliches, prophetisches Wirken des Heiligen Geistes im Herzen dieser Mutter.

Samuel Mills wuchs mit den Schriften von William Carey auf. Dessen eindringliches Mahnen, die ganze Welt für Christus zu gewinnen, beeindruckte ihn sehr. Ab der ersten Woche seines Studiums am Williams College in Massachusetts gewöhnte er es sich an, sich jeden Mittwoch und Samstagnachmittag zum Gebet für die Welt ans Ufer des Hoosack zurückzuziehen. Vier weitere junge Männer schlossen sich ihm an. Im August 1806 wurden er und seine Freunde auf dem Heimweg zum College von einem Unwetter überrascht und suchten Zuflucht in einem Heuschober. Hier bestürmte Mills seine Kameraden, diesmal nicht für die Welt zu beten, sondern für sich selbst und für den Beitrag, den sie selbst zur Mission leisten sollten. Mit Gottes Hilfe musste es doch möglich sein, das Evangelium in jeder Kultur bekannt zu machen. Mills dachte an die Worte Kalebs, nachdem er und Josua mit den anderen

Kundschaftern aus Kanaan zurückgekehrt waren, und an diese Worte erinnerte er seine Freunde: „Wir können es schaffen" (vgl. 4. Mose 13,30). Also weihten diese paar Studenten in ihren nassen Klamotten sich selbst und ihre Zukunft der Ausbreitung des Evangeliums.[16]

Mills zog nach Yale um und brachte sein Studium dort zu Ende. Auch dort gründete er wieder einen Gebetskreis für Weltmission. Zur Gruppe in Yale gehörte auch Adoniram Judson, der am 19. Februar 1812 mit einer Gruppe von Leuten nach Asien segelte; sie waren die ersten evangelischen Missionare aus Nordamerika überhaupt.[17] Ihre Selbstverpflichtung, für die Weltmission zu beten, führte zur Gründung des *Student Volunteer Movements* (SVM), das die Studentenbewegungen mitriss und Zehntausende von Studenten dazu bewog, als Missionare in alle Welt zu gehen – ein ganz erstaunliches Wirken Gottes. (Was wir aus dem raschen Wachstum und späteren Verfall dieser Bewegung lernen können, steht im Kasten unten.)

Das Herzblut des SVM fließt nun durch die Adern der IFES-Bewegungen in den USA und Kanada; sie haben diese Ziele zu ihren eigenen gemacht. Zusammen haben die beiden großen nordamerikanischen Bewegungen seit 1947 alle drei Jahre eine große Missionskonferenz veranstaltet. Sie findet inzwischen in St. Louis, Missiouri, statt, hat ihren alten Namen „Urbana" aber behalten – er stammte vom ursprünglichen Veranstaltungsort an der Universität von Illinois in Champaign-Urbana. 25.000 Studenten kommen dort zusammen, und Hunderte von Missionaren auf allen Kontinenten haben den entscheidenden Impuls, Christus in dieser Weise zu dienen, auf dieser Konferenz erfahren.

Was wir aus dem Aufstieg und Verfall des Student Volunteer Movement lernen können

Auf der Mitgliedskarte des Student Volunteer Movement (SVM) stand das folgende Motto:

> „Die ganze Welt in dieser Generation mit dem Evangelium erreichen"

und darunter die Worte:

> „Es ist mein Ziel, als Missionar ins Ausland zu gehen, wenn Gott es will."

Das Wachstum der Bewegung innerhalb der nächsten drei Jahrzehnte lässt sich nur als phänomenal bezeichnen. Großer Einsatz an Universitäten, Konferenzen alle vier Jahre, eine Fülle von Literatur und häufige Vortragsreisen bewogen Tausende von Studenten, ins Ausland zu gehen.

1945, weniger als sechzig Jahre nach der Gründung der Bewegung 1888, reisten mindestens 20.500 Studenten, die diese Vereinbarung unterschrieben hatten, aus. Die meisten von ihnen wurden von Missionsgesellschaften oder Kirchen ausgesandt. Weitere 80.000 blieben zu Hause und verpflichteten sich, die Ausreisenden zu unterstützen. Es war ihnen ernst, sie waren fest in der biblischen Wahrheit verwurzelt, und die Leitung unter der Führung des tatkräftigen John R. Mott war leidenschaftlich von Weltmission begeistert.

Die Leiter reisten viel. Luther Wishard beispielsweise besuchte in den Jahren von 1886 bis 1888 mehr als fünfzehn Länder, darunter auch Japan. Die Studenten in Japan hielten eine landesweite Konferenz unter dem Motto: „Christliche Studenten erobern zusammen die Welt". Sie schickten ein Grußtelegramm an die amerikanische Studentenkonferenz:

> Kyoto, 5. Juli 1889. Macht Jesus zum König. (Unterzeichnende: 500 Studenten.)

Das Telegramm wurde auch den Leitern von Studentengruppen in Dänemark, Schweden und Norwegen vorgelesen. In diesen Ländern waren seit einer Erweckung in den 1880er-Jahren Gruppen entstanden, die zu Bibelstudium, Gebet und zur Evangelisation zusammenkamen. Im folgenden Sommer begannen Studentenkonferenzen auch in Skandinavien, und SVM-Bewegungen wurden in Dänemark, Frankreich, der Schweiz, Indien,

Deutschland und Skandinavien gegründet. 1895 entstand die World Student Christian Federation (WSCF), John Mott wurde ihr Leiter.
In der WSCF war Gott wirklich am Wirken. Es wehte ein sehr ähnlicher Geist wie heute in der IFES. Alle Leiter waren Evangelikale. Wo auch immer die Bewegung Wurzeln schlug, hielt sie Studenten zum persönlichen Bibelstudium und zur täglichen Stillen Zeit an. Zehntausende von Studenten bekehrten sich, und die SVM trug dazu bei, dass Missionsarbeit weltweit wuchs und regelrecht explodierte.
Und doch waren die geistliche Grundlage und die Evangelisationsbemühungen der WSCF nur zwanzig Jahre nach ihrer Gründung verloren gegangen. Die SVM ging ganz ein. Wie konnte es dazu kommen?
Der Vorstand wurde 1920 von sechs auf zwanzig Mitglieder ausgeweitet. Der Schwerpunkt verlagerte sich weg von Bibelstudium, Evangelisation und kompromisslosem Streben nach der Ehre Gottes. Stattdessen konzentrierte sich die SVM auf die Problemfelder Imperialismus, Beziehungen zwischen den Rassen und soziale Gerechtigkeit – alles Themen, die Christen etwas angehen, die aber nicht zum Endzweck werden dürfen. Diese Veränderung fiel nicht gleich auf; 1921 reisten immerhin 637 Hochschulabsolventen als Missionare ins Ausland aus. Aber die Einzigartigkeit und Herrschaft Jesu Christi geriet mehr und mehr in Vergessenheit, und auch vom oben zitierten Leitsatz der SVM wurde nicht mehr gesprochen. Mit der Zeit schien es kaum noch einen Grund für Weltmission zu geben; die Studenten hielten alle Religionen zunehmend für gleichwertig und bastelten sich eigene Weltanschauungen zusammen. 1936 war es um die Bibelkenntnisse unter den Delegierten einer SVM-Konferenz so schlecht bestellt, dass einer, der darüber schrieb, bemerkte: „Man hätte sie als das Missionsfeld bezeichnen können, nicht als die Missionare." 1934 gab es nur noch 38 Einsatzwillige. Bei der Fünfzig-Jahr-Feier wurde dem Gründer der Bewegung, Robert Wilder, kein nennenswerter Platz im Programm zugestanden.
Der Glanz war verschwunden.
1959 schloss sich die SVM mit dem United Student Christian Council und der National Student Christian Federation zusammen und wurde später Teil des University Christian Movement, das 1969 nicht mehr existierte.[18]

HEUTE: EINE NEUE GENERATION VON PIONIEREN

Seit 1989 hat die IFES in fünfzig Ländern bei der Gründung neuer christlicher Studentenbewegungen geholfen. Wie haben wir das mit so wenigen Mitarbeitern machen können? Viel ist geleistet worden von Jungakademikern, die ein oder zwei Jahre in einem Team mitgearbeitet haben.

ARBEIT IM TEAM

Jesus hat nicht nur die zwölf Apostel um sich geschart, sondern eine größere Gruppe, die viel mit ihm unterwegs war (vgl. Lukas 8, 1-3, wo wir erfahren, dass er von Maria Magdalena, Johanna, Susanna „und vielen anderen“ begleitet wurde). Der Apostel Paulus folgte diesem Beispiel; offenbar hatte er zu manchen Zeiten mehr als zwanzig Männer und Frauen, die man als seine Mitarbeiter bezeichnen würde. Silas und Barnabas waren die wichtigsten Mitstreiter, aber in den letzten Kapiteln mehrer Briefe (vor allem im Römerbrief) werden auch andere genannt.

Obwohl Paulus von Ortsgemeinden und anderen gläubigen Freunden unterstützt wurde, gab es immer wieder Zeiten, in denen er selbst Geld verdiente, während er das Evangelium verkündete.[19] Er arbeitete mit Aquila und Priscilla, die, wie er, Zeltmacher waren, und widmete sich in seiner freien Zeit der Evangelisation und den Streitgesprächen am Sabbat in der Synagoge.[20]

Gute Leiter erkennt man daran, dass ihre Begeisterung und ihr Vorbild auf das Team abfärben – besonders auf die jüngeren Leute, die nach jemandem suchen, dessen Leben und Glauben sie nachahmen können. In Matthäus 9, 35-10,20 lesen wir, wie Jesus seine Jünger mit einem besonderen Auftrag wegschickt, ihnen genau sagt, wie sie ihn auszuführen und was sie zu sagen haben, und sie anschließend zur Auswertung zusammenruft.

Dass die IFES Teams aus Jungakademikern einsetzt, geht auf eine Initiative der philippinischen IFES-Bewegung zurück. Als dort die ersten Absolventen-Teams gebildet wurden, war Leah Genita, die heute Präsidentin einer Organisation für Entwicklungshilfe ist, für die Koordination der Teams verantwortlich.[21] In einem Artikel in der *IFES review* beschrieb sie den Beitrag dieser Teams. Die Hauptamtlichen konnten ihrer

Aufgabe alleine nicht gerecht werden: Es gab so viele Gelegenheiten, an Universitäten außerhalb von Manila Pionierarbeit zu leisten, und weiter abgelegene Gruppen brauchten dringend Hilfe und Betreuung. Die Hauptamtlichen gingen also auf Studienabgänger zu und baten sie um ihre Mitarbeit. 1975 ging ein Team dieser Leute nach Davao City im Süden der Philippinen. Sie hatten vor, dort Arbeit zu suchen und in ihrer Freizeit die Gruppen zu unterstützen. Keiner von ihnen hatte die Zusage für einen Arbeitsplatz und es dauerte fast drei Monate, bis sie alle Geld verdienten. Im gleichen Jahr folgten zwei Studienabgänger ihrem Beispiel und zogen nach Cebu.

Die Begründung dafür, ein Team zu schicken, ist einfach. Mit einem weltlichen Job hat ein Berufsanfänger nicht allzu viel Zeit für die Arbeit unter Studenten übrig – im besten Fall zwanzig Stunden pro Woche. Aber ein Team von drei oder vier Leuten konnte Ressourcen bündeln und strategischer arbeiten. Die Teammitglieder bekamen nur sehr wenig Betreuung und waren aufeinander angewiesen. Die Teams gründeten zusammen WGs, nach Männern und Frauen getrennt, und gestalteten von zuhause aus ihren Dienst. Diese Teams von Jungakademikern ermöglichten es, dass die Arbeit auf den Philippinen im ganzen Land stark wuchs. Heute sind rund 200 Studienabgänger in dieser Arbeit engagiert, das Projekt nennt sich „Zu allen Inseln“. Viele Länder sind ihrem Beispiel gefolgt.

In Europa gab es bereits kleine Teams in Irland und Belgien, aber ein Schwerpunkt lag auf dieser Art der Arbeit nicht. Als jedoch einige von uns Leahs Artikel lasen, erkannten wir, dass sich weitere wichtige Städte auf dem ganzen Kontinent auf diese Weise vermutlich gut erreichen lassen würden.

Jungakademiker als Pioniere in Europa und Eurasien

1983 starteten wir unser erstes Team in Paris. Drei junge Frauen aus Großbritannien, die gerade ihr Studium abgeschlossen hatten, arbeiteten dort zusammen mit mir, dem frischgebackenem Regionalsekretär für Europa, und meiner Frau Ann. In unserem ersten Jahr stellten wir uns in der ganzen Stadt mit Büchertischen vor die Mensen und gründeten an fünfzehn zentral gelegenen Orten Studentengruppen. In den Sommermonaten stießen immer noch Studenten zu uns. Bald darauf verbreiteten sich aber in ganz Westeuropa Jahresteams von Jungakademikern. Als 1989 die Berliner Mauer fiel und der Kommunismus zusammenbrach, fand Jonathan Lamb, mein Nachfolger als Regionalsekretär für Europa, dass sich die Arbeit am besten in Richtung Osten ausweiten ließ, indem man mehr Teams bildete.

Studenten aus Nordamerika und Europa trugen in der Zeit, in der die Landkarten in Europa und Asien neu gezeichnet wurden, maßgeblich zum Wachstum bei. Sie lernten neue Sprachen, unterrichteten Englisch, freundeten sich mit Studenten an und gründeten Bibelkreise. Es war herrlich, das alles zu beobachten. Obwohl sie nur recht wenig Unterstützung von erfahrenen Hauptamtlichen erhielten, leisteten sie Großes in dieser Pionierarbeit. Sie hatten einen Blick dafür, wo Gelegenheiten günstig waren, und so begannen sie schnell mit der Arbeit in allen Staaten Mitteleuropas, in der Ukraine, Russland und den meisten Staaten der vormaligen Sowjetunion. So viele Türen taten sich auf – eine wirklich selten gute Gelegenheit.

Die erste Studentenkonferenz in der Ukraine fand 1992 statt, 40 Teilnehmer kamen dort zusammen. Zwei Jahre später waren es fast 400, die aus 25 Universitätsstädten angereist kamen, darunter vierzehn aus der kleinen Republik Moldau. Ich hatte das Vorrecht, bei diesem Ereignis als Redner geladen zu sein. Ich legte in diesen Tagen einige Kapitel des Buches Daniel aus. Am ersten Abend kamen viele Studenten, die eine weite Anreise gehabt hatten, etwas zu spät zur Konferenz, und so beschloss ich, das erste Kapitel, um das es an diesem Abend gehen sollte, aus Zeitgründen nicht mehr vorzulesen. Im Anschluss an den Vortrag kam ein Student auf mich zu und fragte, ob ich den Text am nächsten Abend doch noch lesen könnte. „Die Hälfte von uns hat keine Bibeln", erklärte er mir und fragte gleich weiter: „Wer ist denn eigentlich dieser Daniel? Von dem habe ich noch nie gehört." Und er fügte hinzu: „Dass es im Neuen Testament um Jesus geht, weiß ich – aber um wen geht es eigentlich im Alten Testament?" Ich fragte ihn, wie lange er denn schon Christ war. „Vier Wochen"; gab er fröhlich zur Antwort. Er war aus einem komplett heidnischen Hintergrund heraus zum Glauben gekommen. Am nächsten Abend fragte ich ins Plenum hinein, wie viele der Anwesenden als Studenten zum Glauben gekommen waren. Drei Viertel hoben die Hand, und von den übrigen waren die meisten noch gar keine Christen.

Es waren aufregende Zeiten voller günstiger Gelegenheiten in der ehemaligen Sowjetunion, und die Teams machten es möglich, diese Gelegenheiten beim Schopfe zu packen. Inzwischen gibt es in zwanzig Städten in Russland Studentenarbeit, verteilt über acht Zeitzonen von St. Petersburg bis Wladiwostok, außerdem im Kaukasus, im Baltikum, auf dem Balkan und zunehmend auch in den vielen ehemaligen Sowjetrepubliken, die auf „-stan" enden. Und fast alle diese Studentenbewegungen senden inzwischen ihre eigenen Absolventen, um bei der Pionierarbeit an weiteren Orten zu helfen.

Brendan ist ein kanadisches Teammitglied und hat Außergewöhnliches geleistet. Er kam als Mathematik-Absolvent von der Universität Waterloo und ist nun in einem der „-stans". Ich zitiere einige Auszüge aus E-Mails, die er in der letzten Zeit geschrieben hat, um einen kleinen Einblick in den breit gefächerten Dienst dieses jungen Kaleb zu geben. Ich habe sie in der Originalfassung (die aus Sicherheitsgründen nötig ist) belassen, so dass man manche Formulierungen noch „übersetzen" muss.

> Wir hatten zwei wunderbare Wochen am Eurasia-Institut.[22] Ich habe einen Kurs in theologischer Anthropologie belegt. Das war ein ganz schöner Hammer! Es wurde auch nicht einfacher dadurch, dass in Russisch unterrichtet und ins Englische übersetzt wurde. Unser Professor war extrem clever. Ich hab auch einen Kurs im Pr-gen belegt, in dem man lernt, sich ganz nahe an den Text zu halten. Es war sehr interessant, sich durch einen Abschnitt zu kämpfen und dann zu überlegen, wie man anderen seine Entdeckungen vermitteln kann.

Brendan reiste nach -stan zurück und leitete dort ein internationales Sommer-Team, das vor allem unter den einheimischen Studenten arbeitete:

Wir haben 46 -stanische Studenten, denen das englische Kulturprogramm gut gefällt; und das Team mögen sie auch. Jeden Samstag haben wir B-Diskussionsrunden. Am nächsten Sonntag beginnt unsere Leiterfreizeit mit 57 Studenten aus drei Städten. Ich werde zwei B-Auslegungen halten und würde mich freuen, wenn du mit daran „denkst". Danke, dass du auch an Stefan gedacht hast. Er hat noch endlos mit Al diskutiert, aber am Ende des Abends hat er sich der Familie angeschlossen! Er spielt Gitarre und hilft im Musikteam aus. Man hat mir erzählt, dass er das Buch von Johannes ganz gelesen hat.

Elisabeth, die in Cambridge Russisch studiert, ist gerade von ihrem Auslandsjahr zurückgekehrt. Sie hätte an einer russischen Schule Englisch unterrichten oder selbst einen Kurs an einer der dortigen Universitäten belegen können. Aber als sie von den Möglichkeiten in Zentralasien hörte, beschloss sie, Leuten wie Brendan zu helfen. Auch ihre E-Mails vermitteln einen Eindruck von ihren Erlebnissen. Das zusätzliche x in auffällig christlichen Wörtern verhindert, dass Suchmaschinen auf die E-Mails aufmerksam werden.

Unserer Studentengruppe geht es wirklich gut. Wir haben eine Wochenend-Konferenz geplant zum Thema „Bxibel und Leben", bei der es um Gnade geht und um den Herrschaftsanspruch von JC, um Stille Zeit und um Evaxngelisation.

Ich schaue mir mit den einzelnen Studenten verschiedene Versprechen in der Bxibel an, und dann bxeten wir darüber.

Die Freundin, für die ich um Gxebet bat, ist zu unserem BK gekommen! Wir haben beschlossen, uns jede Woche zu treffen und zusammen Johannes zu lesen. Sie möchte gerne die Bxibel verstehen und trotzdem Muslima bleiben. Bittet Gxott, dass er sie zu sich zieht! Ich habe gerade heute wieder gelesen, „was bei Menschen unmöglich ist, ist bei Gxott möglich."

> Mein Geburtstag war echt toll. Es gab fünf Kuchen und drei Partys. Die verstehen hier wirklich was vom Backen! Ich habe zwei Tage lang nichts anderes gemacht als gegessen. Die Temperatur ist hier tagsüber schon mal auf -35°C und nachts auf -46°C abgesunken. Übrigens hat dieses -stan weltweit das zweitgrößte Wirtschaftswachstum!

Brendan und Elisabeth haben nicht nur das Evangelium von Jesus Christus mit diesen Studenten und Uni-Abgängern geteilt, sondern sogar ihr Leben. Die Menschen aus -stan sind ihnen ans Herz gewachsen, wie die Thessalonicher seinerzeit Paulus. Ich würde so gerne ausführlicher von der aufreibenden und manchmal auch gefährlichen Arbeit schreiben, die diese beiden und so viele andere tun, um eine Grundlage für die christliche Studentenarbeit auf diesem riesigen Kontinent zu schaffen.[23] Möge Gott uns noch mehr solcher Leute mit einem Geist wie Kaleb schenken, denn mit Gottes Hilfe können wir es gewiss schaffen.

Diese kleinen Studentengruppen in vergangenen Jahrhunderten konnten nicht ahnen, was der Herr aus ihren Gebeten machen würde. Was für ein Vermächtnis sie hinterlassen haben!

2. Ein Gott, der über allem steht – und Menschen, die mutig handeln

Betet zugleich auch für uns, dass Gott uns eine Tür für das Wort auftue und wir das Geheimnis Christi sagen können, um dessentwillen ich auch in Fesseln bin.

(Kolosser 4,3)

Bete, als ob alles von Gott abhinge – und arbeite,
als ob alles von dir abhinge.

(John Wesley)

Wenn eine Bewegung wächst, kommen immer zwei Dinge zusammen: Gottes allmächtiges, souveränes Handeln hinter der und durch die Geschichte, und die mutigen Taten treuer Männer und Frauen. Beide lässt sich auch in der Geschichte der IFES beobachten.

Einfach gesagt drückt sich Gottes souveränes Handeln darin aus, dass er die Völker und auch die Lebensumstände und -geschichte der einzelnen Christen bestimmt. Ich kann mich noch erinnern, wie während meines eigenen Studiums in Oxford Sergei Tarassenko, ein russischer Physiker, über Gottes kosmische Perspektive sprach. Wir neigen immer dazu, sagte er, Ereignisse danach zu beurteilen, was sie für uns im Hier und Jetzt bedeuten, aber Gott hat einen viel weiteren Blickwinkel: Er beurteilt Ereignisse danach, wie sie dazu beitragen, dass wir Christus ähnlicher werden und dass die Ausbreitung und der Einfluss des Evangeliums in unserem Land und in der ganzen Welt gefördert wird.

Das erinnert uns wieder daran, dass geistlich reife Fragen in schwierigen Zeiten darauf zielen, wie wir Gottes Willen tun und damit dem Evangelium dienen können. Beispiele dafür finden wir im Alten und im Neuen Testament.

Als Josef mit seinen Brüdern, die ihn in die Sklaverei verkauft hatten, wieder vereint war, konnte er sagen: „Ihr gedachtet es böse zu machen, aber Gott gedachte es gut zu machen“. Er sah, dass Gott seine Gefangenschaft in Ägypten um der Leute in Israel willen zu etwas Gutem verwandelt hatte. Seit seiner Entlassung aus dem Gefängnis war er zum Premierminister aufgestiegen und hatte nun die Zuteilung von Vorräten und Lebensmitteln unter sich. In dieser herausragenden Stellung konnte er nicht nur seiner eigenen Familie, sondern auch den Leuten in Israel und Ägypten durch mehrere Hungerjahre helfen. In Josefs Stimme findet sich keine Spur von Bitterkeit, als er diese Worte zu seinen Brüdern sagt.

Ganz Ähnliches schreibt Paulus aus seiner Gefängniszelle an die Gemeinde in Philippi, eine römische Kolonie in Mazedonien. Diese junge Kirche hatte Angst vor der Zukunft. Ihr Leiter saß im Gefängnis, und sie waren allein zurückgeblieben, eine bunt zusammengewürfelte Gruppe junger Christen, die sich nicht sicher waren, ob sie ihr christliches Zeugnis würden aufrechterhalten können. Paul erinnert sie Philipper 1 an drei Wahrheiten:

- *Erstens,* die Zukunft jedes Christen ist gesichert. In 1,6 verspricht er den Philippern, „dass der in euch angefangen hat das gute Werk, der wird's auch vollenden". Er erinnert sie daran, dass Gott bei ihnen ist und ihnen zur Seite steht. Das hat Anklänge an das, was er im Brief an die Kolosser geschrieben hat: dass das Leben der Christen in Gott verborgen ist (Kolosser 3,1-3).
- *Zweitens,* die Zukunft des Evangeliums ist gesichert. In Philipper 1,12-17 beschreibt er, dass durch seine Gefangenschaft Gefängniswärter das Evangelium zu hören bekommen haben und dass viele „umso kühner geworden [sind], das Wort zu reden ohne Scheu." Obwohl die Situation also düster scheint, sieht Paulus in seiner Gefangenschaft eine von Gott gegebene Möglichkeit, das Evangelium auszubreiten.
- *Drittens,* seine eigene Zukunft ist gesichert, wie er in den Versen 21-24 mit starken Worten schreibt: „Denn Christus ist mein Leben und Sterben ist mein Gewinn." Er ermutigt die Philipper, standhaft zu bleiben und keine Angst zu haben, und er erinnert sie daran, dass zum Leben als Christ auch Leiden gehört. „Denn es ist euch gegeben um Christi willen, nicht allein an ihn zu glauben, sondern auch um seinetwillen zu leiden" (V. 29).

Im Kapitel 7 wird es kurz um den Zusammenbruch Jugoslawiens gehen, aber an dieser Stelle möchte ich einen kleinen Einblick geben in das, was im Moment in Bosnien geschieht. Unsere junge Bewegung dort wird von einer begabten und tüchtigen jungen Frau aus einer muslimischen Familie geleitet. Ich werde sie an dieser Stelle Elena nennen.

Elenas Geschichte

Elena hat ihre Geschichte 2005 bei einem Treffen junger Leiter in Hongkong erzählt. Sie bekehrte sich zu Christus durch eine Schulfreundin. Mit ihr blieb sie in Briefkontakt, um geistlich weiter wachsen zu können, als die beiden 1992, zu Beginn des Krieges, auseinandergerissen wurden. Ihre Briefe fielen der Polizei ihrer Stadt in die Hände, und so wurde diese junge Christin zum Verhör vorgeladen. Ihre Familie wusste von ihrer Bekehrung bis dahin nichts und erfuhr erst durch die Vorladung davon. Mit Gottes Hilfe blieb sie Christus bei der Beantwortung aller Fragen treu, und ihre Familie kam ihr zu Hilfe, obwohl sie die Nachricht von Elenas Bekehrung selbst noch nicht ganz verdaut hatte.

Ihr Vater machte deutlich, dass es die Polizisten überhaupt nichts anging, was seine Tochter glaubte, und dass er sich nicht vorschreiben lasse, wie er seine Familie zu führen habe. Ihr Großvater ging zu dem General, unter dem er gedient hatte, und sagte ihm, dass er ihn persönlich dafür zur Verantwortung ziehen würde, wenn Elena etwas passierte. Und ihr Bruder schwor, dass er jeden umbringen würde, der seiner Schwester etwas zuleide täte. Und das waren alles Moslems! Im Krieg wurden sie zweimal ausgebombt, und obwohl zu dieser Zeit alle im Haus waren, kam durch ein Wunder niemand zu Schaden. Der Herr hielt offensichtlich seine schützende Hand über Elena.

In der bosnischen Bewegung gibt es inzwischen rund zwanzig Studenten, die sich auf drei Städte verteilen. Elena, die selbst noch studiert, trommelt sie einmal im Monat zusammen, damit sie gemeinsam beten und die Gemeinschaft genießen können. Sie mögen eine kleine Bewegung sein, aber das hält sie nicht davon ab, selbst in der Weltmission aktiv zu werden. Schon jetzt schicken sie zwei aus ihren Reihen jeden Sommer in ein anderes islamisches Land, um der dortigen kleinen

Studentengruppe beim Evangelisieren zur Seite zu stehen. Wir haben ein Evangelium der Hoffnung – und es leuchtet hell!

REBEKKAS GESCHICHTE

Manchmal arbeitet Gott wirklich auf merkwürdige Weise. Rebekka, eine Studentin, die zu einer unserer Konferenzen kam, traf dort auf Femi Adeleye, den IFES-Regionalsekretär ihrer Gegend. Rebekka war als fundamentalistische Muslima aufgewachsen, ihr Vater war Imam. Sie hatte noch nie einen Christen getroffen, bis Gott die Hand nach ihr ausstreckte. Ihr Leben begann sich durch Träume zu verändern (in muslimischen Kulturen ist das nicht selten). Sie träumte von einem Kreuz, das von ihrem Kissen in den Himmel wuchs, von einem hellen weißen Licht, das andere nach oben zog, während sie unten in der Dunkelheit blieb, und von einem großen Buch, das vor ihr ausgebreitet war und in dem auf Arabisch geschrieben stand: „Jesus ist der Sohn Gottes. Bete ihn an."

Aus Angst behielt sie diese Träume für sich. Aber sie war aufgewühlt und wusste, dass sie keine Ruhe finden würde, bevor sie dieses Rätsel gelöst hatte. Sie lernte einige Mädchen von einer christlichen Missionsschule kennen und borgte sich von ihnen ein Neues Testament aus. Als sie darin las, merkte sie, dass Gott ihr die Wahrheit darüber offenbart hatte, dass Christus der Herr ist. Schließlich bat sie Jesus, in ihr Herz zu kommen. Als sie ihren Brüdern und Schwestern erzählte, was passiert war, hielten diese das für Gotteslästerung und eine Schande für die Familie. Als ihre Versuche scheiterten, sie zum Widerruf zu bewegen, begannen sie, Rebekka zu schikanieren und zu quälen. Schließlich heckten sie einen Plan aus, sie umzubringen.

Eines Nachts schlich ihre Schwester zu Rebekka, um nachzusehen, ob ihre Schwester schlief, damit ihre Brüder sie töten konnten. Ein helles Licht verstellte ihr jedoch den Weg. Ihr blieb nur der Rückweg, und so schlich sie, erschrocken über das helle Licht, zu ihrem Schlafplatz zurück. Am nächsten Morgen warnte sie ihre Brüder, die Finger von Rebekka zu lassen, weil sie von „starken Geistern" beschützt werde.

Rebekka wurde zur Ehe mit einem fundamentalistischen Muslim genötigt, aber sie blieb ihrem Glauben treu, obwohl ihr Mann sie oft einsperrte, um sie vom Kontakt mit anderen Christen abzuhalten. Rebekkas Mann wünschte sich verzweifelt ein Kind, aber sie erlitt drei Fehlgeburten. Sie sprach mit ihrem Mann immer wieder über ihren Glauben und sagte ihm, dass es gut sein konnte, dass sie kein Kind bekommen würden bis er sich Christus unterwerfe. In seiner Verzweiflung erlaubte er ihr, zur Kirche und zu christlichen Veranstaltungen zu gehen. So konnte sie zu der Konferenz kommen, auf der Femi sprach. Nachdem sie ihm ihre Geschichte erzählt hatte, bat sie ihn, mit ihr für ihren Mann zu beten und dafür, dass sie ein Kind bekamen. Als sie sich von den Knien erhob, sagte sie: „Das nächste Mal werden wir zu dritt sein, wenn wir dich treffen: mein Mann, mein Kind und ich.“

Manche werden, wenn sie diese Geschichte lesen, zögern, das als ein echtes Werk des Heiligen Geistes zu sehen. Vielleicht helfen ein paar Hinweise, um Gottes ganz besonders Handeln in dieser Situation richtig einzuschätzen.

Im Alten Testament, bevor Gottes Wort aufgeschrieben und weiten Kreisen zugänglich gemacht wurde, waren Träume sehr häufig. Gott wählte diese Möglichkeit, um sich freundlich Menschen zuzuwenden, als diese noch keine Heilige Schrift hatten, die sie lesen und selbst verstehen konnten. Im Neuen Testament sind Träume offensichtlich seltener geworden. In Kulturen, die noch ohne Schreiben und Lesen leben oder in denen man kaum an die Bibel herankommt, wird Gottes Gnade daran deutlich, dass er heute noch durch Träume zu Menschen redet. Das kommt in muslimischen Kulturen sehr häufig vor, vor allem in ländlichen Gegenden, in denen die Leute keinen Zugang zu Bibeln oder christlichen Radiosendern haben.

Wenn Gott jemandem die Person Christi im Traum vorgestellt hat, ist sein weiterer Weg normalerweise, dass er denjenigen in Kontakt mit Christen bringt, die ihm das Evangelium erklären können, oder dass er ihm Zugang zur Bibel verschafft, wie es in Rebekkas Fall war. Das scheint dem Muster zu entsprechen, das in Römer 10, 8b-15 vorgestellt wird, wo Menschen, die nach Gott rufen, jemand geschickt wird, der ihnen den Weg zu Gott erklären kann.

Rebekkas Geschichte mag uns allzu spektakulär und ungewöhnlich vorkommen. Und doch gehört sie mit zur Erfüllung von Gottes Versprechen, dass er alle hören wird, die zu ihm rufen. Selbst wenn sie zunächst keinen Zugang zu einer Bibel haben. Wir sollten uns darüber freuen, dass niemand, der sich dem Gott der Bibel öffnet, außerhalb der Reichweite des Evangeliums ist! Lasst uns Gott danken, dass wir die Schrift haben – und ihn preisen für seine Gnade in besondern Situationen wie Rebekkas.

Der Zusammenbruch des Kommunismus

Eines der beeindruckendsten Beispiele dafür, wie Gott politische Umbrüche zum Guten benutzt, lässt sich am Zusammenbruch des Kommunismus in Osteuropa und der ehemaligen Sowjetunion sehen. Christen in der ganzen Welt hatten seit Jahrzehnten dafür gebetet, aber nur wenige hatten wirklich geglaubt, dass all das auf eine so aufregende Weise passieren würde.

Viele Christen protestierten gegen totalitäre Regierungen, vor allem in Polen und Ungarn. Vor 1989 war es in den meisten Ländern des Ostblocks schwer, an eine Arbeit unter Studenten auch nur zu denken. In Polen und Jugoslawien gab es kleine Anfänge, und in Ungarn arbeitete eine Studentengruppe im Untergrund, aber an Universitäten in Russland oder in Nachbarstaaten wie Bulgarien, der Tschechoslowakei oder Rumänien vorzudringen, war so gut wie unmöglich. Heute gibt es in all diesen Staaten eine Studentenarbeit, in den meisten Fällen mit begabten, jungen Leitern aus dem jeweiligen Land an der Spitze.

Einer derjenigen, die maßgeblich zum Entstehen der Studentenarbeit in Russland und der Ukraine beigetragen haben, war Dan Harrison, ein Absolvent der Universität Cornell. Er war ein ambitionierter, zielstrebiger Mann mit einer leidenschaftlichen Begeisterung für Evangelisation. 1987 wurde er stellvertretender Direktor für Mission bei Intervarsity/USA, 1993 dann Leiter der Urbana-Missionskonferenz. Vorher hatte er mit den Wycliff-Bibelübersetzern in Papua-Neuguinea gearbeitet. Seine Tatkraft und sein Enthusiasmus machten es möglich, dass wir Gelegenheiten in Russland, der Ukraine und einigen russischen Satellitenstaaten beim Schopf ergreifen konnten. Im Sommer 1990 organisierte er

Kurzeinsatz-Teams, die in die Ukraine und nach Kasachstan reisten und dort acht Wochen lang Englischkurse für Studenten anboten. Ein mutiger, weitreichender Schritt. Durch diese Teams kamen ukrainische und kasachische Studenten zum Glauben, und einige Team-Mitglieder waren so begeistert über die Offenheit der Einheimischen für das Evangelium, dass sie gleich dablieben und die Arbeit weiter aufbauten. Dan starb 2003 an einem Hirntumor.

In der Ukraine gibt es inzwischen in fünfzehn Städten Studentengruppen der jungen CCX-Bewegung, in denen sich insgesamt rund 2000 Studenten treffen. Während der Orangenen Revolution 2004 bauten diese Studenten in Kiew in der Zeltstadt der Demonstranten ein eigenes Zelt auf, in dem sie dazu einluden, für ihr Land zu beten. Sie verteilten heiße Getränke und warme Kleidung, und sie öffneten ihr Büro als Schlafplatz für Studenten, die aus anderen Teilen des Landes angereist waren. Im ganzen Volk, das gerade aus der Sowjet-Herrschaft heraustrat, wurden Fragen nach Gerechtigkeit und Hoffnung laut, und die gläubigen Studenten konnten die Hoffnung bezeugen, die sie selbst gefunden hatten. Vlad Devakov erinnert sich:

> Diese historischen Tage werden bestimmt noch jahrelang analysiert und bewertet werden. Aber wird die neugefundene Aufrichtigkeit wohl erhalten bleiben? Das lenkt meine Gedanken weg von den Demonstranten, zurück zu meiner Gemeinde und meiner Arbeit unter Studenten in der CCX. Viele von uns sind zu den Plätzen gelaufen und haben sich den Protesten angeschlossen, während wir uns gleichzeitig um unsere Landsleute gekümmert haben. Es war nicht weiter schwierig. Die Leute brauchten warme Socken und Handschuhe, sie brauchten eine Unterkunft und etwas zu essen. Sobald Socken und Suppe verteilt waren, begannen lange ukrainische Gespräche, in denen es um viel tiefere Bedürfnisse und Ängste ging. Ganz tief im Herzen fragten sich die Demonstranten, woher sie die Kraft nehmen sollten, in einem Jahr noch genauso für ihr Anliegen einzutreten. Ich fragte mich das auch. Ich fragte mich, ob die, die ihre Hoffnung auf die neue demokratische Regierung setzten, wohl die Erfahrung machen würden, „dass sie auffahren mit Flügeln wie Adler, dass sie lau-

fen und nicht matt werden, dass sie wandeln und nicht müde werden."

Es gibt immer noch viel zu tun in der Ukraine, aber inzwischen gibt es an vielen Universitäten ein christliches Zeugnis, und Studenten werden zugerüstet, sich den „langen ukrainischen Gesprächen" zu stellen. In Kiew findet auch jedes Jahr eine Schulung für Jungakademiker aus der ganzen Region Eurasien statt, die nun unter Studenten arbeiten. Die Kurse sollen eine solide theologische Grundlage vermitteln, eine biblische Welt- und Menschensicht und ganz praktische Fähigkeiten für die Studentenarbeit.[24] Dan Harrison war wirklich ein Mann mit Weitblick!

Auf der ganzen Welt hat Gott unbesungene, ungeschulte und unbekannte Helden aus vielen Ländern gebraucht, genau wie seinerzeit die tschadischen und sudanesischen Studenten, um das Evangelium zu anderen Völkern zu tragen. Natürlich gebraucht er auch Leute mit einer umfassenden theologischen oder Bibelschulausbildung, aber es ist ein Trugschluss, dass man all das durchlaufen haben muss, um von Gott gebraucht werden zu können. Das Wachstum der Studentenarbeit in Zentralafrika, Russland, der Ukraine und benachbarten Satellitenstaaten wie Kasachstan zeigt das ganz klar. Die Leute, die nach ihrem Studium dort Pionierarbeit geleistet haben, hatten vielleicht einmal eine Studentengruppe geleitet oder im Hauskreis Bibelarbeiten gehalten, aber das war die einzige Erfahrung, die sie vorweisen konnten.

Wie Gott Menschen bewegt

Ein weiteres bemerkenswertes Beispiel, wie unser souveräner Gott aus Bösem Gutes schuf, war nach dem Golfkrieg Anfang der 90er zu beobachten. Dieser Krieg, ausgelöst vom Irak, als er Kuwait annektierte, brachte unglaubliches Leid über das irakische Volk. Viele flüchteten über die Grenze ins befreundete Jordanien. Die Schrecken dieser Zeit führten zu einem neu erwachenden Bewusstsein für Mission in der Kirche Jordaniens und zum Wachstum der jordanischen Studentenbewegung. Viele Iraker, die nach Jordanien kamen, wurden von Christen aufgenommen, die in der Hauptstadt lebten, und sie waren fassungslos über die Freundlichkeit und Gastfreundschaft, die sie vonseiten der Christen erlebten.

Natürlich fragten sie: „Warum seid ihr so freundlich zu uns, obwohl wir doch Moslems sind?" Ein Christ hat mir erzählt, was er darauf geantwortet hat. Er sagte schlicht: „Ich habe die Liebe Christi kennen gelernt, und ich möchte sie gerne an dich weitergeben." Als ich 2003 nach Jordanien kam, erzählte mir ein Gemeindeleiter in Amman, dass so viele Iraker Christen geworden waren, dass es in der Hauptstadt inzwischen mehr irakische als jordanische Christen gab. Das Zeugnis der Gläubigen in Jordanien beeindruckte auch Leute in der Regierung. Kronprinz Hassan schrieb über den Beitrag, den Christen im Nahen Osten zum Zusammenleben leisteten. Die Gläubigen in Jordanien beschrieb er als den Leim, der die Kultur zusammenhält, obwohl die Christen dort weniger als ein Prozent der Bevölkerung ausmachen. Unter der Leitung Hussams, des ersten Hauptamtlichen in der jordanischen Bewegung, wuchs die Studentenarbeit noch schneller.

Es war zum Teil die Freundlichkeit der Christen, die noch mehr Offenheit für das Evangelium schuf. Das Jordanian Evangelical Theological Seminary (JETS) in Amman wurde 1991 eröffnet und hat auf die Gemeinden der Umgebung einen großen Einfluss gehabt. Inzwischen sind dort mehr als 100 Studenten, die auch auf dem Gelände wohnen, für die angebotenen Bachelor- und Masterstudiengänge eingeschrieben. Die Absolventen des Seminars tun ihren Dienst in dreizehn Staaten der arabischen Welt. Die kurzen Sommerkurse haben einen immer bedeutenderen Einfluss im ganzen Nahen Osten. Darüber hinaus gibt es noch ein wachsendes Programm an theologischen Weiterbildungsangeboten sowie Radiosendungen in allen Golfstaaten.

In all diesen Fällen hätten die Gläubigen angesichts all der Hindernisse und Schwierigkeiten die Hände über dem Kopf zusammenschlagen und verzweifeln können. Aber aus der Perspektive des Glaubens erkannten sie, dass Gott am Werk war, den Boden urbar machte und Gelegenheiten schuf, das Evangelium zu säen. Jemand hat einmal gesagt: „Ohne Gott können wir nicht; ohne uns will er nicht." In seiner Gnade ruft uns Gott, mit ihm zusammenzuarbeiten.

EIN ANRUF VOM FLUGHAFEN

Ich möchte noch ein anderes Beispiel erzählen, wie Gott souverän handelt und dabei Nichtprofis gebraucht. Anfang der 90er wurde eine Gruppe junger Leute von der University Presbyterian Church in Seattle zu einem Kurzeinsatz nach Belgrad geschickt. Als sie nach ihrem Nachtflug in Frankfurt ankamen, erfuhren sie durch einen Aushang, dass im damaligen Jugoslawien ein Bürgerkrieg ausgebrochen war. Sie riefen ihren Pastor an, um ihn zu fragen, was sie nun tun sollten. Er hatte gerade in den Nachrichten mitbekommen, dass die Regierung in Albanien gestürzt worden war, und so schlug er ihnen vor, statt nach Belgrad einfach nach Albanien zu fliegen!

Sie stiegen mutig ins nächste Flugzeug, das sie in die Hauptstadt Albaniens, Tirana, brachte, und blieben dort vier Wochen. Gott gebrauchte sie, in dieser Zeit zehn junge Menschen zum Glauben zu führen, die dann wiederum die IFES-Bewegung gründeten, die es dort heute gibt. Einer der zehn war Zef Nikolla, ein begabter Linguist, der nun der Leiter der dortigen Bewegung ist. Zef ließ sich für ein Jahr von seinem Dienst beurlauben, um richtig Bibelgriechisch zu studieren, und schloss sich dann einer Gruppe von Leuten an, die das Neue Testament in modernes Albanisch übersetzten. Die Übersetzung wurde 2005 fertig. Inzwischen gibt es an jeder Universität des Landes eine lebendige Studentenarbeit, und viele der Absolventen haben wichtige kirchliche Leitungsämter übernommen. Dieses Studententeam aus den USA hatte nicht ahnen können, wie der Herr ihren Sommereinsatz nutzen würde. Wir sind Gott dankbar für die geistliche „Antenne“ ihres Pfarrers. In Albanien sieht man sehr gut, wie die ganze Kirche eines Landes langfristig profitiert, wenn man in eine Generation von Studenten investiert. Es ist eines der Schlüsselelemente in der Vision, die Gott uns für unsere Arbeit gegeben hat: dass Universitätsabsolventen in jedem Volk Christi Gemeinde aufbauen und stärken.

ZWEI AUSLÄNDISCHE STUDENTEN

Gottes souveränes Handeln lässt sich auch an einem ganz anderen Beispiel ablesen. Derek Mutungu aus Sambia begann sein Studium an der technischen Hochschule in Bath in England. In seiner ersten Woche stieß er auf einige gläubige Studenten, die ihn in einen Gottesdienst einluden. Er folgte der Einladung weil er hoffte, dort neue Freunde zu finden, und eine Familie lud ihn auch prompt nach Hause ein. In den folgenden Wochen hörte Derek das Evangelium, und er antwortete auf die Einladung Christi. Er war begabt und begeistert und wuchs schnell in seinem Glauben. Das Zeugnis der Christen in Bath und später auch am Imperial College in London, wo er sein Studium fortsetzte, beeindruckte ihn, und weil er die erfolgreiche Arbeit der christlichen Studentengruppen in Großbritannien kennen gelernt hatte, beschloss er bei seiner Rückkehr nach Sambia, dort eine ähnliche Arbeit zu gründen. Er wurde der erste Hauptamtliche, von der IFES unterstützt, und machte sich schon bald daran, an der Universität der Hauptstadt Lusaka eine Gruppe zu starten. Die Arbeit breitete sich rasch aus und nach einiger Zeit waren ein Zehntel der Studenten des Landes Christen. Diese Nachricht kam dem Präsidenten Kenneth Kaunda zu Ohren. Er lud Derek Mutungu und den Leiter der Studentengruppe in der Hauptstadt in seinen Palast ein. Bei diesem Treffen fragte Präsident Kaunda Derek: „Was ist das für eine Botschaft, die Sie da predigen, die die ganze Universität auf den Kopf stellt?"

Derek erzählte ihm, was sie predigten, und Kenneth Kaunda war zu Tränen gerührt. „Das", sagte er, „ist genau das, was dieses Land hören muss. Kommen Sie in zwei Wochen wieder und bringen Sie die anderen studentischen Leiter mit." Also kamen Derek und die Leiter zwei Wochen später wieder in den Präsidentenpalast, wo das ganze sambische Kabinett zusammengekommen war. „Und nun", bat Präsident Kaunda, „predigen Sie denen bitte genau das, was Sie mir gepredigt haben." Und das taten sie. So gebrauchte Gott also die Freundlichkeit, die einem einzelnen ausländischen Studenten in Bath erwiesen worden war, damit Studenten in einem anderen Land Christus kennen lernen konnten, und durch diese Studenten wiederum wurde der Regierung dieses Landes das Evangelium gepredigt.

Und dann war da noch Dika, ein hochbegabter Linguist aus der Republik Kongo, der in den 80er-Jahren in Wales an der Universität Cardiff promovierte. In seiner Zeit dort kam er zum Glauben, und nachdem er seinen Doktor gemacht hatte, arbeitete er noch einige Jahre für die kleine französische IFES-Bewegung, bevor er in seine Heimat zurückkehrte. Dann lehrte er an der Universität von Kinshasa Linguistik. Ende der Achtziger rief er mich plötzlich an. Er war in New York. Er erzählte mir, dass er in den vorangegangenen Wochen mit den Präsidenten von Frankreich und den USA zu Tisch gesessen hatte. Ich fragte: „Was für einen Job hast du denn inzwischen, Dika?“ Er erzählte, dass ihn Präsident Mobutu schon bald nach seiner Rückkehr gebeten hatte, auf seinen Reisen ins Ausland für ihn zu übersetzen. „Deswegen war ich in Washington und Paris und habe meinen Präsidenten als Übersetzer begleitet. Ich glaube, dass mich Gott an diesen Platz gestellt hat, damit ich dem Präsidenten vom Evangelium erzählen kann.“ Heute ist Dika Professor an einer Universität in der Demokratischen Republik Kongo und leitet die Arbeit der Navigatoren in diesem Land.

Wie strategisch wertvoll doch die Arbeit unter ausländischen Studenten ist!

Internationale Studentenarbeit

Eine Art, wie Gott hinter den Kulissen am Werk war und ist, sind die seit den Sechzigerjahren gewaltig angewachsenen Zahlen internationaler Studenten überall in der Welt. Es müssen inzwischen Millionen sein, die aus Ländern wie etwa China, Griechenland, Indien, Malaysia, Frankreich, Japan oder der Türkei ins Ausland gegangen sind.

Sie sind oft die Elite ihres Landes, und wenn sie in ihre Heimat zurückkehren, übernehmen sie Schlüsselfunktionen in Universitätsbetrieb und Wissenschaft, in Wirtschaft und Politik. Das macht die Arbeit mit ihnen mit Blick auf die Weltmission so bedeutend. Wenn sie aus ihrer Heimat fortgehen, lassen sie ihre Wurzeln zurück und öffnen sich anderen Einflüssen – und darunter kann auch das Evangelium sein.

Es ist verblüffend, von wie wenigen Menschen in der Apostelgeschichte berichtet wird, dass sie zuhause zum Glauben kamen. Timotheus scheint eine große Ausnahme gewesen zu sein. Die meisten bekehrten sich, angefangen an Pfingsten, wenn sie in der Fremde waren. Wir sind es dem Fremden in unserer Mitte schuldig, uns um ihn zu kümmern, wie es zum Beispiel in 3. Mose 19,33-34 heißt: „Wenn ein Fremdling bei euch wohnt

in eurem Lande, den sollt ihr nicht bedrücken. Er soll bei euch wohnen wie ein Einheimischer unter euch, und du sollst ihn lieben wie dich selbst; denn ihr seid auch Fremdlinge gewesen in Ägyptenland. Ich bin der HERR, euer Gott." Und in 5. Mose 10,19 steht: „Darum sollt ihr auch die Fremdlinge lieben; denn ihr seid auch Fremdlinge gewesen in Ägyptenland."
IFES ist dankbar für die gute Beziehung zu Missionsgesellschaften, die sich in besonderer Weise um internationale Studenten bemühen und ihnen bei der Heimkehr auch behilflich sind, in guten Gemeinden Fuß zu fassen. Die meisten Hauptamtlichen in diesen Organisationen haben zunächst für die nationalen Bewegungen der IFES gearbeitet oder sind dort zumindest Leiter von Studentengruppen gewesen.[25]

Standhaft bleiben

Wenn uns das so herrlich hell strahlende Evangelium ergriffen hat, haben wir die Verantwortung, standhaft zu sein und Christus zu verkündigen – egal, was es uns kostet –, während Gott hinter den Kulissen am Werk ist. Es gibt unzählige Beispiele von Studenten und Akademikern, die genau das getan haben. Von drei weiteren möchte ich hier erzählen.

Vor ungefähr vierzig Jahren begann in aller Stille eine kleine Studentenarbeit in Vietnam zu wachsen. Ein Missionar der Überseeischen Missionsgemeinschaft, Paul Contento, half dabei. Geleitet wurde die Arbeit von Coung, der später der erste Generalsekretär der nationalen Bewegung wurde. Er baute die Arbeit mitten im Krieg, der das Land in Norden und Süden aufteilte, vorsichtig und mit viel Geschick aus. Amerika unterstützte den Süden in dem Versuch, sich gegen das Vordringen des Kommunismus zu behaupten und unabhängig zu bleiben. Der Krieg kostete Zehntausende das Leben. 1975 zogen sich die Amerikaner zurück und im letzten Moment bot man Cuong an, mit den amerikanischen Truppen aus dem Land auszufliegen. Er lehnte ab, weil er in dieser Situation lieber ein Zeugnis für Christus sein wollte. Am ersten Mai dieses Jahres schrieb er einen Brief an Chua Wee Hian, den damaligen Generalsekretär der IFES:[26]

> Ich habe beschlossen zu bleiben, und ich ermutige auch die christlichen Studenten nicht dazu, das Land zu verlassen. Ihr Glaube muss sich in harten Zeiten bewähren und Gott wird sie nicht enttäuschen, wenn sie ihm wirklich vertrauen. Einem Glauben, der uns leicht fällt und nichts kostet, stehe ich skeptisch gegenüber. Hier werden die Studenten ein Zeugnis für die sein, die Christus am meisten brauchen. Mein Dienst wird begrenzt sein, aber sie werden umso mehr Gelegenheiten haben, einander zu ermutigen und anderen ein Zeugnis zu sein. Wenn alle aus Vietnam flüchten – wer wird dann hier sein, um der anderen Seite ein Zeugnis zu sein?

Der Brief hatte einen ergreifenden Schluss:

> Dies ist möglicherweise mein letzter Kontakt mit IFES. Bitte betet für mich und die Studenten und die Gemeinde in Vietnam. Betet für Weisheit, den schweren Prüfungen zu begegnen. Unser Herr ist auferstanden. Wir werden leiden, wir werden sterben und mit ihm in Herrlichkeit auferweckt werden. Bitte grüße alle anderen IFES-Mitgliedsbewegungen sehr herzlich. Danke.

Als er diesen Brief schrieb, war er gerade einmal 26 Jahre alt.

Cuong gründete mit Hilfe von Studenten und Akademikern der dortigen Studentenbewegung eine Kirche, die innerhalb weniger Jahre auf mehrere hundert Mitglieder anwuchs. Weil er so viel Einfluss hatte, landete er schließlich im Gefängnis. Einmal fragten ihn die Leute, die ihn verhörten: „Ist Ihnen denn nicht klar, was wir Ihnen antun können?“ Er gab eine schnelle und mutige Antwort: „Und ist Ihnen nicht klar, was Gott *Ihnen* antun kann? Sie können vielleicht meinem Körper schaden, aber eines Tages werden Sie doch vor dem Richterstuhl Christi stehen.“ Kurze Zeit nach diesem Verhör wurde er aus dem Gefängnis entlassen und ausgebürgert. Er dient immer noch der Kirche in Vietnam, nun vom Ausland aus.

Ein weiteres herausragendes Beispiel für Mut und Entschlossenheit, das Evangelium unter allen Umständen zu verkündigen, ereignete sich in den 90ern in Peru. Eine Guerillabewegung mit dem Namen *Sendero*

Luminoso (Leuchtender Pfad) war entstanden, die die Regierung stürzen und die Kirche zerstören wollte. In den Achtzigern brachte sie systematisch über 300 Pfarrer und viele Gemeindemitarbeiterinnen um – und aus dem einzigen Grund, weil diese eine andere Hoffnung verkündeten: das Evangelium von der Erlösung durch Jesus Christus. Man erzählte damals von zwei Studenten, die zu einer Gemeindeveranstaltung gingen und Bibeln dabeihatten. Sie wurden von einer Truppe junger Guerilleros angehalten, die ihnen befahlen, ihre Bibeln auf den Boden zu werfen und darauf zu spucken. Der eine tat es, der andere weigerte sich. Sie erschossen den Studenten, der auf seine Bibel gespuckt hatte, und ließen den anderen gehen. „Du hast wenigstens zu dem gestanden, was du glaubst", sagten sie zu ihm.

So sah die Lage aus, als ich 1992 Peru besuchte, um an einer Studentenkonferenz teilzunehmen. Gerade eine Woche vorher hatten Wahlen stattgefunden. Wir trafen uns in Huancayo, in einem Gebiet, in dem nur wenige Monate zuvor viele Studenten umgebracht worden waren. Während der Wahlen waren zwei Pfarrer verschleppt worden, und den Bürgermeister des Ortes hatte man vor seiner Haustür erschossen. Es war eine zutiefst beunruhigende Situation. Das Tagungszentrum lag ein Stück außerhalb der Stadt, nahe dem Hauptquartier der Guerillabewegung, und es war wegen der ständigen Gefahr seit mehr als einem Jahr nicht mehr genutzt worden. Ich fragte die Studenten, warum sie ausgerechnet diese Anlage gebucht hatten und bekam eine sehr studentische Antwort: „Es war so billig. Es kostet nur einen Dollar pro Tag." Ich gebe zu, dass ich mir große Sorgen um mein Leben machte. Vor nicht allzu langer Zeit war meine einzige Tochter gestorben und ich schrie zum Herrn, mein Leben um meiner Familie willen zu verschonen; es würde bestimmt eine zu große Last für sie sein, innerhalb von so kurzer Zeit auch noch mich zu verlieren.

Während mir all das durch den Kopf ging, kam ich mit einer jungen Studentin ins Gespräch, Amalia, die an der Universität Huancayo Soziologie studierte. Sie fragte mich, was ich von diesem Studiengang hielt. Ich gab ihr zur Antwort, ich hielte das für ein nützliches Fach – aber warum sie mich das frage? Sie erzählte mir, dass die meisten männlichen Studenten in ihrem Studiengang sich der Guerillabewegung angeschlossen hatten. Sie selbst war erst drei Jahre zuvor zum Glauben gekommen, als die Guerillabewegung auf dem Höhepunkt war. In dieser Zeit hängten studentische Guerillakämpfer auf dem Campus Listen aus mit den Namen von Leuten, die getötet werden sollten. Und immer wenn sie einen umgebracht hatten, hakten sie den Namen ab, einen nach dem anderen. Sie sagte, dass die Christen an der Uni sie angefleht hatten, mit dem Morden aufzuhören, aber sie lehnten ab und drohten, dass sie die Christen auch umbringen würden, wenn sie nicht den Mund hielten. Als sie das hörte, fürchtete sie um ihr Leben und erwähnte zwei Jahre lang nichts von ihrem neu gefundenen Glauben. Und sie fuhr fort: „Aber vor einem halben Jahr habe ich mir eine einfache Frage gestellt: Ist das Evangelium wahr? Wenn es wahr ist, lohnt es sich, dafür zu leben, und es lohnt sich, dafür zu sterben. Nach einigen Monaten Nachdenken kam ich zu dem Ergebnis, dass das Evangelium wahr ist. Und seitdem habe ich offen von Christus geredet, egal, was es mich kostet."

Ihr Zeugnis beschämte mich. Es ist bemerkenswert, was Amalia in einer Zeit, in der alle Welt Gefühle und Empfindlichkeiten zum Maßstab macht, Kraft gab: die Überzeugung, dass das Evangelium wahr ist. Wenn wir vor Schwierigkeiten stehen, geraten unsere Gefühle natürlich aus dem Lot. Nur das feste Wissen, dass das Evangelium wahr ist, wird uns dann Halt geben, uns bei der Stange halten und die Zuversicht geben können, dass sich das Leben für Christus tatsächlich lohnt. Er ist gekommen, um uns eine gute Nachricht zu bringen, nicht gute Gefühle.

Meine letzte Geschichte ereignete sich in Burundi. Ich habe dieses Land 1994 bereist, mitten im Krieg zwischen Hutus und Tutsis, als schon 200.000 Menschen umgebracht worden waren. Ich wohnte beim Generalsekretär der Bewegung, Emmanuel Ndikumana, und seiner Frau Asèle. Beim Frühstück fragte ich Asèle, was sie empfand, wenn ihr Mann im Land unterwegs war. Am Tag zuvor war er auf dem Weg nach Ruanda gewesen, um mich abzuholen, aber an einem Bergpass überschlug sich das Auto. Dank Gottes Vorsehung überlebte Emmanuel. Wie hatte Asèle diese Nachricht aufgenommen? „Ich rechne eigentlich immer mit so etwas", gab sie zu. „Er besucht jeden Tag Studentengruppen, und ich weiß nie, ob er zurückkommt. Im ganzen Land sind Guerillatrupps unterwegs, und die Studenten haben sie natürlich besonders im Visier.

Emmanuel ist ein bekannter Leiter, daher haben sie es bestimmt auf ihn abgesehen.“ In diesem Moment waren in den nahe gelegenen Hügeln Knattergeräusche zu hören. Zuerst dachte ich noch, es wären die Cornflakes! Ich fragte sie, was das für Geräusche waren, und sie erklärte mir, dass es Gewehrsalven der Guerilleros waren, die dort aus den Bergen kamen. „Durch diese Berge werdet ihr heute Vormittag fahren, um zurück nach Ruanda zu kommen!“ Mir wurde plötzlich ganz neu bewusst, welchen Gefahren und welchem Druck einige unserer Hauptamtlichen tagtäglich ausgesetzt sind.

2000 kam Emmanuel nach Großbritannien, um seinen Magister zu machen. Kurz bevor er Burundi verließ, schickte er mir eine E-Mail: „Gestern Abend“, schrieb er, „haben wir uns im Flur zusammengekauert und uns gefragt, ob wir wohl heil in England ankommen. Um uns herum hat der Kampf getobt. Die Gläubigen hier haben gefragt: ‚Warum verlasst ihr das Land nicht endgültig, wenn ihr schon die Gelegenheit habt?‘ Aber Gott hat mich berufen, ihm hier zu dienen, und wenn ich gehe und andere nicht gehen können, wird sie das sehr entmutigen.“ Die Ndikumanas kehrten mit ihren beiden Kindern nach Afrika zurück. Wenn bei Christen in dieser Weise leidenschaftliche Liebe zum Evangelium, zum eigenen Volk und zum eigenen Land zusammenkommen, ist das attraktiv und bestätigt die Wahrheit unseres christlichen Glaubens. Im Oktober 2005 erlebten Emmanuel und Asèle tiefes Leid, als ihr drittes Kind, Camilla-Shalom, starb. Hier ist die E-Mail, die sie an die IFES-Familie schickten:

> Wir berichten euch mit großer Traurigkeit, dass unsere kleine Camilla-Shalom, die jüngste der Ndikumanas, gestern gestorben ist. Sie war mit ihrer Babysitterin zu Hause und sollte ein Bad nehmen. Die Babysitterin ließ sie neben dem mit kaltem Wasser halbvollen Becken sitzen und ging ins Haus, um warmes Wasser zu holen. Als sie weniger als fünf Minuten später zurückkam, lag Camilla-Shalom bewusstlos im Wasser. Die Babysitterin hatte keine Ahnung von Erster Hilfe bei Ertrinken, und bis sie die Kleine zur nächsten Krankenstation gebracht hatte, die zehn oder fünfzehn Minuten entfernt liegt, war sie gestorben.

> Ihr könnt euch bestimmt den Schrecken vorstellen, den wir bekommen haben, als wir, kaum eineinhalb Stunden unterwegs, die Nachricht bekamen, dass Camilla-Shalom tot ist! Wir kamen sofort zur Klinik – nur um festzustellen, dass diese Nachricht der Realität entsprach. Ihre Babysitterin war furchtbar verstört.
> Camilla-Shalom war gerade vor einem Monat ein Jahr alt geworden. Sie entwickelte sich normal, war sehr aufgeweckt und lebhaft. Sie war uns eine große Freude. Diejenigen unter euch, die wissen, woher sie ihre beiden Namen hatte (Camilla und Shalom), werden verstehen, wie durcheinander wir im ersten Moment waren. Nun ist sie fort und wir sind immer noch bei dem Einen, der sie uns anvertraut hatte. Er ist unsere letzte und einzige Hoffnung und Freude. Seine Hilfe und euer aller Unterstützung hält uns aufrecht und wir hoffen, dass wir bald wieder nach vorne schauen und weitergehen können.
> Sie wird morgen beerdigt. Wir wären sehr dankbar, wenn ihr für uns betet.

Solche Leute leuchten wie Sterne in der Nacht – in einer Welt, die sie genau beobachtet.[27]

Wenn wir nicht zutiefst davon überzeugt sind, dass Gott alles in der Hand hält und über allem steht, brechen wir in schwierigen Zeiten leicht zusammen. Wir müssen uns immer wieder ins Gedächtnis rufen, dass er allmächtig über dem Lauf der Geschichte, über der Geschichte der Völker und über der Geschichte einzelner Menschen steht. Und gleichzeitig ist er barmherzig und gut; er liebt die Menschen, die zu ihm gehören, und seine Gnade gibt uns die Kraft, auch Schwierigkeiten durchzustehen.

Wir sind aufgerufen, mutig für das Evangelium einzustehen und es furchtlos zu verkündigen, denn es ist die große Wahrheit, von der die ganze Welt erfahren muss. Diese Überzeugung ist die Grundlage und treibende Kraft hinter dem Wachstum der der IFES.

> Sei nur getrost und ganz unverzagt, dass du hältst und tust in allen Dingen nach dem Gesetz, das dir Mose, mein Knecht, geboten hat. Weiche nicht davon, weder zur Rechten noch zur Linken, damit du

es recht ausrichten kannst, wohin du auch gehst. Und lass das Buch dieses Gesetzes nicht von deinem Munde kommen, sondern betrachte es Tag und Nacht, dass du hältst und tust in allen Dingen nach dem, was darin geschrieben steht. Dann wird es dir auf deinen Wegen gelingen und du wirst es recht ausrichten. Siehe, ich habe dir geboten, dass du getrost und unverzagt seist. Lass dir nicht grauen und entsetze dich nicht; denn der HERR, dein Gott, ist mit dir in allem, was du tun wirst. (Josua 1,7-9)

3. Die Botschaft, die zum Leben führt, weitergeben

Evangelisation ist der Grund, warum es uns gibt. Sie ist der Herzschlag unserer Bewegung.
(Prof. Samuel Escobar bei der Ansprache des Präsidenten der IFES 2003)

Ich danke allen Studenten in diesem Raum, dass sie mir geholfen haben, Jesus kennen zu lernen. Mein Leben hat sich verändert. Er ist die Sonne meines Lebens geworden.
(Sargylana in Jakutsk, Sibirien)

Evangelisation ist immer das Herzstück der IFES-Arbeit gewesen, seit Stacey Woods in ihrer Gründungszeit erster Generalsekretär wurde. Schon in Kanada und den USA, wo er in beiden Intervarsity-Bewegungen Generalsekretär gewesen war, hatte er immer Evangelisation zur ersten Priorität gemacht, und er ernannte als leitende Mitarbeiter Leute wie David Adeney, David Bentley-Taylor, David Penman, Gottfried Osei-Mensah, David Gitari, Alistair Kennedy und John White – Menschen, die die Evangelisation im Mittelpunkt der Arbeit der jeweiligen nationalen Bewegungen erhalten würden, für die sie verantwortlich waren.[28]

Aus Gottes Gnade heraus vertrauen wir darauf, dass im Zentrum der Arbeit immer die Bemühungen stehen, die Saat des Evangeliums auszustreuen und die kostbaren Glaubens-Pflänzchen, die im Leben von Studenten aufgehen, zu pflegen. Er ist der Retter seiner Gemeinde, die er in jeder Kultur hat: in Ländern, die sich dem Hedonismus und Materialismus verschrieben haben; in Ländern, die von Völkermord und ethnischen Säuberungen traumatisiert sind; in Ländern, die aus dem Kommunismus hervorgegangen sind; in Ländern, in denen der Islam, der Buddhismus, der Hinduismus stark sind; in Ländern, die ökonomisch stark, und in solchen, die bitterarm sind. Evangelisation unter Studenten ist immer ein dringendes Anliegen. In der Hochschulwelt besteht eine ungewöhnliche Offenheit für das Evangelium, aber in jeder neuen Generation dauert diese Offenheit nur einige kurze Jahre an. Es ist bewegend, von der Hingabe zu hören, mit der Studenten ihre Kommilitonen mit dem Evangelium zu erreichen versuchen.

Was Studenten sich so alles einfallen lassen

Studenten können sehr kreativ sein, wenn sie ihre Kommilitonen mit dem Evangelium erreichen wollen. Ich erinnere mich, dass ich einmal von Studenten in der polnischen Universitätsstadt Rzeszow hörte. Sie waren nur eine kleine Gruppe, wie konnten sie da an einer großen Universität überhaupt einen Eindruck hinterlassen? Sie beschlossen, eine ungewöhnliche Aktion durchzuführen, um für eine Evangelisationsveranstaltung zu werben.

Drei von ihnen verkleideten sich, gingen in die Studentenwohnheime und klopften dort an die Türen. Wenn die Leute aufmachten, ging zuerst der Student hin, der als der Tod verkleidet war und eine Sense in der Hand hielt. „Es ist den Menschen gesetzt, einmal zu sterben, danach aber das Gericht", verkündete er. Dann machte er sich aus dem Staub.

Die armen Studenten waren völlig verstört! Fünf Minuten später klopfte es wieder. Ein Student nach dem anderen öffnete die Tür und traf draußen jemanden, der als Engel verkleidet war. „Ist der Tod hier eben vorbeigekommen?", fragte er.

„Ja", sagte der Student dann.

„Nun, ich möchte dir sagen, dass Jesus Christus von den Toten auferstanden ist, um den Tod zu besiegen. Morgen Abend wird die christliche Studentengruppe erklären, wie Christi Auferstehung Hoffnung auch angesichts des Todes schafft." Und dann rannte auch der Engel davon.

Die Studenten gingen wieder in ihre Zimmer zurück. Fünf Minuten später klopfte es dann zum dritten Mal. Dieses Mal stand draußen einer, der wie der Teufel verkleidet war. Er flüsterte verschwörerisch: „Hey! Ist hier ein Engel vorbeigekommen und hat dir was von einer Veranstaltung morgen Abend erzählt?"

„Ja", gab der Student für gewöhnlich zur Antwort.

„Geh da bloß nicht hin. Das ist alles Unsinn!"

Und natürlich machen Studenten, denen man gesagt hat, dass sie etwas *nicht* tun sollen, es dann erst recht. Hunderte kamen, der Saal platzte aus allen Nähten, und fünfzehn kamen an diesem Abend zum Glauben.

An der Universität von Valdivia in Chile hängten Studenten Plakate aus, auf denen Leuten ein kostenloses Neues Testament versprochen wurde. Am Eingang des Campus hatten sie zudem eine Riesenausgabe des Neuen Testaments aufgebaut. Die Aktionswoche begann mit einer Eröffnung, zu der auch Medienvertreter und Universitätshonoratioren kamen. In der Uni wurden Zeichentrickfilme gezeigt, die das Leben verschiedener Personen aus der Geschichte darstellten, darunter auch Jesus. Anschließend sprachen Studenten von ihrem Glauben an den auferstandenen und lebendigen Jesus und verteilten Neue Testamente an alle, die sie haben wollten. Während der Woche luden sie eine Band des Ortes ein, in der Mensa zu spielen, und wieder erzählten sie die Frohe Botschaft und verteilten Neue Testamente.

Als die Studentengruppe in Cuzco, Peru, in den Vorbereitungen ihrer evangelistischen Aktion steckte – die Studenten planten, beteten und arbeiteten dafür – baten sie die Universität, vor den versammelten Dozenten sprechen zu dürfen. Ihr Anliegen wurde abgelehnt: „Was können wir schon von Studenten lernen?“, sagten die Professoren. Also wandten sich die Studenten an den Rektor und fragten, ob es irgendetwas gab, das sie tun könnten, um der Universität zu dienen. „Die Toiletten sind sehr verdreckt“, bekamen sie zur Antwort. „Die sind schon lange nicht mehr sauber gemacht worden. Würdet ihr das übernehmen?“ Also machten sich die gläubigen Studenten an die Arbeit und reinigten die Toiletten. Es dauerte achtundvierzig Stunden, so schmutzig waren sie. Das machte die anderen Studenten natürlich neugierig, und so verbreitete sich die Neuigkeit in Windeseile. So hörte wiederum der Rektor davon und war so beeindruckt von den christlichen Studenten, dass er am zweiten Tag Dozenten abkommandierte, um ihnen zu helfen! Gott benutzte die Dienstwilligkeit der Studenten dazu, dass sie doch noch mit den Dozenten zusammentrafen, mit denen sie so gerne reden wollten. Und darüber hinaus hatten sie ungezählte Möglichkeiten, ihren Kommilitonen ihren Glauben zu bezeugen.

Als die Studenten anschließend daran gingen, das Evangelium zu verkündigen, erlebten sie außergewöhnlichen Segen. An einem Nachmittag trugen sie große Kreuze auf den Schultern, an jedem hing ein Foto und der Name einer berühmten historischen Persönlichkeit: Mao, Che Guevara, Lenin und Marx ... Der letzte Student trug ein leeres Kreuz. Sie zogen um das ganze Gelände herum und nach ungefähr einer halben Stunde war eine große Menschenmenge zusammengekommen. Dann erhob sich einer aus der Studentengruppe und sagte: „Ihr seht die Kreuze, die wir auf dem Campus herumgetragen haben. Auf denen sind Bilder von vier einflussreichen Führern. Sie waren große Männer. Jetzt sind sie tot. Das fünfte Kreuz ist leer, denn es steht für Jesus Christus, der gestorben und dann wieder auferstanden ist. Von dem wollen wir euch heute erzählen." Sie sprachen über die Indizien, die für die Auferstehung sprachen, und Dutzende von Studenten kamen zum Glauben.

Eine Aktionswoche, die 1992 in Guatemala-Stadt stattfand, richtete sich besonders an Studenten im ersten Jahr. Wie auch in Costa Rica nahm die Gruppe das 500. Jubiläum der Ankunft von Christoph Kolumbus zum Anlass. 500 Jahre nach Kolumbus' Ankunft in Amerika hat das Evangelium in den Universitäten nur relativ wenig Auswirkungen gezeigt. Es gab also viel zu tun im Gebet, in der Mitarbeiterschulung und im Vorbereiten. Die Studenten steckten schon ab Januar ihre ganze Energie in die Aktion und erhielten Hilfe von den Nachbarbewegungen in Ecuador, Costa Rica, Panama, Nicaragua, El Salvador und Honduras, als im März dann schließlich die neuen Studenten eintrafen. Jeden Abend kamen 200 aufmerksam zuhörende Erstsemester zu den Veranstaltungen der Gruppe. Eine Mischung aus persönlichen Gesprächen, öffentlichen Vorträgen, Literatur, Theaterstücken, Filmen und Musik machte es möglich, dass fast alle 17.000 Erstsemester der staatlichen Universität etwas vom Evangelium mitbekamen. Im Verlauf der Woche kamen 85 von ihnen zum Glauben. Einer von ihnen schrieb: „Was mich überzeugt hat, dass ich Jesus Christus als Erlöser brauche? Die Kombination von Bibelarbeiten und eurer Freundschaft." Die Studenten arbeiteten weiter hart und boten noch bis in den Dezember hinein einen Jüngerschaftskurs an.

In Ecuador führte die Studentenbewegung eine groß angelegte Umfrage an der staatlichen Universität in Quito durch. Es ging um die Einstellung der Studenten zu ganz verschiedenen Themen, und die letzte Frage hieß: Wie würdest du es finden, wenn Jesus Christus dein Kommilitone wäre? An einem Nachmittag gingen die Studenten an die juristische Fakultät, die Wiege der Avantgarde, durchdrungen von einem starken marxistischen Geist. Dort war man mit der politischen Führung des Landes ebenso unzufrieden wie mit der Universitätsleitung. Nachdem sie eine Weile über all das geredet hatten, stellten die Studenten die Frage über Jesus Christus. Er würde sicher vieles ändern und ihnen neue Hoffnung geben. Die Christen legten den Jurastudenten dann nahe, in Jesus nicht nur eine Person aus der Geschichte zu sehen, sondern den Jesus, an den die Christen glauben, den Jesus, der uns im Hebräerbrief vorgestellt wird.

Die Resonanz war unglaublich. Einige Studenten entschieden sich auf der Stelle, Jesus nachzufolgen. Dann erzählte einer der Studenten von einem Erlebnis, das er gerade am Abend zuvor gehabt hatte. Er hatte lange wach gelegen und sich Sorgen gemacht über die Probleme des Landes, aber auch über eigene Entscheidungen, die er zu treffen hatte. Er war so verzweifelt, dass er schließlich zu Gott sagte, dass er ihm zeigen sollte, was er zu tun hatte – falls es ihn wirklich gab. Dann schlief er ein. Die Tränen liefen ihm über die Wangen, als er zu den gläubigen Studenten sagte: „Euch hat Gott geschickt, damit ich ihn selbst kennen lernen konnte." Den Christen kamen auch die Tränen. Nachdem sie gebetet hatten, umarmten sie einander und priesen Gott für das, was der Heilige Geist gewirkt hatte, und für die Kraft des Evangeliums.

An der McMaster-Universität in Kanada hielten Studenten in den 90ern Hochschultage mit dem britischen Evangelisten Michael Green ab. Der Studentenrat erlaubte ihnen, am Sonntag dieser Woche eine der Kneipen auf dem Universitätsgelände zu öffnen, die so genannte „Ratte". So hielten sie ihren ersten Lobpreisgottesdienst „Kirche in der Ratte" dort ab. Drei weitere folgten im selben Jahr, und zum letzten dieser Gottesdienste kamen rund vierhundert Studenten, so dass der Platz zu eng wurde. Im nächsten Jahr wechselten sie in die größte Studentenkneipe auf dem Campus, „Das Kellerklo". Die Studenten gestalteten das Programm selber, führten Theaterstücke auf und sprangen auch für einen verhinderten Hauptredner ein, wenn es nötig war.

In Großbritannien ist es nicht ungewöhnlich, dass zu einem Adventsgottesdienst einer Christian Union (Studentengruppe, kurz: CU) auf dem Campus mehr als 1000 Studenten kommen. In Exeter hat die CU seit 2003 den städtischen Fußballplatz dafür angemietet und die Einladungsaktion über die Universität hinaus auf die Stadt ausgeweitet. Die Lokalzeitung kündigt das Ereignis, das zum festen Bestandteil der Stadtkultur geworden ist, an und schickt selbst auch Reporter hin. Wie kam es dazu? Im Jahr zuvor hatte die CU den größten Hörsaal der Universität angemietet, der 800 Sitze hatte, und er war mit 400 Studenten immerhin halb voll gewesen. Diese Anzahl machte der Gruppe Mut. Im August des darauf folgenden Jahres erhielt Emma Brewster, die hauptamtlich für die britische Bewegung arbeitet, einen Anruf von Kate Harrower, einer Jurastudentin im dritten Jahr. Emma erzählt selbst:

> Kate hat angerufen und gemeint: „Emma, warum mieten wir dieses Jahr nicht einfach den Fußballplatz?“ Ich dachte: Wir haben doch nicht mal den letzten Saal voll gekriegt – es ist ja nett, wenn man noch Träume hat, Kate, aber vielleicht ist das doch ein bisschen hoch gegriffen. Ich konnte mir richtig vorstellen, wie ein kleines Häufchen von uns dort im Regen stand und Weihnachtslieder sang.
>
> Zum Glück schlug Kate meinen Rat in den Wind. Einige Zeit später rief sie mich an und sagte: „Das Stadium ist gebucht. Also fangen wir wohl jetzt besser mit dem Planen an.“ Ich Kleingläubige – es war einfach herrlich, Kate zu beobachten: ihren Eifer, das Evangelium in ihrer Stadt bekannt zu machen, ihre Ausdauer, diesen Plan trotz meines Zauderns durchzusetzen, und ihre Begeisterung, als wir das Ereignis mit der ganzen CU planten und auch Gemeinden der Stadt mit einbezogen. Im ersten Jahr kamen 2.200, inzwischen fast 3.000. Es ist der größte Adventsgottesdienst im Südwesten geworden – vielleicht auch in ganz Großbritannien?! Er ist von einer Studentin initiiert worden und wird von Studenten veranstaltet, und es hat auch die Gemeinden hier begeistert zu sehen, was Studenten schaffen können, wenn sie sich auf der Grundlage des Evangeliums zusammenschließen.

In Ägypten verbot man christlichen Studenten, Räumlichkeiten an der Universität für Evangelisationsveranstaltungen zu nutzen, und so mieteten sie einmal ein Schiff und machten mit 300 Freunden einen Ausflug auf dem Nil. Nachdem sie sie bewirtet hatten, sprachen sie offen von ihrem Glauben. Es ist bewegend zu sehen, wie weit Studenten gehen und was sie es sich kosten lassen, wenn sie das Evangelium zu ihren Kommilitonen bringen wollen.

In Mexiko City wurde Medizinstudenten verboten, auf dem Campus evangelistische Bibelarbeiten abzuhalten. Der einzige Ort, den man ihnen anbot, war die Leichenhalle der Uniklinik. Sie nahmen das Angebot unerschrocken an und luden ihre Kommilitonen zu einer Bibelarbeit mit dem Thema „Indizien für die Auferstehung" ein! Und dort zwischen den Toten wurden einige Menschen geistlich auferweckt – wenn schon nicht körperlich!

Die Botschaft, die zum Leben führt, weitergeben – an unsere Freunde

Viele Jahre lang hatten wir in der IFES den Slogan „Studenten erreichen Studenten", wenn wir unsere Arbeit beschrieben. Das spiegelte unsere Methode wider: Die Hauptamtlichen unterstützen die Arbeit – an vorderster Front stehen die Studenten selbst. Und der Slogan brachte auch die zentrale Bedeutung der persönlichen Evangelisation zum Ausdruck. Die ganze Kirchengeschichte hindurch haben Christen ihren Glauben an ihre Freunde weitergegeben. In Apostelgeschichte 8, 4 beschreibt Lukas, wie die ersten Christen überall wo sie hinkamen „die frohe Botschaft weitertratschten".[29] Dabei wird deutlich, dass es ihnen Vergnügen und Freude bereitete, die christliche Botschaft weiterzusagen. Die Gemeinde wächst am schnellsten, wenn Leute wie wir ganz natürlich und offen von ihrem Glauben erzählen.

Von Anfang an sind wir als IFES dazu da gewesen, Menschen zu einem persönlichen Glauben an den Herrn Jesus Christus einzuladen und evangelistische Aktivitäten unter Studenten in aller Welt voranzubringen. Wenn wir auf unsere eigene Geschichte zurückschauen, möchte ich vier

Prinzipien aufzeigen, die wir von Jesus selbst übernommen haben. Sie haben sich als fruchtbar erwiesen.

- *Erstens* hat er sich mit ganz unterschiedlichen Leuten umgeben. Allzu oft isolieren sich Christen und haben keine anderen Freunde. Jesus war als Freund der Sünder bekannt. Er ruft uns auf, uns in unserem Denken und Verhalten von den Menschen unserer Umgebung zu unterscheiden – aber nicht, uns von ihnen abzusondern. Er selbst hat vorgelebt, dass wir in der Welt sein müssen, unter den Menschen, zu deren Rettung er kam.
- *Zweitens* war er ein guter Zuhörer. Wir sehen in den Evangelien, wie er für die Anliegen, Sehnsüchte und Bedürfnisse der Menschen immer ein offenes Ohr hatte.
- *Drittens* stellte er Fragen. Das war von entscheidender Bedeutung dafür, wie er auf Menschen zuging. Er fing Gespräche nicht an, um die Leute mit pauschalen, immer gleichen Belehrungen abzuspeisen oder sie argumentativ niederzuwalzen. Er stellte Fragen. Seine Begegnung mit der Frau am Jakobsbrunnen ist ein gutes Beispiel dafür.
- *Viertens* konnte er das, was andere zu ihm sagten, gut einordnen. In Lukas 2, 46-47 sehen wir, wie er sich die Zeit nimmt, den religiösen Führern zuzuhören, bevor er selbst etwas sagt. Wenn er dann seinen Beitrag zum Gespräch leistete, waren die Zuhörer immer erstaunt.

Zuhören, sich auf den anderen einlassen, aufeinander eingehen, jeden Menschen so behandeln, wie es ihm entspricht, die christliche Botschaft deutlich verkündigen – all das war kennzeichnend für Jesu Art der Evangelisation. Wie auch er müssen wir Zeit mit unseren Nachbarn verbringen. Wir müssen das Evangelium selbst gut verstanden haben. Und wir müssen es unseren Mitmenschen auf natürliche Weise vermitteln können.

In vielen Studentenbewegungen hat ein Schwerpunkt auf Gebetsdreierschaften gelegen. Diese Idee stammt von dem Evangelisten Billy Graham, der Gruppen von jeweils drei Christen Mut machte, gemeinsam regelmäßig für jeweils drei ihrer Freunde zu beten – insgesamt also für neun unbekehrte Freunde. Dieser Schwerpunkt auf gezieltem Gebet für Einzelne hat viel Segen gebracht. Wenn wir für unsere Freunde beten, hört nicht nur Gott unsere Gebete, sondern wir erkennen oft auch selbst viel besser die sich bietenden Gelegenheiten zu missionarischen Gesprächen, wenn wir diese Freunde treffen.

Ich kann mich noch erinnern, wie ich eine Gruppe leitender Hauptamtlicher aus der deutschen SMD zu einer Evangelisationswoche an die Universität Oxford holte. Ich koordinierte damals die IFES-Arbeit in Europa. Sie wollten sehen, ob sie von den Studenten in Oxford etwas für ihre eigenen Hochschulevangelisationen lernen konnten. Ich war gerade bei einer Veranstaltung in Deutschland, als sie Bericht erstatteten. Besonders beeindruckt hatte sie, dass die Studenten in Oxford namentlich für ihre Freunde beteten. „Das machen wir in Deutschland nicht", meinten sie. „Wir beten eher allgemeiner dafür, dass Gott in der Welt handelt." Ich selbst hatte als Student in einer kleinen Gebetsgruppe erlebt, wie Gott die Herzen unserer Freunde für das Evangelium öffnete, als wir ganz konkret für sie beteten. Persönliches Zeugnis, ein Lebensstil, der sich von dem anderer unterscheidet, und konkrete Gebete: diese drei ergeben eine kraftvolle Kombination in Gottes Hand.

DIE BOTSCHAFT, DIE ZUM LEBEN FÜHRT, WEITERGEBEN – IN KLEINGRUPPEN

In der Urgemeinde gebrauchte Gott kleine Gruppen, die sich oft in Privathäusern trafen, um Menschen zu Christus zu führen. Wir sehen das in der Apostelgeschichte zum Beispiel am Haus des Jason (17, 5) oder am Haus des Titius Justus (18, 7).

Eines der besten Beispiele für die Arbeit mit Kleingruppen gab es in Singapur. Die Leiter dort beschlossen, die Austauschgruppen in „Kontaktgruppen" („contact groups") umzubenennen. Dreimal im Monat trafen sich die Studenten zu Bibelstudium, Austausch und Gebet, und in der vierten Woche luden sie dann Freunde ein, für die sie den Monat über gebetet hatten. Dieser neue Schwerpunkt – in einer Phase, als auch örtliche Gemeinden stark wuchsen – führte dazu, dass sich die Arbeit stark ausweitete und im Verlauf weniger Jahre von 150 auf etwa 1500 Studenten anwuchs.

Später entwickelten andere IFES-Pioniere wie Ada Lum und Ruth Siemens einen Ansatz namens „missionarisches Bibellesen“, der Studenten dazu ermutigte, in kleinen Gruppen zusammenzukommen und sich mit Evangelientexten zu beschäftigen, in denen Jesus Menschen begegnet. Diese Gruppen boten eine Gelegenheit, die Person und auch den Anspruch Christi genauer zu betrachten.

Ruth Siemens wohnte in Barcelona, als ihr eine lebhafte, warmherzige Studentin aus dem mittleren Westen der USA auffiel, die in Spanien ihr Auslandsjahr machte. Diese Studentin hieß Becky Manley. Ruth sah das Potential dieser jungen Frau, und so lud sie Becky ein, mit in ihre Wohnung zu ziehen. Ruth hatte die Studentenbewegungen in Peru und Brasilien mit aufgebaut und unter Studenten in Portugal gearbeitet; nun war sie nach Spanien gekommen, um die Arbeit dort zu unterstützen. Sie war sich zutiefst bewusst, dass Gott über allem steht und alles in der Hand hält, und wie Ada Lum liebte sie es, Studenten anhand biblischer Texte mit dem lebendigen Christus bekannt zu machen.

Unter Ruths Anleitung begann Becky, einen missionarischen Hauskreis für ihre Freunde in Barcelona zu leiten. Jahre später, sie hieß inzwischen Becky Manley Pippert, beschrieb sie in ihrem Buch *Heraus aus dem Salzfass* freimütig, wie sie im Stillen hoffte, dass niemand kommen würde! Dieses Buch hat Generationen von Studenten geholfen, der Kraft der Frohen Botschaft immer mehr zu vertrauen und ihre Freunde mit dem Christus des Evangeliums bekannt zu machen. Becky Manley Pippert sah in Ruth Siemens immer eine Mentorin und war dankbar für die Freundschaft mit ihr, die bis ans Ende von Ruths Leben anhielt. Ruth starb, als ich gerade dieses Kapitel abschloss. Ich zitiere aus Beckys liebevollem Nachruf:

> Als Ruth ausgerechnet mich ermutigte, einen missionarischen Hauskreis in Barcelona zu leiten, dachte ich zuerst, dass sie zu viel von der spanischen Sonne abbekommen hatte! Stellen Sie sich mein Erstaunen vor, als sämtliche internationalen Studenten, die ich eingeladen hatte, tatsächlich kamen – und bald anfingen, auch noch ihre Freunde einzuladen! Fünf Studenten übergaben in diesem Hauskreis ihr Leben Jesus, wodurch sich auch mein Leben von Grund auf verän-

derte. Aber das war damals. Funktioniert Ruths Strategie auch unter den postmodernen Studenten von heute? Mehr denn je! In meinen eigenen Evangelisationsschulungen lernen die Leute nicht nur, wie sie ihren Glauben per Freundschaftsevangelisation weitergeben können, sondern in ganz Amerika, Europa und Asien sind missionarische Hauskreise entstanden. Wenn man sich einmal vorstellt, dass all das mit einem einzelnen missionarischen Bibelkreis in Barcelona angefangen hat, den Ruth angestoßen hat ...

Warum war Ruths Dienst so fruchtbar? Weil sie auf das sah, was Ewigkeitsbedeutung hat! Wir reden heute so viel davon, wie man am Puls der Zeit sein kann. Die französische Philosophin Simone Weil hat einmal sehr scharfsinnig gesagt: „Wer dauerhaft relevant sein will, muss das sagen, was ewig gültig ist." Ruth vertraute voll darauf, dass wahre geistliche Kraft darin liegt, auf Gottes übernatürliche Mittel und Wege zurückzugreifen.

Bedeutet das nun, dass unser Zeugnis vor den Schwierigkeiten und Kämpfen bewahrt bleibt, die zum Menschsein gehören? Bedeutet es, dass wir keinen Blick mehr für soziale Ungerechtigkeit, Armut oder den Hunger in der Welt haben, wenn wir auf das Ewige sehen? Ganz im Gegenteil! Die Liebe Christi drängt uns, uns all dem zuzuwenden, was zu unserer kaputten Welt gehört – einschließlich der Sorge um unseren angeschlagenen Planeten. Aber so wichtig es ist, Christi Liebe weiterzugeben – es ist nicht genug. Wir müssen mit *allen* übernatürlichen Hilfsmitteln ausgestattet sein, die Gott uns gegeben hat: Wir müssen Gottes Wahrheit verkündigen und Suchende mit dem lebendigen und geschriebenen Wort in Kontakt bringen; wir müssen uns auf Gottes Geist verlassen und uns von ihm füllen lassen durch das Gebet und andere Mittel, die Gott uns zur Verfügung stellt, und wir müssen Gottes Liebe vorleben. Es ist wichtig, relevant zu sein, aber was ich gelernt habe, je mehr ich Ruth beobachtet habe, ist: *Nur das Ewige ist ewig relevant.*

Die Evangelien als Grundlage

Meiner Erfahrung nach fehlt Studenten oft das Vertrauen, dass die Heilige Schrift die Kraft hat, Menschen ihrer Sündhaftigkeit zu überführen und, mithilfe des Heiligen Geistes, Leben zu verändern. Deswegen müssen wir ihnen immer wieder Mut machen, ihren Freunden die Berichte von Matthäus, Markus, Lukas und Johannes nahezubringen, in denen sie Jesus selbst begegnen. Becky Pipperts Buch und ihre Evangelisationsschulungen haben vielen Studenten vor allem in der westlichen Welt geholfen, sich neu und ganz ehrlich zu fragen, was sie dem Evangelium eigentlich zutrauen.

Ich möchte nun erzählen, wie Hunderttausende von Studenten im Nahen Osten, in Afrika und Südamerika heutzutage eingeladen werden, sich mit dem Evangelium zu beschäftigen.

Es ist eines der Markenzeichen der IFES, dass wir Erfahrungen austauschen. In den 90ern startete die britische Bewegung, UCCF, eine Aktion: „The Big Idea". Diese große Idee war Nigel Lee, dem damaligen Leiter der Studentenarbeit, mitten in der Nacht gekommen. Warum nicht allen Studenten in den Wohnheimen Großbritanniens und Irlands ein Evangelium in Broschürenform schenken, eine „Biographie von Jesus"? Seinerzeit hatten rund 90 Prozent der britischen Studenten keine Ahnung, worum es beim christlichen Glauben geht. Die Studentenbewegung hatte kaum Geld und zu wenige hauptamtliche Mitarbeiter. Es würde ein Wunder nötig sein, um diese Aktion auch nur zu starten. Ein unmöglicher Traum? Sie schrieben an die Bibelgesellschaft, schilderten ihre Idee und warteten. Daraufhin bot die Bibelgesellschaft an, 500.000 Evangelien kostenlos zur Verfügung zu stellen!

Der Plan war nicht, einfach eine große Verteilaktion mit einem Teil der Bibel zu starten, obwohl auch das nützlich wäre. Der Plan war, hunderte missionarischer Gesprächskreise zu gründen, in denen christliche Studenten ihren Freunden ihren Glauben erklären konnten. Man wählte das Lukasevangelium, weil es ein wenig einem modernen Drehbuch ähnelt. Und die Leute konnten sogar in Ergänzung zu den Bibelarbeiten den auf dem Lukas-Evangelium basierenden Jesus-Film nutzen, um Christus vorzustellen.

Ein anderes Schlüsselprinzip war, den christlichen Studenten zu helfen, ein Evangelium richtig gut kennen zu lernen, so dass sie davon für den Rest ihres Lebens profitieren. UCCF bereitete Arbeitsmaterialien zum Bibelstudium und für die Kleingruppenleitung vor. „The Big Idea" lief von Oktober 1994 bis Ostern 1995. Mindestens 300 Studenten kamen in dieser Zeit zum Glauben. Im Rahmen von Tür-zu-Tür-Aktionen und Sonderveranstaltungen bekamen alle Studenten, die in Wohnheimen lebten, persönlich ein Lukasevangelium mit verblüffendem Cover überreicht. In einem einzigen Trimester wurden mehr als 400 Diskussionsgruppen für Fragende eingerichtet, die alle von Studenten geleitet wurden.

In Glasgow kam eine Studentin in ihrem Wohnheim mit einem ihrer Mitbewohner ins Gespräch, der sagte, dass er schon viel über Gott nachgedacht hatte und sich inzwischen frage, ob das alles nicht sogar wahr sein könne. Sie schrieb seine Zimmernummer auf die „Nicht besuchen"-Liste, weil sie mit ihm selber weiter in Kontakt bleiben wollte. Aber die beiden Studenten, die in diesem Wohnheim an alle Türen klopften, kamen mit den Zimmernummern durcheinander und besuchten ihn irrtümlich doch. Der junge Mann war total überwältigt; er wollte unbedingt mit ihnen reden und jede Menge Fragen loswerden. Nach langen Diskussionen übergab er sein Leben Jesus. Kurz bevor die beiden Christen an seine Tür klopften, hatte er gebetet: „Gott, wenn es dich gibt, gib mir ein Zeichen." Er konnte es kaum glauben, als sie fast unmittelbar darauf an seiner Tür standen und ihm ein Evangelium überreichten.

Dieser wunderbare Ansatz wurde von vielen anderen IFES-Bewegungen aufgegriffen. 1997 in Norwegen verteilten Studenten 50.000 Lukasevangelien an Freunde und starteten 70 Gesprächskreise. Und während ich an diesem Buch schreibe, führen rund fünfzig nationale Bewegungen ähnliche Aktionen durch, wobei sie 500.000 Evangelien und Neue Testamente in über zwanzig Sprachen ausgeben. In allen diesen Fällen werden Studenten geschult, Bibelgespräche zu leiten, die ihre Freunde mit der Person und den Ansprüchen des Herrn Jesus Christus bekannt machen und ihnen so den Kern des Evangeliums nahebringen.

Warum die öffentliche Verkündigung wichtig ist

Durch die ganze Kirchengeschichte hindurch ist das Evangelium immer auch öffentlich verkündigt worden, und wir dürfen das in unseren Studentenbewegungen und Gemeinden nicht vernachlässigen. Es war der Ansatz der Apostel, um Menschen aus nominell gläubigem Hintergrund anzusprechen (vgl. Apg 2) und auch aus heidnischen Kulturen (vgl. Apg 17). Wer der öffentlichen Verkündigung nichts zutraut, hat entweder wenig Vertrauen in die Kraft des Wortes Gottes, oder er hat schlechte Erfahrungen mit Predigten gemacht – oder beides. Die Evangelisten der frühen Christenheit haben versucht, die zeitgenössische Kultur zu verstehen. Hier setzte die Verkündigung an – aber letzten Endes ging es immer um den Kern des Evangeliums.

In seinem hervorragenden Buch *Evangelism in the Early Church*[30] demonstriert Michael Green, dass die Predigten der Apostel, von welchem Ansatz sie auch immer herkamen, immer auf drei Punkte hinausliefen: *Erstens*, dass es nur einen Gott gibt, der alles geschaffen hat und vor dem wir uns zu verantworten haben; *zweitens*, dass der Tod und die Auferstehung unseres Herrn Jesus Christus charakteristische Zeichen seiner Einmaligkeit sind, und *drittens*, dass im Licht des kommenden Gerichts Umkehr nötig ist. Evangelisation heutzutage vernachlässigt mitunter eines oder mehrere dieser Schlüsselelemente und verliert dadurch an Durchschlagkraft. Ich habe einmal Martin Lloyd-Jones, den ersten Vorsitzenden der IFES, gefragt, wie seiner Meinung nach vorbildliche Predigten auszusehen hätten. Er sagte, wir sollten immer damit anfangen, den Verstand zufrieden zu stellen; als Nächstes das Gewissen ansprechen, um zur Buße zu führen; dann den Willen herausfordern und zu einer Antwort aufrufen; unweigerlich würden auch die Gefühle berührt. Er meinte, dass Predigten oft schief gehen, weil die Prediger entweder beim Verstand beginnen und dann da stehen bleiben, oder weil sie sich direkt auf die Gefühlsebene begeben und eine schnelle Reaktion hervorrufen, ohne dass die Menschen wirklich begriffen haben, worum es geht. Das führt dann oft zu Scheinbekehrungen, die keinerlei Veränderung bringen.

Der britische Evangelist David Watson hat eine interessante Formulierung geprägt, als er versuchte zu beschreiben, welche Art der Verkündigung in einer dem Wort gegenüber resistenten Kultur nötig ist. Er hat den Ausdruck „lehrende Evangelisation" gebraucht. Wir müssen die biblische Wahrheit erklären und sie dann missionarisch für die Hörer aufarbeiten. Ein Prediger kann zum Beispiel mit der Frage nach dem Leid anfangen und erörtern, warum dieses Thema so viele Menschen vom Glauben abhält. Er kann dann erklären, dass der Gott der Liebe dem Leid, das er in der Welt sieht, nicht gleichgültig gegenübersteht. Immerhin hat er seinen einzigen Sohn gesandt, um am Kreuz zu sterben, damit Menschen von den Folgen der Sünde gerettet werden können.

In unseren Vorträgen und Predigten sollten wir Begriffe wie Gnade, Rechtfertigung und Umkehr erklären. Wir sollten klar und einfach sprechen, aber unzulässige Verkürzungen vermeiden. Die Verkündigung muss plausibel, für die Zuhörer verständlich, deutlich und schlagkräftig sein. Neutrale Orte auf dem Unigelände sind manchmal von besonderem Vorteil – ein Hörsaal, ein Seminarraum oder auch die Studentenkneipe.

BEWÄHRTE PRAXIS: EIN DREIFACHER ANSATZ

In den besten Studentengruppen greifen alle drei Schwerpunkte – persönliche Evangelisation, Kleingruppen und öffentliche Verkündigung des Evangeliums – ineinander. Diese drei Ansätze ergänzen einander, und wenn Bewegungen sie alle zusammen nutzen, ist das besonders wirkungsvoll. Eine Überbetonung der persönlichen Gespräche, bei denen manchmal versäumt wird, die Freunde auch wirklich mit der Person Christi bekannt zu machen, wird damit vermieden – mithilfe des Texts der Heiligen Schrift oder der Verkündigung in der Predigt. Andererseits können Studenten auch versuchen, sich leicht aus der Affäre zu ziehen, indem sie große öffentliche Veranstaltungen organisieren. Aber wenn die Grundlagen nicht durch Freundschaften und Kleingruppen gelegt sind, werden erfahrungsgemäß nur wenige Menschen Christen. Dann verlieren die Studenten den Mut, überhaupt wieder an die Öffentlichkeit zu gehen, und geben es auf. Wir brauchen alle drei Ansätze. Vielleicht lassen sie sich in Form einer Pyramide am besten darstellen (vgl. Abb. 1):

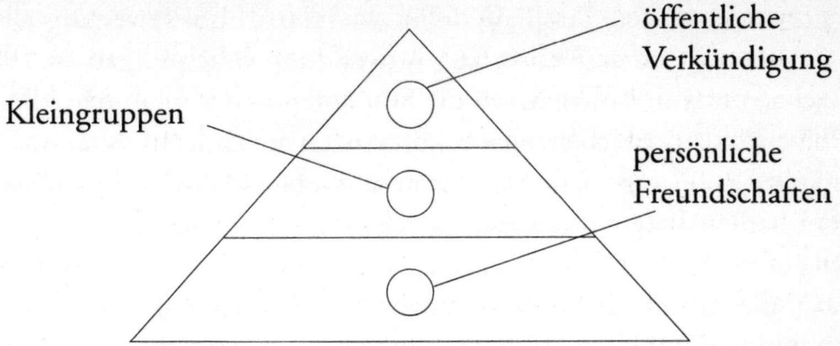

Ein Wendepunkt für die IFES-Bewegung in Costa Rica ergab sich 1992. Man bildete Kleingruppen, um an den Fakultäten und höheren Schulen zu evangelisieren; das Licht des Evangeliums sollte an möglichst vielen Stellen zum Leuchten kommen. Persönliche Freundschaften sollten die Basis der Evangelisationspyramide bilden, sie wollten ihren Freunden zuhören und sie in Liebe zu erreichen versuchen.

Sie machten sich Gedanken, das Evangelium so zu verkündigen, dass es für die verschiedenen Studienfächer relevant wurde. Für die Agrarwissenschaften stellten sie zum Beispiel eine Broschüre her, in der es um einen verantwortungsvollen Umgang mit der Schöpfung ging. Die Psychologiestudenten entwarfen zu geringen Kosten ein Wandgemälde, das auf persönliche und soziale Konflikte anspielte. Nachdem sie das ausgestellt hatten, luden sie Studenten in den Vorlesungen zu Kleingruppen ein, in denen die Bibel gelesen wurde.

An der Spitze der Pyramide organisierte die Studentengruppe als Ganzes größere Aktionen. Zur Feier des 500. Jahrestags der Ankunft Kolumbus' erstellten sie eine Wandzeitung, auf der sie den Christus der Spanier dem Christus der Bibel gegenüberstellten. Das war ein ziemlich aufwändiges Projekt und die Studenten widmeten dem Lesen und Nachdenken viel Zeit. Sie hängten das Ergebnis ihrer Bemühungen schließlich am belebtesten Ort an der Uni auf, und es führte zu vielen persönlichen Gesprächen. Erst nach all dem, so hatten sie es langfristig geplant, folgte die öffentliche Verkündigung, in der es um den lebendigen Christus ging und um die Freiheit, die er bringt – und die völlig im Gegensatz steht zu der Sklaverei, die die Eroberer brachten.

Eines der besten Beispiele dafür, wie eine IFES-Bewegung all diese Prinzipien in einer Aktion zur Anwendung brachte, gab es 1991 in Cochabamba in Bolivien, wo die Studenten sich vornahmen, die ganze Universität zu erreichen, eine Fakultät nach der anderen. Aber was konnten ein paar evangelikale Studenten schon bewirken? Sie beschlossen, in dem halben Jahr vor der Aktion regelmäßige Gebetsabende einzuführen, und für die Aktion selbst stieß noch ein Team von Evangelisten dazu, die aus acht IFES-Bewegungen Südamerikas kamen. Mit der Zeit tauchten auch einige „U-Boot-Christen" auf, und die Gruppe wuchs von 30 auf 60 Leute an.

Sie verkündeten Christus auf vielfältige Weise. Medizinstudenten kamen zu einem Film mit anschließender Diskussion, in dem es um Abtreibung ging. Für Sprachwissenschaftler gab es eine Ausstellung zu Bibelübersetzungen. Das Evangelisten-Team leitete die Bibelarbeiten, die an allen Fakultäten stattfanden. Mit Zugnummern wie Pantomime, christlicher Musik oder Evangelisation per Flipchart machten sie die Leute draußen auf die Veranstaltungen aufmerksam. Während dieser Aktion, die sechs Wochen dauerte, stellte diese Gruppe das Evangelium allen 20.000 Studenten an ihrer Universität vor, Hunderte kamen zum Glauben. So etwas hatte es noch nie gegeben.

In der Zeit davor war die christliche Gemeinde unter den Armen in Lateinamerika stark gewachsen, die Mittelschicht und die Gebildeten dagegen schienen vom Evangelium unberührt. Anfang der 90er gab es dann eine einzigartige und wirklich bemerkenswerte Offenheit unter Universitätsstudenten. Im Anschluss an die Erfahrung in Cochabamba gab es 1992 und 1993 in sieben weiteren Ländern fünfzehn ähnliche Aktionen. Sie wurden von Studenten durchgeführt, die das Ziel hatten, mehrere Tage lang allen ihren Kommilitonen das Evangelium weiterzusagen. Manchmal wurde ein Evangelist eingeladen, um bei irgendeiner besonderen Veranstaltung zu reden, aber alle Hauptaufgaben sowie die Planung hatten die Studenten selbst übernommen.[31]

Eva Morales, die Generalsekretärin der Bewegung in Bolivien, studierte zu dieser Zeit in Cochabamba. Sie geht davon aus, dass 80 Prozent der Leute, die damals bei der Aktion dabei waren, auch heute in der Mission unter Studenten aktiv sind, sei es als Pastoren, Dozenten oder

Gemeindemitglieder. „Die Hochschultage in Cochabamba haben entscheidend zur Bekanntheit der bolivianischen Bewegung beigetragen, sowohl an der Universität als auch in den evangelikalen Gemeinden. Sie hat auch eine ganze Studentengeneration dahingehend geprägt, dass sie kulturübergreifende Mission zu ihrer Sache machen."

Evangelisation und die Welt des Intellekts

Unsere Berufung als Gemeinschaft ist es, in der akademischen Welt eine Art Brückenkopf für das Evangelium zu schaffen. Unser Arbeitsschwerpunkt sind dabei Studenten, und wir rüsten sie so gut wir können dazu aus, Christus in diesem Umfeld klar zu verkündigen.

In einem Vortrag vor IFES-Hauptamtlichen 2006 hat Professor Nigel Cameron, ein scharfsinniger Beobachter der Hochschullandschaft, den kritischen Charakter der Frage von Charles Malik betont, die ich am Anfang dieses Buches zitiert habe: „Was hält Jesus Christus von der Universität?"[32] Ihm war aufgefallen, dass christliche Studenten und christliches Hochschulpersonal mitunter ein zwiespältiges Verhältnis zur Intellektualität des Universitätsbetriebs haben, obwohl genau hiervon die Kultur und die Werte ihrer Nation vorangetrieben werden. Genau auf dieser Ebene muss das Evangelium das universitäre Leben und Arbeiten durchdringen, wenn es dazu kommen soll, dass Christus wirklich eine ganze Nation entscheidend prägt.

Er führte weiter aus: „Teilweise rührt dieses zwiespältige Verhältnis von einem alten Anti-Intellektualismus her, von dem wir uns heute normalerweise distanzieren würden. Ebenso daher, dass uns nicht bewusst ist, wie sehr Ideen und Geistesströmungen die Kultur bestimmen (und die Grundannahmen aller Leute festlegen, Gläubige eingeschlossen). Es zeigt auch eine falsche Zweiteilung: als führte unsere Bekehrung nicht zu einer radikalen Neuausrichtung unseres Denkens. Evangelisation und Ideenwelt gehören also unbedingt zusammen." Im Weiteren skizzierte er vier Punkte, die zu jedem Nachdenken über die Arbeit der IFES gehören:

1. Der Einfluss der Postmoderne ist oft überschätzt worden, aber es besteht kein Zweifel daran, dass das intellektuelle Klima heute eine größere Herausforderung für Christen ist (weil wir unsere Rolle als vermeintliche Vordenker der Kultur verloren haben), dabei aber gleichzeitig auch offener (weil die Leute uns und unsere Ideen weniger bedrohlich finden). Unsere Apologetik geht in weiten Teilen immer noch davon aus, dass sich die Leute bekehren, wenn man die besseren Argumente hat. Das stimmt auch immer noch – nur hat sich das Wesen von Argumenten im postmodernen Kontext radikal gewandelt.
2. Wenn ich in die Zukunft blicke ist meine Hauptangst, dass wir jede Menge Gläubige haben, vor allem in der südlichen Hemisphäre und in Nordamerika, aber dass diese Gläubigen immer weniger begreifen, was zum Glauben eigentlich alles gehört. Die öffentliche Kultur und alle ihre Grundannahmen werden dem Säkularismus überlassen, und die Kirche wird langsam davon erdrosselt, dass die Christen mehr oder weniger leben und denken wie ihre Nachbarn – mit einem Anstrich von Frömmigkeit, der aber mit fortlaufender Zeit und zunehmender Säkularisierung immer dünner wird.
3. Wie wir die Universität und ihre Rolle als „Ideenfabrik samt Marketingapparat" (um eine Formulierung Maliks aufzugreifen) sehen, wird also letztlich zum Lackmus-Test der Kirche des 21. Jahrhunderts. Die Strategien, die wir entwickeln, um als christliche Gemeinde in der Universität präsent zu sein, werden die Maßstäbe für die Kirche insgesamt setzen.

Das nimmt uns in die Pflicht,

a) auf eine Weise zu evangelisieren, die das Denken von Studenten und Dozenten anspricht und auch das Denken der Kultur;
b) Strategien zu entwickeln, die zur Glaubwürdigkeit des christlichen Weltbilds innerhalb der Universitäten beitragen, etwa indem wir mit säkularen Denkern bei Themen zusammenarbeiten, wo wir gemeinsame Anliegen haben (zum Beispiel Menschenrechte, Bioethik und Menschenwürde, Armutsbekämpfung etc.). Ohne unsere

christlichen Überzeugungen zu verwässern, können wir so zeigen, dass es durchaus wichtige Punkte im gegenwärtigen Diskurs gibt, in denen wir mit vielen anderen übereinstimmen – und dass wir einen Deutungsrahmen haben, in dem die konsensfähigen und unsere spezifischen christlichen Überzeugungen stimmig zueinander passen;

c) niemals zu vergessen, dass Veränderung – egal in welchem Bereich – immer aus einer Kombination von Ideen und Beziehungen erwächst. Deswegen werden wir uns immer dem Aufbau guter, dauerhafter Beziehungen widmen, die nicht einseitig durch religiöse Motive bestimmt sind, sondern die einen Einblick in gelebten Glauben, in ein christliches Weltbild und Jüngerschaft bieten. Und unsere Studenten werden wir ebenfalls zu solchen ganzheitlichen Beziehungen ermutigen.

Das sind wesentliche Punkte, die sich auf alle missionarischen Aktivitäten im Hochschulbereich beziehen und die unterstreichen, wie wichtig eine sorgfältig durchdachte Apologetik ist.

„Seid allezeit bereit zur *Apologia*"

Eine mögliche Definition von apologetischer Evangelisation lautet: „eine begründete Verteidigung des Evangeliums liefern". In 1. Petrus 3, 15 ermutigt der Apostel die Gläubigen: „Seid allezeit bereit zur Verantwortung [gr. *apologia*] vor jedermann, der von euch Rechenschaft fordert über die Hoffnung, die in euch ist". Und, wie Nigel Cameron deutlich gemacht hat, ist das umso wichtiger im universitären Kontext. Manche Christen, die zu studieren anfangen, kommen aus einem Umfeld, in dem man ihnen nahegelegt hat, mit dem Denken aufzuhören und „einfach nur zu glauben", ohne Fragen zu stellen – das stellt auf den Kopf, was es heißt, als gläubiger Student auf Christus hinzuwachsen und erwachsen zu werden. Eine vernünftige und gut durchdachte Darreichung des Evangeliums hat nicht die Funktion, den Glauben überflüssig zu machen, sondern bildet seine Grundlage, sein Fundament. Sie ersetzt die Arbeit des Heiligen Geistes nicht, aber sie kann ein Mittel sein, den

Menschen Gottes Wahrheit klarzumachen – ein Mittel, dessen sich der Heilige Geist bedienen kann. Wir sehen Beispiele für diesen apologetischen Ansatz in Apostelgeschichte 17,2-3, wo Paulus sich an Juden wendet, die einiges an biblischem Wissen mitbringen, und auch in den Versen 16-31 desselben Kapitels, wo er mit Nichtjuden ohne biblisch-religiösen Hintergrund spricht.

Apologetische Evangelisation beschäftigt sich mit der Frage: „Lässt sich das Christentum vernünftig begründen?" Sie kann benutzt werden, um augenscheinlich vernünftige Gründe gegen das Christentum zu widerlegen, damit das Evangelium überhaupt Gehör finden kann, und oft hilft sie, die Wahrheit des Evangeliums in verständliche Worte und Begriffe zu fassen. Sie hat die nützliche Nebenwirkung, Christen im Glauben zu ermutigen, indem sie biblische Antworten auf akademische Fragen gibt, die ihnen womöglich selber zu schaffen machen. Richard Cunningham, der Direktor der englischen IFES-Bewegung UCCF, hat Apologetik zu einem wichtigen Schwerpunkt gemacht. Die Website www.bethinking.org der UCCF bietet Material, das Studenten in dieser Auseinandersetzung hilft.[33]

Peter May, der Vorsitzende des UCCF-Kuratoriums, hat 2005 einen ausgezeichneten Artikel zu christlicher Apologetik geschrieben, in dem er schloss: „Paulus hat die Herangehensweise der Apostel, was Evangelisation betraf, im zweiten Brief an die Korinther gut zusammengefasst: ‚Im Bewusstsein, dass ich dem Herrn Rechenschaft schuldig bin, suche ich Menschen zu gewinnen.' (2. Kor. 5,11) Evangelisation ohne inhaltliche Auseinandersetzung hatte bei ihnen keinen Platz. Evangelisation, die zu überzeugen versucht, ist das einzige Beispiel, das sie uns gegeben haben."[34]

Das Christentum ist niemals nur eine Sache des Verstandes – es hat auch eine sittliche Dimension. Es kann uns nicht darum gehen, die intellektuelle Neugier der Leute zu befriedigen, sondern wir müssen ihnen eine solide Grundlage für ihren Glauben bieten. Wo auch immer wir mit unserem apologetischen Ansatz beginnen, letzten Endes müssen wir den Menschen immer zwei Dinge nahe bringen: erstens die Person und das Werk Jesu Christi – seine Göttlichkeit, seinen Tod und seine Auferstehung – und zweitens unsere persönliche Erfahrung mit dem auferstandenen Christus.

Der christliche Glaube geht über die Vernunft hinaus, aber das bedeutet nicht, dass er gegen die Vernunft steht. Jesus hat sich nie gegen Verstand oder Vernunft ausgesprochen. In Johannes 20,24-29, als Thomas an seiner Auferstehung zweifelte, stellte Jesus Glauben und Schauen einander gegenüber, nicht Glauben und Vernunft. „Thomas", sagte er, „es wäre besser, wenn du an mich geglaubt hättest, ohne mich zu sehen" (und nicht: ohne über alles nachgedacht zu haben). Die Gefahr der Apologeten besteht darin, dass sie bei der Beantwortung von Fragen oft so weit ausholen, dass sie am Ende gar nicht mehr bis zum Evangelium kommen. Apologetik, wie sie sein sollte, beinhaltet eine vernünftige Verteidigung des Evangeliums und leitet über zu einer Verkündigung des Evangeliums. Der Apologet sollte die Fragen der Menschen ernst nehmen, aber er sollte immer zur Wahrheitsfrage überleiten und von Jesus als geschichtlicher Person sprechen. Bei evangelistischen Aktionswochen an Hochschulen hat es sich bewährt, dass Redner mit apologetischem Schwerpunkt mittags oder nachmittags auftreten und am Ende ihrer Referate und Fragerunden zu den Abendveranstaltungen einladen, bei denen das Evangelium direkter verkündet wird.

„So gute Neuigkeiten haben wir noch nie gehört"

In Nepal begann die Studentenarbeit nach dem Zusammenbruch des politischen Systems 1990 zu wachsen, als freie Religionsausübung möglich wurde; schließlich zählten 500 Leute zur Bewegung. Enttäuschung über den traditionellen Hinduismus, der Zusammenbruch des Kommunismus und die neue Freiheit, zu evangelisieren, schufen ungeahnte Möglichkeiten für die Studenten. Sie reagierten darauf, indem sie im großen Stil evangelistische Literatur verteilten. Um fünf Uhr morgens standen die Teams auf und stellten die Literatur zusammen, die sie dann am Eingang zur Universität verteilten, sobald die Studenten kamen. Manche Gruppen besuchten auch Schulen in den Dörfern; stundenlang waren sie mit schweren Büchern auf dem Rücken unterwegs. An einen Ort schleppten sie sogar Generator, Filmprojektor und Film. Im ganzen Land reisten die Gruppen herum und verteilten ihre Literatur an mehr als 25.000 Studenten an über fünfzehn Universitäten. Sie erlebten, wie

Hunderte zum Glauben kamen. „Ich konnte mich des Eindrucks nicht erwehren, dass hier eine Gruppe denkender Menschen ist, die einen klaren Blick für die Wirklichkeit haben, wie ich ihn immer gesucht habe", erklärte einer der frischgebackenen Christen. Und ein anderer ergänzte aus tiefstem Herzen: „So gute Neuigkeiten haben wir noch nie gehört."

Mitte der 90er brachen für Zentralafrika schwere Zeiten an. Daniel Bourdanné, der IFES-Regionalsekretär für das französischsprachige Afrika, besuchte Ruanda – kurz nach dem Bürgerkrieg, bei dem 1994 fast eine Million Menschen umgekommen waren. Er stieß auf einen großen Hunger nach der Wahrheit der Bibel und nutzte die Gelegenheit, diese Wahrheit als Grundlage des Lebens herauszustellen. In Kigali hielt er einen apologetischen Vortrag zum Thema „Vernunft und Glaube", zu dem 1000 Studenten und Dozenten kamen. Der Präsident Ruandas hörte davon und bat um eine Aufnahme, und schließlich wurde der Vortrag sogar landesweit im Radio ausgestrahlt. Daniel wurde an die staatliche Universität in Butare eingeladen, um dort ein Referat über den Ursprung des Menschen zu halten. 1000 der 4000 Studenten, die an dieser Universität studierten, und viele Dozenten kamen, unter ihnen auch viele, die keine Christen waren. Diese Veranstaltung hatte enormen Einfluss auf die Universität. Momentan, während dieses Buch in Druck geht, ist es nicht ungewöhnlich, dass 3000 Studenten zu den wöchentlichen Treffen kommen. Nicht alle von ihnen sind Christen, aber sie kommen dorthin, weil sie merken, dass das Evangelium Hoffnung bietet.[35]

EINE STRATEGIE ENTWICKELN

In diesem Kapitel habe ich versucht herauszustellen, wie wir uns bei unserer Evangelisation an der Universität von biblischen Prinzipien leiten lassen und dabei kreativ und strategisch denken sollen. Wir legen unseren Studenten dringend nahe, sich am studentischen Leben aktiv zu beteiligen. Wer die Botschaft, die zum Leben führt, weitergeben möchte, soll sich ruhig auch in anderen Hochschulgruppen und Vereinen und Gruppen engagieren, und es ist auch gut, wenn viele aus der christlichen Studentengruppe im Wohnheim wohnen.

Es scheint mir fünf Schlüsselprinzipien zu geben, um eine dauerhafte evangelistische Präsenz an den Hochschulen zu entwickeln. Wir müssen

- uns mit den Dingen auseinandersetzen, die auf dem Campus Thema sind – also die Probleme, Sorgen, Grundüberzeugungen und Interessen der Studenten verstehen, um angemessen auf sie eingehen und ihnen wirklich eine Hilfe sein zu können,
- die Universität unter strategischen Gesichtspunkten betrachten (Wie läuft die Mittagspause ab? Wo trifft man sich? ...) und unsere Treffen darauf abstimmen,
- alle christlichen Studenten zurüsten und für den Auftrag begeistern; sie schulen, damit sie wissen, was das Evangelium ist, wie man es weitergeben kann, wie man Zeugnis gibt und wie man einen Menschen zu Christus führt,
- in Kleingruppen in Wohnheimen, Seminaren und an Fakultäten die Initiative ergreifen: zum Beispiel ein Fragepodium zur Glaubwürdigkeit der Bibel bei den Juristen veranstalten oder eine Bibelarbeit zum Thema „Der Gott der Armen“ bei den Sozialwissenschaftlern,
- besondere Aktionen planen, um bestimmte Gruppen wie internationale Studenten, Doktoranden oder Dozenten zu erreichen.

Eine ernstzunehmende evangelistische Strategie zielt darauf, jeden Christen und jede Christin in der Studentengruppe zu befähigen und zu motivieren, über das Evangelium zu reden – mit den Leuten in ihrem Seminar, auf ihrem Gang oder in ihrer Sportmannschaft. Die besten Aktionen werden geplant, wenn man mit dem Rhythmus der Semester geht. Der Anfang des akademischen Jahrs ist eine entscheidende Zeit für internationale Studenten und Erstsemester. An evangelistische Aktionen können sich missionarisches Bibellesen und Diskussionen anschließen. Kurz gesagt: Wenn unsere Einstellung stimmt, wenn wir das Ziel klar im Blick behalten, uns an Gott wenden und uns ganz auf ihn verlassen, wird er uns gute Ideen geben – und die Gelegenheiten, sie umzusetzen.

4. Studenten und die Weltmission

Verkündet seine Herrlichkeit unter den Nationen, seine großen Taten unter den Völkern.

(Psalm 96,3)

Einer der Schlüssel, ganze Nationen oder Volksgruppen zu erreichen, ist die Arbeit unter Universitätsstudenten. In Ländern, in denen verschiedene Volksgruppen leben, gibt es kaum einen strategisch besseren Weg, um alle Ethnien zu erreichen. Und wo die Universitäten eines Landes auch internationale Studenten anziehen, die eigens zum Studium in dieses bestimmte Land gekommen sind, bekommt das Ganze noch einen Sprungbrett-Effekt: diejenigen, die zum Glauben gekommen sind, können das Evangelium in ihre Heimat mit zurücknehmen.

Als die IFES gegründet wurde, bestand die Herangehensweise der meisten Missionsgesellschaften noch darin, Missionare aus dem Westen in Entwicklungsländer zu schicken, und dieser Ansatz hielt sich auch noch mindestens weitere zwei Jahrzehnte. Wir haben das schon immer anders gesehen. Als Chua Wee Hian, ein Singapurer chinesischer Abstammung, 1972 zum zweiten Generalsekretär der IFES ernannt wurde, war er der erste Nicht-Westler, der einer internationalen Missionsgesellschaft vorstand. Von Anfang an war es naheliegend, Studenten und Jungakademiker aller Kontinente für die kulturübergreifende Mission zuzurüsten.

Die christliche Studentenarbeit hat der Weltmission entscheidende Impulse gegeben, und jede nationale IFES-Bewegung ist dem weltmissionarischen Auftrag verpflichtet. Er soll in jeder einzelnen Studentengruppe klar zur Geltung kommen. Die Geschichten von Adoniram Judson, Henry Martin und den Cambridge Seven werden noch viele Jahre gedruckt und gelesen werden, aber diese Menschen stehen nicht alleine da – ihre Geschichten stehen nicht nur für Hunderte, sondern für Tausende anderer.[36] Es sind die Geschichten von Studenten, die vom Evangelium ergriffen sind und mit Paulus sagen können: „Die Liebe Christi drängt uns".

Die Urbana-Missionskonferenz, von der im 1. Kapitel schon die Rede war, ist vermutlich die bekannteste Studententagung der IFES. Viele Jahre lang sind dort mehrteilige Schulungen für die Organisatoren ähnlicher Veranstaltungen überall auf der Welt angeboten worden. Damit hat sie einen entscheidenden strategischen Beitrag dazu geleistet, dass in Afrika und Asien ähnliche Missionskonferenzen entstanden – und dass insgesamt das Bewusstsein für Weltmission in diesen Ländern wachsen konnte, die traditionell als „empfangende Nationen" galten. Die IFES-Bewegungen in Taiwan, Korea, Brasilien, Mexiko, Nigeria, Kenia und Inien halten regelmäßig Missionskonferenzen ab, und viele Tausende, die sich in ein anderes Land aufgemacht haben, haben sich bei einer dieser Veranstaltungen von Gott in den Dienst rufen lassen. Allein mit diesen Berufungsgeschichten könnte man ein ganzes Buch füllen.

Eugenio Restrepo, der ursprünglich aus Bogotá in Kolumbien stammte, spürte auf der Urbana-Konferenz 1987, dass Gott ihn in die kulturübergreifende Mission rief. Er sagt: „Gott hat in meinem Leben gewirkt und mir die Mission in Städten in Europa aufs Herz gelegt. Also habe ich mir das zur Aufgabe gemacht." Inzwischen arbeitet er in Spanien, in Malaga, wo er Schulungen für Leiter entwickelt und kleine szenische Stücke für Straßenevangelisationen schreibt und aufführt. Immer wieder hat Gott auf der ganzen Welt solche Veranstaltungen zum Thema Mission benutzt, um Studenten zur radikalen und dauerhaften Hingabe zu bewegen. An Menschen wie Eugenio und anderen, deren Geschichten hier niedergeschrieben sind, sehen wir, wie Gott das bewahrt, was sie ihm zur Verfügung stellen. Er kann Studenten und Jungakademiker darin stützen, solche Versprechen auf Lebenszeit einzuhalten.

Ich kann mich noch gut an die Missionskonferenz in Nigeria 1991 erinnern, zu der 4.000 Studenten kamen. Am Ende der Konferenz forderte einer der Redner die Studenten auf, sich zu einem Kurzzeiteinsatz in der islamischen Nachbarrepublik Niger zu verpflichten und dort das Evangelium zu verkündigen. Er brauchte noch fünfzehn Leute, um sein Team zu vervollständigen, aber 1.000 kamen nach vorne, um ihre Dienste anzubieten! Das war ein Anblick! Wir haben das Gefühl, dass der Heilige Geist in den letzten Jahren in außergewöhnlicher Weise gewirkt hat, um Studenten für die Mission zu gewinnen.

Aber die Vision für Weltmission war nie auf solche begeisternden Konferenzen beschränkt. Die IFES-Bewegungen haben Studenten immer Mut gemacht, das Evangelium zu anderen Studenten zu tragen, zu denen aus anderen Kulturen genauso wie zu denen aus der eigenen.

MISSION AM PULS DES EVANGELIUMS

„Warum überhaupt Mission?" Diese Frage durchdringt die ganze Bibel. Wenn Christen Mission nicht am Herzen liegt, ist das unbiblisch, denn unser Gott ist ein missionarischer Gott. Das Alte Testament, die Evangelien, die Apostelgeschichte, die Briefe, die Offenbarung – sie alle sprechen von Gottes Liebe für die ganze Welt. In einer Zeit, in der unser Denken so sehr vom Pluralismus und seinem nahen Verwandten, dem Relativismus, bestimmt wird, müssen wir uns immer wieder bewusst machen, dass Mission zum Evangelium gehört.[37]

Dagegen werden immer wieder Einwände erhoben; auf die häufigsten möchte ich hier eingehen:

Einwand 1: Mission ist nur etwas für Leute, die sich „berufen fühlen"

Alle Gläubigen müssen sich an der Weltmission beteiligen, weil das dem Gott entspricht, den wir verehren. Er ist ein missionarischer Gott – Vater, Sohn und Heiliger Geist –, der eine missionarische Sicht auf die Welt hat und eine missionarische Gemeinde schafft. Er sendet uns aus in eine Welt, die ihn braucht.

GOTT IST EIN MISSIONARISCHER GOTT

Unserem ersten Missionar, Abraham, begegnen wir schon in 1. Mose 12. Gott selbst sandte ihn aus. Er versprach, durch ihn alle Familien auf der Erde zu segnen, und schon im Alten Testament finden sich jede Menge Geschichten, in denen Gott die Hand nach den Heiden ausstreckt.

Ruth zum Beispiel war eine Moabiterin (aus dem Gebiet des heutigen

Jordanien); Naemann stammte aus Syrien; Jona wurde berufen, zu den Heiden von Niniveh zu gehen. Psalm 96, der die Gläubigen auffordert, Gottes Herrlichkeit unter den Völkern zu verkünden, verbindet Anbetung und Mission, und so erwächst Mission ganz selbstverständlich aus einer richtig verstandenen, biblischen Anbetung Gottes. Der Psalmist redet davon, dem Herrn ein neues Lied zu singen und dann seinen Namen unter den Völkern bekannt zu machen. Jede Form der Anbetung, die nicht wenigstens ein Stück weit zum Ausdruck bringt, dass Gott die ganze Welt im Blick hat, ist unvollständig, wenn nicht sogar unbiblisch.

Christus ist ein missionarischer Christus

Jesus sprach davon, dass er zu den verlorenen Schafen des Hauses Israel gekommen war, aber auch er wandte sich den Heiden zu. Wir denken zum Beispiel an sein Gespräch mit der Frau in Samarien (im heutigen Palästinensergebiet), die Leute aus den Zehn Städten, einem heidnischen Gebiet außerhalb von Galiläa, und die kanaanäische Frau.

Nach seinem Tod und seiner Auferstehung befahl Jesus seinen Nachfolgern, mit der Guten Nachricht zu allen Völkern zu gehen und sie zu Jüngern zu machen.

Der Heilige Geist ist ein missionarischer Geist

Kulturübergreifende Mission wird in Gemeinden oft als Angelegenheit betrachtet, die nur den entsprechenden Arbeitskreis etwas angeht, aber in der Apostelgeschichte war die ganze Gemeinde auf Mission ausgerichtet. Wir lesen viel über die Gabe der Sprachenrede, die den Jüngern in Apostelgeschichte 2 verliehen wurde. Sie bekamen sie vor allem dazu, dass die Leute das Evangelium in ihrer eigenen Sprache hören konnten. Der Heilige Geist kam an Pfingsten, um den Christen zu helfen, den Missionsauftrag zu erfüllen.

Durch die ganze Apostelgeschichte hindurch bildet der Heilige Geist ein missionarisches Volk aus und sendet es aus in das missionarische Abenteuer, das Jesus ihnen angekündigt hat. Es beginnt in Jerusalem, greift über auf Samaria und geht bis nach Rom, der Hauptstadt der damaligen Welt.

Außerdem sind die meisten der Briefe des Neuen Testaments an Gemeinden gerichtet, die von Missionaren gegründet worden sind. Um gegen ein Engagement in der Mission zu argumentieren, müsste man große Teile des Neuen Testaments ausblenden. Schließlich lesen wir vom Ende der Zeit: Die Offenbarung gibt einen Ausblick auf die Ernte der weltweiten Mission. In Offenbarung 7,9-11 lesen wir von Menschen aus allen Völkern und Sprachen, die um den Thron Gottes herum versammelt sind und das Lamm Gottes anbeten, Jesus Christus, den Herrn.

In der Bibel ist immer wieder die Rede von jedem Stamm, jedem Volk, jeder Nation und den Enden der Erde. Der Gott der Bibel hat sich als ein missionarischer Gott geoffenbart, und wenn wir diesen Gott wahrhaftig anbeten und seiner Schrift gehorchen wollen, müssen wir missionarisch gesinnte Glaubende sein.

Einwand 2: In den Gemeinden in unserem Land gibt es so viel zu tun. Woher sollen wir die Zeit nehmen, anderen Ländern zu helfen?

Je mehr sich die Kirche an der Weltmission beteiligt hat, desto stärker ist sie auch zuhause gewachsen. Und auch das Gegenteil ist wahr.

Eines der bemerkenswertesten Beispiele hierfür ist die frühe Kirche in Nordafrika. Wenn wir uns eine Karte ansehen, auf der die Gemeinden der ersten Jahrhunderte verzeichnet sind, ist dort viel Wachstum zu sehen. Heute kommen die bekanntesten christlichen Leiter aus dem angelsächsischen Kulturkreis, aber in den ersten drei Jahrhunderten kamen die bedeutendsten Führer der Kirche aus dem Nahen Osten, aus Südeuropa und Nordafrika – Augustinus kam zum Beispiel aus Hippo, Athanasius aus Ägypten, Origines aus Alexandrien und Paulus aus Tarsus in der heutigen Türkei. Als das Christentum noch jung war, war die Kirche im Nahen Osten und Nordafrika höchst lebendig.

Mit Ausnahme von Ägypten, wo es auch heute noch viele Christen gibt, sind heute nur noch ein paar tausend Gläubige über Nordafrika verstreut, einige finden sich in Libyen, andere in Tunesien, Algerien, Marokko oder der Türkei. Was ist geschehen? In den ersten Jahrhunderten setzten sich diese Christen dafür ein, dass sich die Wahrheit der Bibel durchsetzt – viel verdanken wir zum Beispiel Athanasius, der im dritten Jahrhundert eine überzeugende Verteidigung der Göttlichkeit

Christi lieferte. Aber mit der Zeit verlagerten sich die Diskurse; man wandte sich nebensächlichen Themen zu, während die Begeisterung für die zentralen Wahrheiten verloren ging. Im sechsten Jahrhundert beschäftigte sich die Kirche fast nur noch mit Fragen der Form, nicht des Inhalts, und so konnte der Islam, der nach Mohammeds Tod nach Nordafrika getragen wurde, innerhalb von nur einer Generation die ganze Region durchdringen. Seither hat sie sich dem Einfluss des Islam nie mehr entziehen können.

Im Gegensatz dazu sehen wir in der europäischen Reformation des sechzehnten Jahrhunderts eine Liebe zur Wahrheit, die sich mit dem Anliegen verband, das Evangelium zu verkündigen und in andere Kulturen zu tragen. Die Vordenker der Reformation sahen noch nicht weit über Europa hinaus. Aber als die Gläubigen verfolgt wurden und sich in Zentren wie Genf, wo Johannes Calvin lehrte, sammelten, waren sie so vom Wahrheitsanspruch der Bibel gefesselt, dass sie sich in ganz West- und Mitteleuropa auszubreiten begannen. Die Schriften von Calvin, Luther und anderen hatten sie geprägt, und von diesem Geist angesteckt kehrte beispielsweise auch der berühmte schottische Prediger John Knox in den 1550ern aus Genf zurück, wo er sich „am Urquell selbst erfrischt" hatte.[38] Er war von der Wahrheit ergriffen und fest entschlossen, sie auch in Schottland zu verkündigen.

In der berühmten Kirche in Wittenberg, an die Luther in der Geburtsstunde der Reformation seine 95 Thesen anschlug, finden sich heute Kirchenfenster mit Reformatoren aus ganz Europa – darunter auch Finnland, Schweden und Ungarn –, die die neue Lehre, von der sie geprägt waren, überall in Europa verbreiteten.

Es gibt eine berühmte Geschichte über Oswald Smith, den Leiter der People's Church in Toronto. Als er dort ankam, stand die Kirche kurz vor der Schließung. An seinem ersten Sonntag hielt er zwei Predigten über Mission. In der Gebetsstunde in der darauf folgenden Woche, zu der nur wenige Menschen kamen, sprach er wieder über Mission. Schließlich nahm eine ältere Dame allen Mut zusammen und sprach ihn darauf an: „Mr. Smith", sagte sie, „Sie predigen darüber, wie wichtig es ist, das Evangelium bis an die Enden der Erde zu bringen. Aber wir sind nur noch so wenige, dass unsere Gemeinde kurz vor dem Aussterben steht."

„Schwester", gab er zur Antwort, „wenn wir nicht so von unserer Botschaft überzeugt sind, dass wir sie bis an die Enden der Erde bringen möchten, dann werden wir ganz sicher aussterben." Die Gemeinde wuchs und begann immer mehr Missionare zu unterstützen. Inzwischen zählt die Gemeinde mehrere tausend Mitglieder und unterstützt mehrere hundert Missionare.

Die Geschichte zeigt an vielen Stellen, dass die Kirche, wenn sie den Auftrag zur Weltmission ernst genommen hat, auch zu Hause gewachsen ist. Wenn wir wollen, dass unsere Gemeinden vor Ort wachsen, müssen wir – so paradox das klingt – unseren Blick für die Weltmission schärfen.

Einwand 3: Das Evangelium ist fast überall in der Welt verkündet worden. Es ist an der Zeit, die kulturübergreifende Mission zu stoppen

Es stimmt, dass gerade die evangelikale Christenheit in den letzten 150 Jahren enorm gewachsen ist. Es gibt weltweit schätzungsweise 13.000 ethno-linguistische Volksgruppen. In mindestens 9.000 von ihnen gibt es ein christliches Zeugnis, das ohne weitere Unterstützung überleben kann – wobei die meisten dieser Volksgruppen erst in den letzten vier Jahrzehnten erreicht worden sind. 1810 gab es nur wenige Gemeinden außerhalb von Europa, dem Nordosten Amerikas, Südasien und der Kapprovinz in Südafrika. Heute dagegen umspannt die Kirche den ganzen Globus, es gibt mehr als 300 Millionen Evangelikale und noch viele weitere, sich als Nachfolger Christi bezeichnen.[39]

Nun ist es jedoch eine dringende Aufgabe in großen Teilen der Welt, einheimische Christen in ihrem Glauben zu stärken und ihnen eine feste Grundlage zu verschaffen – gerade in Gegenden, die ein so rasches Wachstum erlebt haben. Prediger müssen den richtigen Umgang mit der Bibel lernen, und wir brauchen fähige Akademiker mit theologischem Urteilsvermögen als Dozenten in Bibelschulen. Eine wichtige Rolle spielen auch die Autoren von christlichen Büchern und Bibelkommentaren, die die Heilige Schrift in ihrem eigenen Kulturkreis und Kontext interpretieren und auslegen, so dass die Gemeinde sich, um es mit Don Carson zu sagen, „selbst-theologisiert" – und zwar auf eine gesunde Weise, die der Bibel gerecht wird.[40]

Ein großer Bedarf an Evangelisation besteht weiterhin. David Barrett, Statistiker der Weltmission, geht davon aus, dass in rund 4.000 Volksgruppen noch kein christliches Zeugnis besteht. In etwa 4.300 Sprachen gibt es noch keine Bibel und damit auch keine Gelegenheit, Menschen in der „Sprache ihres Herzens“ zu erreichen. Evangelistische Aktivitäten sind sehr ungleichmäßig über die Welt verteilt. Mindestens ein Fünftel der Welt hat noch nie den Namen Jesus gehört. Wir streiten über die Wiederkunft, das zweite Kommen Christi, während eine Milliarde Menschen noch nicht einmal etwas von seinem ersten Kommen gehört hat! Worauf legen wir die Priorität? Für jeden von uns gibt es eine Aufgabe innerhalb des großen Auftrags, alle Völker zu Jüngern zu machen!

Leidenschaft für Weltmission war es, was die ersten Leiter der IFES angetrieben hat, im Hören auf Gott eine evangelikale, von einheimischen Mitarbeitern verantwortete Studentenarbeit in allen Ländern aufzubauen, in denen es Universitäten gab. Als die Arbeit 1947 begann, gab es solche Bewegungen in zehn Ländern; inzwischen hat sich die Arbeit auf 150 ausgebreitet. Aber es gibt noch mindestens 18 Länder, die irgendeine Art von Hochschulbildung anbieten, in denen aber soweit wir wissen noch kein christliches Zeugnis an den Universitäten entstanden ist.

Weil Mission zentral zum Evangelium gehört, muss sie auch in der Lehre in Studentengruppen zentral sein. Welchen besonderen Beitrag leisten Studenten zur Weltmission, während sie sich noch in der Ausbildung befinden? Gott gebraucht Nichtprofis! Ja, sie machen Fehler, die älteren und erfahrenen Christen nicht unterlaufen würden. Aber sie sind in der idealen Position, um an unseren Hochschulen zu evangelisieren. Es sind Studenten, die Studenten erreichen und die Saat des Evangeliums dort säen, von wo entscheidender Einfluss auf ganze Nationen ausgeht.

Gott gebraucht Nichtprofis: von überall nach überall

Studenten sind jung und weniger an die Traditionen und Wertvorstellungen der Elterngeneration gebunden. In Situationen, in denen ethnische Spannungen großes Unheil anrichten, können sie auf unübersehbare Weise die Botschaft von Vergebung und Versöhnung verkörpern. Manche haben für diese Botschaft sogar mit dem Leben bezahlt, wie Geschichten dieses Buches noch zeigen werden.

Studenten sind auch viel mobiler als andere Bevölkerungsgruppen. Ich möchte zwei Beispiele aus der Karibik anführen, die das untermauern. Studenten in Martinique und Guadeloupe hatten 1996 schon sieben Jahre lang für Französisch Guayana gebetet. Der Herr schien es ihnen aufs Herz zu legen, dort hinzugehen, aber woher sollten sie das Geld nehmen? Wo sollten sie wohnen? Was sollten sie machen, wenn sie dort ankamen? Es gab bis dato keine Flüge von Martinique oder Guadeloupe aus nach Französisch-Guayana. Aber in diesem Sommer entstand eine neue Fluggesellschaft, die diese Strecke abdeckte – auch wenn sie sich nur wenige Monate auf dem Markt halten konnte.

Ein Jungakademiker, der in Martinique studiert hatte und inzwischen in Französisch-Guayana lebte, sorgte dafür, dass ein Team von Studenten bei christlichen Familien in der Hauptstadt Cayenne unterkommen konnte. Sie sollten dort zwei Wochen bleiben. Was für eine Vielfalt sie dort vorfanden! Kreolen, die Nachfahren von Sklaven; Schwarze aus dem Busch; Indianer; Chinesen; Leute vom Volk der Hmong, die während des Vietnamkriegs aus Laos gekommen waren; Europäer und Einwanderer aus Brasilien, Surinam, Haiti und den Westindischen Inseln. Auch die Lebensstile konnten kaum unterschiedlicher sein: Von Indianern aus dem Amazonasgebiet bis hin zu Europäern, die für die Raumfahrtbehörde in Kourou arbeiten, von wo aus die Ariane-Raketen starten. Von der Arbeit der IFES hatte noch nie jemand gehört, und so mussten die Studenten die Christen vor Ort sowohl über das aufklären, was sie vorhatten, als auch ihnen Schulungseinheiten anbieten. Sie trafen sich mit Pastoren, Gemeindeleitern, Jugendmitarbeitern und – natürlich – mit anderen Studenten und mit Schülern. Sie zeigten anhand von Bibelarbeiten, wie wichtig Mission unter Schülern und Studenten ist.[41] Sie stellten Landkarten, Bilder und Broschüren zusammen, die sie auslegten und verteilten. Sie wurden vom lokalen Radiosender eingeladen und nutzten diese Gelegenheit. In Cayenne und Kourou hielten sie eintägige Schulungen für potenzielle Unterstützer sowie für Schüler und Studenten ab, in denen es darum ging, den jungen Leuten beizubringen, wie sie eine christliche Gruppe auf ihrem Campus leiten können.

Etwas später im selben Jahr begann die erste Gruppe an einer weiterführenden Schule in Kourou – dann entstanden auch andere. Kurz darauf wurde Marc Pulvar als IFES-Hauptamtlicher für die französischsprachigen Gebiete in der Karibik ernannt, und er besuchte Französisch-Guayana regelmäßig. Inzwischen, mehrere Jahre später, wächst die Arbeit weiter und erreicht immer mehr Volksgruppen mit dem Evangelium. Obwohl sie aus ganz unterschiedlichen Welten stammen, werden die jungen Leute zusammen ausgebildet, und das schafft die großartige Gelegenheit, viele verschiedene Volksgruppen von Menschen gleichzeitig zu erreichen.

Im französischsprachigen Afrika haben Studenten und Akademiker aus dem Tschad in den letzten fünfzig Jahren einen maßgeblichen Beitrag zur Ausbreitung des Evangeliums geleistet. Den Vereinten Nationen zufolge ist dieser Binnenstaat eines der ärmsten Länder der Welt. Die Studentenbewegung im Tschad, die sich Union des Jeunes Chrétiens (UJC) nennt, begann 1957 mitten in einem Bürgerkrieg, der sich über mehrere Jahrzehnte hinzog. Tausende von Studenten mussten das Land verlassen, um ihre Ausbildung zu Ende zu bringen. Indem diese christlichen Studenten in andere Teile Afrikas zogen, um sich an den Universitäten dort einzuschreiben, nahmen sie das Evangelium an die neuen Studienorte mit. Weil sie so zerstreut wurden, gebrauchte Gott sie, um IFES-Studentenbewegungen in Côte d'Ivoire, Mali, Guinea, Senegal, Niger, Burkina Faso, Marokko und Tunesien zu gründen.

Daniel Bourdanné war einer dieser Studenten. Er verließ den Tschad 1980, um in Togo und anschließend in Côte d'Ivoire zu studieren, als die Studentenarbeit dort noch in den Kinderschuhen steckte. Als er sein Studium abgeschlossen hatte, bot ihm Solomon Andria, IFES-Hauptamtlicher und Mitgründer der Arbeit, den Posten eines Reisesekretärs für sechs Länder Westafrikas an, mit der Aussicht, später außerdem einen Schriftendienst in ganz Westafrika aufzubauen.[42] Gott hat Daniel benutzt, Studentenbewegungen in der Republik Niger, in Guinea, Senegal, Mali und Burkina Faso zu gründen. In dieser Zeit lernte er seine Frau Halymah kennen, die in Niger studierte. Daniel gilt weltweit als eine Kapazität auf dem Gebiet der Tausendfüßler – sicher nicht ganz der typische Werdegang, um langfristig in der Studentenarbeit tätig zu sein! 2004 wurde ihm angeboten, in der Politik seines Landes eine maßgebliche Rolle zu übernehmen, und sein scharfer Verstand, seine rasche Auffassungsgabe und seine sanfte Art hätten zu dieser Aufgabe sicher gut gepasst. Aber mit seinem klaren Blick sah er eben auch Gottes großartiges Handeln an den Universitäten, und so beschloss Daniel, weiter für die IFES zu arbeiten.

Barka Kamnadj, ein anderer Tschader und guter Freund von Daniel, war an der Gründung der Studentenbewegung in Guinea, Westafrika, beteiligt. In der Hauptstadt Conakry gab es 1993, als er dorthin zog, nur eine Handvoll Studenten, und der geistliche Boden war nicht besonders gut vorbereitet. Die kleine Gruppe fühlte sich beim Gedanken daran, was er vorhatte, gar nicht wohl, schrieb sogar zwei offene Briefe gegen Barka und seine Frau und verteilte diese in großem Maßstab. An der Universität Conakry waren alle Türen verschlossen worden, sinnvoll zu arbeiten war unmöglich. Es war ein harter Anfang, aber im Verlauf der nächsten fünf Jahre bildete er zwei Einheimische zu Hautamtlichen aus, die seine Arbeit auf nationaler Ebene übernehmen konnten.

Er schreibt: „Gott hat unsre Tränen gesehen und die Türen für die Gegenden im Landesinneren, außerhalb der Hauptstadt geöffnet, wo es überhaupt keine strukturierte Arbeit unter Studenten gab.“ Ein Arzt half ihnen, ihre erste Missionsreise zu planen. Sie begannen damit, kleine Zellgruppen in der Stadt Macenta im Landesinneren zu gründen, die schnell wuchsen und erstarkten. Weil die Arbeit sich schnell entwickelte, konnte Barka bald seine ersten drei Mitarbeiter ernennen – alle drei eine Frucht dieses ersten missionarischen Besuchs in Macenta. Als er 1998 das Land verließ, gab es eine lebendige Studentenarbeit, die von Einheimischen geleitet wurde; rund 500 Studenten trafen sich inzwischen in Gruppen im ganzen Land. Als nächstes zog Barka in die Republik Niger, die zu 98 Prozent muslimisch ist, und von dort aus weiter nach

Burkina Faso, um die Arbeit, die Daniel dort begonnen hatte, weiter auszubauen.

Barka fährt fort: „Es macht so viel aus, wenn man einfach und – dank Gottes Gnade – mit Christus und seiner Lehre im Einklang lebt. Das haben wir in Guinea begriffen, und es hat sich in Niger und in Burkina Faso bestätigt. Eins der schönen Dinge, die Gott uns in der schwersten Zeit geschenkt hat, sind unsere Kinder, die beide in Guinea geboren wurden. Wir beten, dass unser Leben wie eine Blume ist, die für den Herrn und unsere Mitmenschen guten Duft verströmt." Barka ist sicher eine der leuchtendsten Figuren der Pionierarbeit in Afrika.

Was die aus dem Tschad gekommenen Studenten leisteten, erinnert an das, was in Antiochia in Apostelgeschichte 11 geschah. Die Gemeinde dort entstand, weil Christen in Jerusalem verfolgt und in alle Winde zerstreut wurden. Manchmal rühren Christen sich nicht vom Fleck, bis sie in eine Krise stürzen. Die Zerstreuung der tschadischen Studenten zeigt, wie Gott Krisen in etwas Gutes verwandeln kann, aus dem Segen für viele Menschen erwächst.

Sehen wir uns doch einmal Indien an, das zweitgrößte Land der Welt. Die Bevölkerung ist enorm vielfältig; die 1,3 Milliarden Menschen sprechen 325 Sprachen und 1.625 Dialekte. Ich habe ja bereits erwähnt, welchen bedeutsamen Beitrag die Union of Evangelical Students of India (UESI) zur Weltmission geleistet hat. Die UESI wurde in den 1950ern gegründet und umfasst inzwischen rund 15.000 Studenten und Akademiker in 1.200 Gruppen. Von 2000 bis 2005 wuchs die Anzahl der Studentengruppen um 60 Prozent. 2006 begann die Bewegung eine großangelegte Verteilaktion von Evangelien. Es gibt 150 Millionen Studenten an Universitäten in Indien, und mit Hilfe dieser Evangelien wird die UESI Studenten aller Sprachgruppen erreichen.

Schon seit den 1950ern hat es einen stetigen Strom von Menschen gegeben, die kulturübergreifend missioniert haben, im muslimischen und hinduistischen Kernland des Nordens und weiter entfernt in den Golfstaaten, Nepal und Fidschi. P. A. Thomas ist einer von ihnen. 1980 wurde er als frisch gebackener Uni-Absolvent von der UESI ausgesandt, eine Studentenarbeit in Nepal aufzubauen. Er diente dort zwanzig Jahre lang und baute ein Netzwerk von Studentengruppen auf, bevor er seine

Arbeit an K. P. Devkota abtrat, den ersten nepalesischen Generalsekretär, unter dessen Leitung die Arbeit aufblüht und weiter wächst; derzeit engagieren sich rund 2.500 Studenten an ihren Universitäten aktiv für Christus. P. A. Thomas arbeitet immer noch in Nepal, er bildet im ganzen Land Gemeindeleiter aus.

Das Wachstum der christlichen Gemeinde in Nepal ist eines der bemerkenswertesten Phänomene des zwanzigsten Jahrhunderts. Das Land war bis 1951 für jeden westlichen Einfluss verschlossen, dann kehrte der König aus dem Exil zurück und bildete eine neue Regierung. Obwohl man Missionsgesellschaften gestattete, sich im medizinischen und Bildungsbereich zu engagieren, wurde ein Gesetz verabschiedet, das es den Bürgern verbot, die Religion zu wechseln. Dieses Gesetz, das 35 Jahre lang in Kraft blieb, sah bei Verstoß eine Gefängnisstrafe von drei Jahren vor, die gegen Hunderte nepalesischer Christen verhängt wurde. Während der 1970er- und 1980er-Jahre saßen die meisten nepalesischen Evangelisten und viele Pastoren im Gefängnis. Die erste Gemeinde wurde 1954 gegründet, und 1970 gab es ungefähr 1.000 Evangelikale im ganzen Land. Seit der Jahrtausendwende gab es noch einen enormen Wachstumsschub, so dass es heute mehr als 300.000 sind (einige Schätzungen gehen von mehr als doppelt so vielen aus). Sehr beeindruckt haben mich die jungen nepalesischen Uni-Absolventen, die im benachbarten Bhutan Evangelisationsteams gebildet haben, einem der am wenigsten evangelisierten Länder der Welt. In Bhutan gibt es eine bedeutende nepalesische Minderheit, und viele Nepalesen sehen Bhutan als ihr Samarien. Sie können viel mehr erreichen als westliche Missionare.

Weil die Monarchie und die Regierung in Nepal schwach sind und Spannungen schnell eskalieren, hat sich die Bewegung in Sachen Mission viel einfallen lassen und viel unternommen. Oft haben die Beteiligten es sich persönlich etwas kosten lassen. Ich muss dabei an Kul Prasad denken, der im Westen des Landes als Hauptamtlicher arbeitete und 2005 von der maoistischen Guerilla vier oder fünf Tage gefangen gehalten wurde. Er hatte sich aus einem sehr privilegierten brahmanischen Hintergrund heraus bekehrt, weil ihn die Vergebung anzog, die nur in Christus zu finden ist. Er erlebte jede Menge Widerstand vonseiten seiner Familie. Heute läuft oder radelt er von einer Studentengruppe zur nächsten, weil die Straßen schlecht sind. Manchmal ist er drei oder vier Tage unterwegs, um bei der nächsten Gruppe anzukommen. Hier wie auch anderswo gehen ein vorbildhaftes Leben der Hauptamtlichen und die Schulung der Studenten Hand in Hand. 2006 stellte zum Beispiel Upendra, ein Hauptamtlicher im Osten des Landes, eine Gruppe von Studenten zusammen, die mit ihm mehrere hundert Kilometer an der südlichen Landesgrenze entlangradelten und an den Universitäten dort das Evangelium verbreiteten. Wie lieblich sind die Füße derer, die gute Botschaft bringen!

Viele Jahre lang hatten Studenten und Mitarbeiter der koreanischen Bewegung den Wunsch, Bewegungen in der Mongolei und in den zentralasiatischen Republiken Kasachstan, Usbekistan, Aserbaidschan und in der Türkei zu gründen – all diese Länder haben sprachgeschichtlich ähnliche Wurzeln. Aber obwohl ihnen die Mongolei lange am Herzen lag, war es bis zum Fall des Kommunismus unmöglich, in diesem Land eine Arbeit zu beginnen. Es dauerte noch einige Jahre, bis der erste koreanische Hauptamtliche in die Mongolei reisen konnte. Schließlich kam Familie Park 1997 in Ulan-Bator an.

Nachdem sie zwei Jahre lang die Sprache gelernt hatten, organisierten sie Freizeiten zum Kulturaustausch zwischen Studenten aus der Mongolei und solchen aus Korea, Japan, Hongkong und den USA. So bekamen Studenten aus den IFES-Bewegungen in diesen Ländern die Möglichkeit, von ihrem Glauben zu reden. In der Mongolei ist es alles andere als einfach, Christ zu sein; für viele Mongolen ist mongolisch gleichbedeutend mit tibetisch-buddhistisch. Der kleinen Studentengruppe, die sich um die Parks herum sammelte, machte es besonders viel Mut, als im Jahr 2000 die erste ganze Bibel auf Mongolisch erschien. Manche lasen sie in den ersten paar Monaten gleich durch. Ihre Familien dagegen teilten ihre Begeisterung nicht, und manche der jungen Christen mussten erleben, dass ihre Bibeln eingezogen und verbrannt wurden – zusammen mit den Notizen, die sie während Dutzender Veranstaltungen sorgfältig gemacht hatten. Und doch hat Gott nach vielen Jahren Gebet begonnen, seine Gemeinde unter den Studenten dieses Landes zu bauen, und wir haben es erleben dürfen, dass sechs ehrenamtliche mongolische Mitarbeiter ernannt werden konnten. Ein junges Paar, dem Gott eine große Rolle bei der Stärkung der mongolischen Bewegung gegeben hat, sind Tom und Nancy Lin. Tom schreibt:

> Weniger als zweieinhalb Millionen Menschen leben in diesem riesigen Land, in dem es dreißig Millionen Schafe, Pferde, Kühe, Kamele und Ziegen gibt! Die Mongolei ist geprägt von einer Nomadenkultur, Wintern, die zu den kältesten weltweit zählen, und Menschen, die von Armut geplagt sind. Rund 95 Prozent der Mongolen praktizieren eine Form von tibetischem Buddhismus, und 1989 wusste man dort von so gut wie keinem Christen. Hier eine Studentenbewegung zu gründen ist eine echte Herausforderung. Familie Park von der koreanischen Bewegung hat in Ulan-Bator mit einer kleinen Gruppe von Nichtchristen begonnen, die Evangelien zu lesen. Vier Jahre später kamen zu den Treffen rund sechzig Studenten, die Hälfte davon noch keine Christen.

DIE GESCHICHTE VON TOM UND NANCY LIN

Tom, der aus einer christlichen Familie chinesischer Einwanderer aus Taiwan stammte, studierte in Harvard Wirtschaftswissenschaften. Nach seinem Abschluss lernte er Nancy kennen; die beiden heirateten und blieben in Harvard wohnen, wo sie sich dem Hauptamtlichenteam von Intervarsity USA anschlossen.

Sie dachten über Möglichkeiten nach, Gott im Ausland zu dienen, und als sie Mitte Zwanzig waren, ergab sich eine Gelegenheit. Weil Toms Familie sich gegen ihre Pläne stellte, standen Tom und Nancy vor einer krassen Entscheidung: im Gehorsam Gott gegenüber, aber ohne den Segen von Toms Eltern, in die Mongolei zu gehen, oder aber in Chicago Arbeit suchen, wie es seine Familie wünschte, die auch dort lebte. Sie beschlossen, Gott zu gehorchen und zogen in die Hauptstadt Ulan-Bator, wo Gott sie – zusammen mit anderen – sehr gebrauchte, um die Studentenarbeit aufzubauen. Inzwischen gibt es in der Stadt drei große Gruppen.

Trotz dieser ermutigenden Entwicklung litten sie immer an dem Bruch mit Toms Familie, den ihr Wegzug verursacht hatte. Nach einigen Jahren im Ausland versuchte Tom, sich mit seinen Verwandten auszusöhnen und tauchte an Weihnachten bei seinen Eltern zuhause auf. Sie ließen ihn ein, aber die ganzen Feiertage hindurch sprach keiner ein Wort mit ihm. Es war für sie alle eine schwierige Zeit.

Nicht lange Zeit darauf erfuhr Tom, dass seine Mutter Krebs hatte und ihn sehen wollte. Als er ankam, gab sie zu, dass sie ihm Unrecht getan hatte, und sie bat ihn um Vergebung dafür, dass sie den Kontakt zu ihm und Nancy abgebrochen hatte. Es war ihr sehr wichtig, sich mit ihm auszusöhnen, und sie bat ihn inständig, Christus auch weiterhin treu zu dienen. Dieses Treffen der Versöhnung war wichtig und kostbar – einen Monat später starb seine Mutter. Nach ihrem Tod bat auch Toms Vater um Vergebung, und die beiden versöhnten sich. Sein Vater ermutigt ihn inzwischen, dem Herrn zu dienen, wo auch immer er ihn hinführt. Die Lins sind in die USA zurückgekehrt, wo Tom als Regionaldirektor für Intervarsity arbeitet.

Geschichten aus Kenia

Die „Commission“-Missionskonferenzen, die alle drei Jahre in Kenia stattfinden, folgen dem Vorbild der Urbana-Konferenz und haben in wunderbarer Weise die von Afrika ausgehende Missionsarbeit vorangetrieben. Auf der „Commission 88“ verpflichtete sich ein Student mit Namen Francis Omondi, Gott in einer anderen Kultur zu dienen. Francis wurde der Gründungsdirektor von Sheepfold Ministries. „Ich wünschte mir so, dass endlich eine kenianische Organisation unter den Unerreichten arbeit“, erzählte er. Inzwischen gehören zu Sheepfold Ministries über 70 Missionare, die im Ausland arbeiten und Gemeinden in Kenia, Tansania, Äthiopien und Somalia gründen.

Drei Jahre später, bei der „Commission 91“, begegnete Gott auf besondere Weise Eric Simuyu, der in seinem letzten Jahr an der Kenyatta-Universität studierte. Als er vom Schicksal der 370.000 Flüchtlinge hörte, die von Somalia, Äthiopien und dem Sudan nach Kenia gekommen waren, trommelte er eine Gruppe von Studenten zusammen, die ein Flüchtlingslager in Kakuma im Nordwesten des Landes besuchten. Sie waren schockiert, als sie die Menschen in Notunterkünften leben sahen; die

Kinder unterernährt und teilweise sexuell missbraucht. Die Studenten veranstalteten Alphabetisierungskurse, brachten den Flüchtlingen bei, wie sie etwas Geld verdienen konnten, und predigten in den Kirchen des Flüchtlingslagers. Sie führten viele zu Christus. Nach ihrer Rückkehr an die Universität trafen sie sich wöchentlich, um für Flüchtlinge zu beten und mehr über Mission unter Moslems zu lernen. Eric und einige andere lernten Amharisch.

Jedes Jahr führt FOCUS Kenia einen Einsatz unter einer unerreichten Volksgruppe durch. Ich kann mich noch erinnern, wie zwei Lastwagen voller Studenten in die Gebiete der Samburu und Turkana fuhren, rund vierhundert Kilometer von Nairobi entfernt. Viele der Menschen dort hatten keine Schulbildung und nur wenige hatten von Christus gehört. Die Studenten waren eine echte Hilfe und Ermutigung für die gläubigen Schüler und Studenten unter den Samburu und für die örtlichen Pastoren. Die ersten vier Tage verbrachten sie mit Schulung, Gebet und Fasten sowie damit, Jesu Wirken in der Öffentlichkeit zu studieren. Danach gingen sie jeden Vormittag von Haus zu Haus, um von ihrem Glauben an Christus zu erzählen; an den Nachmittagen predigten sie im Freien und führten Theaterstücke auf. Sie waren überrascht, welche Wirkung das Evangelium hatte, das in manchen dieser Gegenden zum ersten Mal verkündet wurde. Einige der Zuhörer leisteten Widerstand und gingen sogar auf die Studenten los; sie beleidigten, bedrohten und verjagten sie. Aber die Mehrheit hörte zu, stellte Fragen und diskutierte über das Gehörte – viele übergaben ihr Leben Christus.

Eine Gruppe, die von einem Medizinstudenten angeführt wurde, verbrachte drei Tage in einem Dorf, wo man sie herzlich aufnahm. Sie brachten medizinische Hilfe und predigten das Evangelium, und diese Kombination stieß auf große Resonanz. Ein anderer Student organisierte eine Veranstaltung für die harten Samburu-Krieger, fünfzehn kamen. Als ihnen das Evangelium erklärt wurde, beugten sich mehrere von ihnen vor Christus. In acht Tagen kamen über 1.000 Leute zum Glauben! Die Studenten setzten ihre Gaben in der Evangelisation mutig ein und lernten dabei, selbst für Mission zu beten und Verantwortung zu übernehmen.

Mission mit ganzheitlichem Ansatz

Manche evangelikale Kreise im Westen haben sich aus ihrer sozialen Verantwortung zurückgezogen, weil sie Angst hatten, dass eine Überbetonung des Sozialen die Verkündigung des Evangeliums abschwächen könnte. Der Lausanner Kongress 1974 befasste sich mit diesem Thema und zeigte klar auf, dass die Bibel einen Ansatz vertritt, den wir heute ganzheitlich nennen.[43] Es gibt viele gute geschichtliche Beispiele dafür, wie man beide Anliegen in einer produktiven Spannung halten kann. In seinem Buch *William Carey and the Regeneration of India* (dt. etwa „William Carey und die Erneuerung Indiens") stellt Vishal Mangalwadi gut die Bandbreite von Careys Wirken dar. Dieser zog nicht nur von Dorf zu Dorf, erzählte allen Leuten, denen er begegnete, von der guten Botschaft des Evangeliums und übersetzte die Bibel in viele Sprachen – er tat viel mehr: Er

- lehrte Naturwissenschaften und stützte sich dabei auf seine Kenntnisse der Botanik,
- führte die Dampfmaschine ein und regte Schmiede an, diese nachzubauen,
- führte das Konzept von Sparkonten ein, damit die Leute nicht skrupellosen Geldverleihern ausgeliefert waren,
- setzte sich stark für eine menschliche Behandlung von Leprakranken ein,
- führte die Drucktechnik ein,
- gründete die erste Zeitung in einer orientalischen Sprache überhaupt,
- stellte sich gegen die Unterdrückung der Frauen und diente den Armen.

Studenten in Lateinamerika

Ich möchte anhand von zwei Beispielen aufzeigen, wie Studenten dieses Prinzip in ihrer eigenen Kultur in Lateinamerika anzuwenden versucht haben.

Charo Ameztegui, deren Mann damals Generalsekretär der bolivianischen Bewegung war, gründete ein Werk mit dem Namen *Mosoj*

Yan (ein Ausdruck aus der Sprache der Quechua, der so viel bedeutet wie „Neuer Weg“); sie kümmert sich um auf der Straße lebende Mädchen in Cochabamba. Das Ziel dieser Arbeit ist, diesen Mädchen dabei zu helfen, ihr Leben und ihre Situation zu verändern *und* die Fülle des Lebens in der Begegnung mit dem lebendigen Christus zu finden. Charos Initiative erwuchs aus der Überzeugung, zu der sie als Studentin gelangt war – dass unser Auftrag in Evangelisation und Dienst besteht.

Bolivien ist ein Land voller Gegensätze. Es ist ein reiches, wunderschönes Land voller landschaftlicher Reize. Gleichzeitig ist es das ärmste Land Südamerikas mit hoher Kindersterblichkeit, Analphabetenrate und Arbeitslosenquote. Viele Familien müssen hart arbeiten, um zu überleben, und oft gilt das Motto: „Ein Kind, das nicht arbeitet, isst auch nicht.“ Mädchen sind davon in einer Macho-Kultur noch stärker betroffen; sie müssen schon früh die Schule verlassen und zuhause Verantwortung übernehmen. Viele, die dem Druck und der Gewalt zuhause nicht mehr gewachsen sind, reißen aus und landen auf der Straße.

Viele Studenten der bolivianischen Bewegung CCU haben sich als ehrenamtliche Helfer bei Mosoj Yan engagiert, und manche sind nach Beendigung ihres Studiums als feste Mitarbeiter oder als Vorstandsmitglieder eingestiegen. Was als kleines Hilfsprojekt begonnen hat, ist inzwischen ein breit gefächertes Werk, in dem Prävention, Hilfe zur Selbsthilfe und Wiedereingliederung betrieben werden. Charo schreibt dazu: „Wir haben im Leben dieser Mädchen, die wir auf ihrem Weg durch Elend und Schmerz begleitet haben, viele Wunder erlebt. Wir haben schreckliche Enttäuschungen erlebt und viele Tränen vergossen. Aber wir haben auch erlebt, dass Gottes Macht und Fürsorge immer noch größer sind als unsere Not.“

In Kolumbien gingen die Studenten im Oktober 1999 mit Millionen anderer Kolumbianer auf die Straßen und riefen „No más“ (keine Gewalt mehr). Wenige Monate davor war ein Flugzeug, in dem sich auch Grace Morillo befand, eine Hauptamtliche der UCU Kolumbien, entführt worden; sie wurde zwei Monate lang als Geisel festgehalten (ihre Geschichte findet sich in Kapitel 8).

„Auf meinem Schreibtisch liegt eine Karte von Kolumbien“, schrieb Alvin Gongora, der Generalsekretär. „Die Regionen, in denen die Guerilla, rechte Todesschwadronen und die Armee wüten und Gewalttaten verüben, sind rot eingezeichnet. Zu unserer Schande muss ich gestehen, dass die ganze Karte rot ist: 798 von 1102 Militäreinheiten! Als Nation werden wir allmählich wach und verlangen, dass unsere Zukunft nicht von Waffen bestimmt werden soll. In unserer Studentenbewegung bekennen wir einen Gott, dessen Name Friedefürst ist, und deswegen müssen wir gegen die Sprache der Gewehre und Tretminen, des Terrorismus und der Kampfstiefel aufstehen und nicht zulassen, dass schon Kinder zu Panzersoldaten ausgebildet werden!

Gegen Ende des Protestmarschs, im Simón-Bolívar-Park in Bogotá, als wir mit zwei Millionen Stimmen gemeinsam Lieder sangen, bildeten wir einen Kreis, um zu beten. Wir brachten die Schuld unseres Volkes vor Gott und baten ihn, sich uns mit seiner Vergebung neu zuzuwenden. Möge der Herr seine Gemeinde in Kolumbien neu bewegen, für seine Herrlichkeit und das Wohl der Nation einzutreten."

Zu der Bewegung, die bald vierzig Jahre alt wird, gehören Gruppen in zwölf Städten. Rund 150 Studenten – insgesamt studieren eine Million in diesem Land – bilden den Kern dieser Arbeit. Grace Morillo, die inzwischen Generalsekretärin ist, schreibt:

> Kolumbien steht vor einer sozialen und wirtschaftlichen Krise und wird von vielen Konflikten zerrissen. Die evangelikale Gemeinde wächst weiter und es gibt einen großen Hunger nach Sinn und Hoffnung.
> In der Vergangenheit sympathisierten die Universitäten vor allem mit der Linken, aber inzwischen neigen sie zur extremen Rechten. Wir haben von verschiedenen Professoren gehört, die erschossen wurden, und manche Universitäten werden von bewaffneten Gruppen kontrolliert.
> Die Universitäten stehen unter großem Druck, weniger Geld auszugeben und auf dem Weltmarkt zu bestehen, deswegen werden Studiengebühren erhöht und Studiengänge gestrichen, und es gibt weniger Stipendien für Studenten aus der Provinz. Uns macht diese Entwicklung sehr traurig, weil uns die Hochschulen am Herzen liegen und wir nicht glauben, dass ihnen das hilft.

Wir möchten nicht, dass unsere Studenten der sozialen und politischen Welt entfremdet sind, in der sie leben, und so legen wir ihnen nahe, Mission ganzheitlich anzugehen. Sie sollen verstehen, welche lebensspendende Kraft das Evangelium in allen Bereichen des Lebens und der Gesellschaft haben kann. Unsere Absolventen arbeiten als Pastoren, in helfenden Berufen, in der Regierung und in privaten Unternehmen.

Die Ziele der Bewegung drücken sich auch in ihrem Motto aus: „Jesus Christus an der Universität – Trost und Gerechtigkeit für die ganze Menschheit."

PARTNERSCHAFT IN DER MISSION

Ich habe schon erwähnt, dass wir mit Missionsgesellschaften zusammenarbeiten. Der Wert solcher Partnerschaften geht aus Passagen wie Philipper 1,3-11 hervor:

> Ich danke meinem Gott, sooft ich euer gedenke – was ich allezeit tue in allen meinen Gebeten für euch alle, und ich tue das Gebet mit Freuden –, für eure Gemeinschaft am Evangelium vom ersten Tage an bis heute; und ich bin darin guter Zuversicht, dass der in euch angefangen hat das gute Werk, der wird's auch vollenden bis an den Tag Christi Jesu. Wie es denn recht und billig ist, dass ich so von euch allen denke, weil ich euch in meinem Herzen habe, die ihr alle mit mir an der Gnade teilhabt in meiner Gefangenschaft und wenn ich das Evangelium verteidige und bekräftige. Denn Gott ist mein Zeuge, wie mich nach euch allen verlangt von Herzensgrund in Christus Jesus. Und ich bete darum, dass eure Liebe immer noch reicher werde an Erkenntnis und aller Erfahrung, sodass ihr prüfen könnt, was das Beste sei, damit ihr lauter und unanstößig seid für den Tag Christi, erfüllt mit Frucht der Gerechtigkeit durch Jesus Christus zur Ehre und zum Lobe Gottes.

Wir sehen hier, dass die Zusammenarbeit in der frühen Christenheit auf einem gemeinsamen Glauben und dem gemeinsamen Einsatz für das Evangelium beruhte (V. 5), auf einem gemeinsamen Vertrauen auf Gottes gute Absichten (V. 6), auf der gemeinsamen Erfahrung von Gottes Gnade (V. 7) und auf einer gemeinsamen Liebe, die sich in Christus gründete (V. 8) und im Gebet getragen wurde (V. 9).

Wie IFES und Missionsgesellschaften der Christenheit dienen, lässt sich nur schwer voneinander trennen. Diese Zusammenarbeit kann man auf verschiedenen Ebenen beobachten. Auf der Ebene der Missionsstrategien, Vorstandsmitglieder und Mitarbeiter auf dem Missionsfeld gibt es große Überschneidungen. Fast alle IFES-Bewegungen in Ostasien wurden von Missionaren der Überseeischen Missionsgemeinschaft (ÜMG/OMF) gegründet. Interserve, SAMS, Latin Link, LAM, Arab World Ministries und CMS Australia trugen entscheidend dazu bei, indem sie erfahrene Hauptamtliche ins universitäre Umfeld aussandten und in ihrer Arbeit unterstützten.

Operation Mobilisation, SIM, WEC und die Wycliff-Bibelübersetzer sind auch meist nicht weit von Studentengruppen zu finden. Sie bieten Studenten in den Semesterferien oder nach dem Studium fundierte Schulungen an und eröffnen ihnen neue Horizonte. Ich war selbst ein Jahr auf dem OM-Schiff *Logos* unterwegs und bin Gott bis heute sehr dankbar für diese prägende Erfahrung.

Im Gegenzug tragen IFES-Bewegungen zum Glaubenswachstum zukünftiger Missionare bei, während sie noch studieren, und helfen ihnen zu sehen, dass Mission zu Gottes Wesen gehört. Weltmission ist eins der drei großen Ziele jeder Hochschulgruppe, und die Verlage der IFES nehmen die Verpflichtung sehr ernst, für Studenten und Akademiker gute Missionsbiografien und andere Bücher zum Thema herauszubringen. Viele ehemalige haupt- und ehrenamtliche Mitarbeiter der IFES arbeiten inzwischen für Missionsgesellschaften – ein häufig zu beobachtender Werdegang.

Es ist in Mode gekommen, die IFES und auch Missionsgesellschaften als „para-church"-Bewegungen zu bezeichnen – Organisationen, die parallel zu Gemeinden existieren und ähnliche Funktionen erfüllen. Ich spreche dagegen lieber von „intra-church"-Bewegungen, denn wir sind

Teil der Gemeinde Jesu Christi und existieren nur in der Beziehung zu ihr. Wir *dienen* der Gemeinde. Es gibt verschiedene Funktionen und Aufgaben für verschiedene Glieder des Leibes, die Körperteile haben alle verschiedene Fähigkeiten. Studentenarbeit ist im Grunde ein spezialisierter Dienst der Gemeinde; sie folgt dem Ruf Christi und versucht einen bestimmten Teil der Welt, eben die Hochschulen, mit dem Evangelium zu erreichen. Letztlich ist die IFES ein Arm der Kirche, der in das akademische Umfeld hineinreicht, ein Verbindungsglied zwischen der Ortsgemeinde und der Welt der Studenten.

Zu Beginn dieses Buches haben wir uns angesehen, welche Rolle die Universität für ein Land spielt und wie sie letztlich in alle Bereiche der Gesellschaft hineinwirkt. Innerweltlich gesehen wird also die Freiheit der Kirche durch das bestimmt, was an den Universitäten geschieht.

IFES-Bewegungen widmen sich den Universitäten und Hochschulen, während Missionsgesellschaften einen anderen, dazu komplementären Auftrag haben. Sie engagieren sich in der Gemeindegründung, in Literaturverbreitung, Radioarbeit, Evangelisation vor Ort; sie verkündigen das Evangelium einer großen Bandbreite von Menschen. Wenn Sie die Arbeit einer Missionsgesellschaft unterstützen – vielleicht könnten Sie sich vorstellen, auch für die Studentenarbeit in dem betreffenden Land oder auf diesem Kontinent zu beten? (Einen kleinen Leitfaden zum Gebet finden Sie in Anhang 3.)

Wie man einen Blick für die Weltmission entwickelt

Mit dem Denken fängt alles an ...

- Lesen Sie Bücher und Zeitschriften zum Thema Mission und stöbern Sie auf den Websites der Missionsgesellschaften.
- Besuchen Sie eine Missionskonferenz.
- Laden Sie Redner in Ihre Gemeinde oder Studentengruppe ein, die etwas zum Thema Mission zu sagen haben.
- Lesen Sie nach, was die Bibel zum Thema Mission zu sagen hat – setzen Sie sich der Überzeugungskraft von Gottes Wort aus!

... und mit dem Handeln geht es weiter:

- Machen Sie bei einem missionarischen Kurzzeit- oder Jahreseinsatz mit.
- Freunden Sie sich mit internationalen Studenten an.
- Werden Sie ein großzügiger Spender für Missionare, wie Alexander Duff, der sagte: „Wenn ich schon nicht selbst gehen kann, schicke ich wenigstens einen Stellvertreter."
- Schließen Sie sich einer Gebetsgruppe an oder gründen Sie selber eine.
- Nutzen Sie die Informationen aus Zeitungen, Internet, dem Buch *Gebet für die Welt* oder aus den Zeitschriften von Missionsgesellschaften, um konkret zu beten.
- Ermutigen Sie Missionare, indem Sie ihnen Postkarten schreiben – man braucht nicht viel Zeit, um eine Postkarte zu schreiben!

5. Die Gesellschaft von innen heraus verändern

Was Studentenarbeit bringt, lässt sich am besten daran ablesen, was die daraus hervorgegangenen Akademiker zehn oder zwanzig Jahre später bewirken.

(Dr. Bobby Sng, früherer Generalsekretär der FES Singapur und stellvertretender Vorsitzender des IFES-Vorstands)

Wenn man versucht, die Gesellschaft voranzubringen, ist das nicht Weltlichkeit, sondern Liebe. Wenn man von gesellschaftlichen Problemen die Finger lässt, um sie sich nicht schmutzig zu machen, ist das nicht Liebe, sondern Weltlichkeit.

(Sir Fred Catherwood, früherer stellvertretender Präsident der IFES und einer der ehemaligen stellvertretenden Vorsitzenden der Europäischen Union)

Im einleitenden Kapitel haben wir Daniel betrachtet. Ihm wollen wir uns auch jetzt wieder zuwenden.

Daniel war umgeben von Gegnern, die alles daran setzten, ihm zu schaden und ihn in Verruf zu bringen; er stand mehrmals vor der Wahl, faule Kompromisse einzugehen oder aber an seiner Integrität festzuhalten; er hatte öfter Ärger mit seinen Vorgesetzten. Er ist uns ein großartiges Vorbild; er stand im Dienst von drei Königen und hatte mehr als 60 Jahre lang großen Einfluss an einem Hof, an dem Intrigen und Götzendienst an der Tagesordnung waren.

In Daniel 6,3-5 lesen wir:

> Über sie setzte er drei Fürsten, von denen einer Daniel war. Ihnen sollten die Statthalter Rechenschaft ablegen, damit der König der Mühe enthoben wäre. Daniel aber übertraf alle Fürsten und Statthalter, denn es war ein überragender Geist in ihm. Darum dachte der König daran, ihn über das ganze Königreich zu setzen. Da trachteten

> die Fürsten und Statthalter danach, an Daniel etwas zu finden, das gegen das Königreich gerichtet wäre. Aber sie konnten keinen Grund zur Anklage und kein Vergehen finden; denn er war treu, sodass man keine Schuld und kein Vergehen bei ihm finden konnte.

Was für ein starkes Zeugnis! Wir sehen ähnliche Beispiele im Leben von Josef und Nehemia. Es ist mir ein Rätsel, wie manche Christen denken können, dass es weniger wert ist, in einem säkularen Beruf und Umfeld zu arbeiten als in einem klar als christlich erkennbaren Werk. Wir sind aufgerufen, in unserer Gesellschaft Salz zu sein und sie vor dem Verfall zu bewahren. Ich muss oft an die lehrreiche Warnung denken, dass das Böse, um zu triumphieren, nichts weiter braucht als einige gute Leute, die nichts tun.[44] In der IFES möchten wir viele Daniels, Josefs, Nehemias und Deboras heranziehen.

Indem sie diesen Vorbildern folgen, treten Absolventen aus den IFES-Bewegungen oft sehr mutig gegen Unmoral und Korruption ein – auch in Bereichen, in denen sie dabei auf harte Widerstände stoßen. Ich muss an die Demokratische Republik Kongo denken, ein Land, das in kaum vorstellbarem Ausmaß unter Bürgerkrieg und Gewalt gelitten hat. Die GBU, die dortige IFES-Bewegung, wurde Mitte der 90er-Jahre gegründet. Drei Hauptamtliche kümmern sich um rund 2.500 Studenten. Der Vulkanausbruch in Goma 2002 hinterließ eine furchtbare Spur der Verwüstung. Kurz zuvor waren bei einer evangelistischen Freizeit viele Studenten zum Glauben gekommen; nun hatten ganze Familien allen Besitz und alles Geld verloren, und die Zentralstelle und Bibliothek der GBU waren zerstört. Obwohl sie selber arm waren, sammelten Studenten in Kinshasa 100 Kilogramm Kleider und schickten sie ihren Brüdern und Schwestern in Goma. Und dann taten sie das Gleiche für Studenten in Mbandaka im Norden des Landes. Dort teilten sich Familien die wenigen Kleider, die sie hatten – da es nicht für alle reichte, konnten sie nur abwechselnd das Haus verlassen. „Wie auch die Mazedonier haben wir einfach getan, was wir konnten – auch wenn es nicht viel war", schrieb Hubert Miyimi, der damals Generalsekretär war. Und sie waren wirklich wie die Mazedonier zu Paulus' Zeiten – sie gaben über ihre Möglichkeiten hinaus!

Die Akademiker der GBU helfen den Studenten, wo sie nur können, und viele von ihnen sind inzwischen auf sehr einflussreichen Posten gelandet. Eine landesweite Bewegung innerhalb der Gemeinden hat begonnen, in die „Daniels und Josefs unserer Zeit" zu investieren, damit sie den wirtschaftlichen und politischen Herausforderungen gewachsen sind. Der Vorsitzende dieser Bewegung war in seiner Studienzeit auch in der GBU.

Die Korruption an den Universitäten hat neue, bislang unerreichte Ausmaße erreicht. Männliche Studenten müssen Bestechungsgelder bezahlen, um ihre Prüfungen zu bestehen. Für die Frauen ist der Preis noch höher. Von manchen wird erwartet, dass sie mit ihren Dozenten schlafen, um nicht durchzufallen, und Bestnoten gibt es nur für die Studentinnen, die zum ungeschützten Geschlechtsverkehr bereit sind. An der Universität von Kinshasa sterben mittlerweile Universitätsmitarbeiter an Aids und viele sind HIV-positiv. Es ist eine grausame und unmenschliche Forderung, die noch ihren Tribut fordern und ganze Familien in Leid und Elend stürzen wird, wenn die Betroffenen erkranken und schließlich verwaiste Kinder zurücklassen. Die GBU schärft ihren Studentinnen dringend ein, dem Drängen nicht nachzugeben, und gleichzeitig hat sie das Fernsehen und die regionalen Radiostationen bewegen können, Druck auf die Regierung auszuüben, damit dieser Praxis ein Ende gemacht werden kann.

Und doch sehen die Studenten auch in dieser Stunde großer Anfechtungen über ihre eigenen Grenzen hinaus und planen ihre regelmäßigen Missionskonferenzen.

Wie ein Geschäftsmann sich für das Evangelium eingesetzt hat

Eine Karriere im säkularen Bereich kann ungeahnte Möglichkeiten schaffen, dem Evangelium zu dienen. Die Studentenbewegungen in ganz Afrika gehen indirekt auf einen Akademiker aus Oxford zurück, der zunächst in der Kolonialverwaltung arbeitete und danach in der freien Wirtschaft. Er war nie hauptamtlich in einem christlichen Werk angestellt, aber sein Beitrag zur Verbreitung des Evangeliums war immens.

Tony Wilmot war einer der begabtesten Absolventen seiner Generation.[45] Als hoher Verantwortungsträger im Chiffrierdienst des Ostafrika-Feldzugs stieg er bis zum Oberstleutnant auf, und sein Name fiel immer wieder in Berichten. Er wurde Minister in der Regierung von Somaliland und dann Staatssekretär im Ministerium für Kommunikation und Arbeit, wo er Projekte wie den Bau des Voltadamms und des Hafens von Tema überwachte. Trotz dieser Arbeit, die hohe Anforderungen an ihn stellte, und seiner wachsenden Familie nahm er einen besonderen Auftrag der britischen Inter-Varsity Fellowship (die inzwischen UCCF heißt) an. Er sollte ausloten, ob sich in Afrika eine Schwesterbewegung gründen ließe. Und so hielt Tony, wenn er beruflich unterwegs war, immer Ausschau nach christlichen Studenten mit Leitungsbegabung. Von seinen eigenen Erfahrungen als Student ausgehend half er ihnen, Bibelkreise zu gründen und ein Bewusstsein dafür zu bekommen, wie wichtig es ist, fest im Glauben verwurzelt zu sein. Mit der Zeit entstand die Pan African Fellowship of Evangelical Students und aus dieser erwuchsen die nationalen Bewegungen in vielen Ländern auf dem Kontinent. Die nigerianische NIFES ist zur Zeit mit rund 40.000 Studenten die weltweit größte nationale Bewegung der IFES.

Tony hatte eine außergewöhnliche Begabung zu erkennen, welche der jungen Leute zu einflussreichen Positionen aufsteigen würden, und diesen schenkte er besondere Aufmerksamkeit. Zusammen mit seiner Frau Eve hielt er jede Woche in seiner Wohnung Bibelstunden ab. Zu den regelmäßigen Mitgliedern dieser Gruppe gehörten Yakubu Gowan, der später Militärgouverneur von Nigeria wurde; Jerry Gana, der es zum Informationsminister brachte Emeka Anyaoku, der spätere Generalsekretär des Commonwealth of Nations; und Philemon Quaye, der später Kommodore in der ghanaischen Marine und anschließend Botschafter in Liberia und Ägypten wurde.

Tony hatte immer das Anliegen, die Kirche in Afrika zu stärken. Die Studentenarbeit spielte dabei eine große Rolle, aber auch eine andere strategische Initiative war vonnöten. Die Leiter der afrikanischen Kirche brauchten eine theologische Ausbildung, die über ein Grund- oder Bachelorstudium hinausging und gleichzeitig dem afrikanischen Kontext angemessen war. Im Alter von 64 Jahren startete dieser moderne Kaleb deshalb ein neues Großprojekt: Er bereitete die Gründung eines theologischen Seminars für Graduierte vor und reiste mit Eve durch Europa, Amerika und Australien, um die nötigen finanziellen Mittel dafür einzuwerben. 1979 kaufte er gut sieben Hektar Land außerhalb Nairobis. Damals standen dort drei Hühnerzuchtbetriebe und eine Fabrik für Hundefutter! Diese Episode veranschaulicht eine Grundeigenschaft dieses Mannes: Er blickte auf das, was war, und sah, was daraus werden konnte. 1983 wurde die Nairobi Evangelical Graduate School of Theology (NEGST) gegründet mit einem Dekan aus Simbabwe, vier Studenten und Tony als Rektor. Innerhalb der ersten zwanzig Jahre bildete diese Schule 200 Pastoren und Theologiedozenten aus, und es werden immer mehr.

DAS TRILEMMA DER GEMEINDE

Die Gemeinde hat es immer schon schwierig gefunden, sich zum Rest der Welt zu positionieren, und drei verschiedene Haltungen lassen sich dabei erkennen.

ABSONDERUNG

Manchmal sondern sich Christen von der Welt ab, weil sie glauben, dass nichts wirklich Wert hat außer Evangelisation und der Besuch von Gemeindeveranstaltungen. Das hat John Stott als „Kaninchenloch-Christentum" bezeichnet. Kaninchen stecken ihren Kopf aus dem Bau, und wenn sie merken, dass die Luft rein ist, flitzen sie schnell aufs Feld, suchen sich hastig zusammen, was sie zum Überleben brauchen, und verschwinden dann wieder in der Erde. Christen können sich genauso verhalten: nur zu christlichen Veranstaltungen flitzen und den Kontakt zur übrigen Welt auf das Allernotwendigste beschränken. Daraus entsteht eine Art von Evangelisation, die an ein Überfallkommando erinnert: zuschlagen und sich aus dem Staub machen. Das hat seinen Wert, ist aber sicher nicht die beste Form, um Menschen zu erreichen. Dieser Ansatz geht davon aus, dass die Welt an sich schlecht ist.

Anpassung

Manche Christen betonen, dass wir in der Welt mitmischen müssen – bis dahin, dass wir völlig in ihr aufgehen. Das kann dazu führen, dass das Leben von Christen sich durch nichts mehr von dem anderer Menschen unterscheidet. Solche Leute reden selten und sehr wenig von der Herrlichkeit Christi. Man könnte sagen, dass sie die aktuellen Neigungen und Ansichten der Welt gewissermaßen taufen – also mit christlichen Deutung überziehen – anstatt die nicht-christliche Weltsicht infrage zu stellen und ihr biblische Lehre entgegenzusetzen. Diese Haltung erwächst meistens aus einer liberalen Theologie.

Engagement

Manche Christen versuchen, sich in der Welt und für sie einzusetzen. In Jeremia 29, 5-7 fordert Gott die Juden im babylonischen Exil auf: „Baut Häuser und wohnt darin; pflanzt Gärten und esst ihre Früchte; nehmt euch Frauen und zeugt Söhne und Töchter (...) Suchet der Stadt Bestes und betet für sie zum HERRN". Christen sollen sich durch ihr Verhalten von der Welt unterscheiden, aber sich nicht sozial absondern – sie sollen *in*, aber nicht *von* der Welt sein. Einen Widerhall davon entdecken wir im hohepriesterlichen Gebet, das Jesus in Johannes 17 spricht: „Ich bitte dich nicht, dass du sie aus der Welt nimmst (...) Wie du mich gesandt hast in die Welt, so sende ich sie auch in die Welt." Es ist schwierig, sich auf die Welt einzulassen und trotzdem Salz zu bleiben, aber genau dazu sind wir berufen.

Es gibt in der Geschichte der IFES viele Beispiele dafür. Beginnen wir in Bolivien. Ana übernahm schon als Studentin ehrenamtlich Aufgaben, die sonst IFES-Hauptamtliche innehaben. Einer ihrer Professoren wollte sie in der Prüfung durchfallen lassen, wenn sie nicht mit ihm schlief. Ana weigerte sich, und der Professor verweigerte ihr im Gegenzug mehrere Jahre lang den Schein, den sie für ihren Abschluss brauchte. Schließlich ließ er sie die Prüfung doch bestehen, weil ihm klar wurde, dass sie nicht klein beigeben würde. Nach dem Examen bekam Ana einen Job an einer Klinik, in der, wie sie bald feststellte, die Korruption blühte und illegale Abtreibungen vorgenommen wurden. Sie schrieb mutig einen Brief, in dem sie ihre Kündigung einreichte und die Gründe dafür erläuterte. Ein paar Tage später rief der Besitzer der Klinik sie an: „Ich nehme Ihre Kündigung nicht an. Würden Sie bitte bleiben?" Er fuhr fort, dass er sie zur Direktorin der Klinik machen wollte. Was er von ihr gehört hatte, gefiel ihm, und die Art und Weise, wie sie die Kritik und die Verachtung der älteren Kollegen aushielt, beeindruckte ihn. Ihr Verhalten hatte ihn dazu bewogen, sich selbst unbequeme Fragen zu stellen und seine eigene Haltung neu zu überdenken. Wollte er wirklich mit einer Klinik verdienen, die ihren Patienten so wenig Achtung entgegenbringt?

Ist das nicht großartig? Als Studentin hatte Ana gelernt, den Herrn zu lieben und ihm auch unter Druck treu zu sein. Als sie ihr Studium abschloss, verwandelte sie eine Klinik mit einem ausgesprochen schlechten Standard in ein Vorzeige-Krankenhaus, von dem man in der ganzen Stadt sprach. Die Kraft des Evangeliums kann das Leben einer Studentin und dann eine Klinik verwandeln. Es kann eine Stadt verändern – warum nicht auch ein Land?

Als Fanny Bejarano sich als Studentin in Argentinien bekehrte, begann sie zu lernen und auszuleben, was zu einem Leben voller Heiligkeit, Barmherzigkeit, Mitgefühl, Achtung und Würde gehört. In ihrem Beruf bekam sie deswegen Ärger, und bei Beförderungen wurde sie oft übergangen. Mit 21 begann sie voller Begeisterung und Schwung im Justizwesen zu arbeiten, und sie wollte gerne Richterin werden. Nachdem sie an einem Gericht der ersten Instanz, dann an einem Strafgericht gearbeitet hatte, schaffte sie es schließlich an den Obersten Gerichtshof in ihrer Provinz. In der Staatsanwaltschaft dort lernte sie Richter kennen, die korrupt, hinterlistig und verlogen waren. Tag für Tag kämpfte sie darum, anders zu leben als in ihrem Umfeld üblich. Ihr Chef hatte mehrere außereheliche Verhältnisse und forderte von ihr, für ihn zu lügen. Sie lehnte ab und machte sich damit unbeliebt. Und doch konnte sie ihren Kollegen vom Evangelium erzählen und ihnen Neue Testamente schenken.

Der Abteilungsleiter dagegen stand ihr völlig gleichgültig gegenüber. Nachdem sie dreimal bei Beförderungen übergangen worden war, sprach sie mit einem der obersten Richter, und dieser ließ sie auf eine bedeutende Stelle versetzen, an der sie Christus frei und offen dienen kann.

Fanny hat an ihrem Anliegen, Salz in ihrem Land zu sein, nie Abstriche gemacht.

Wir müssen Universitätsabgängern helfen, die Welt als einen von Gott geschaffenen Ort anzusehen und mutige Entscheidungen zu treffen – selbst unter härtesten Umständen und in den korruptesten Gesellschaften.

Eine biblische Sicht der Arbeit

Daniel sah die Welt positiv – und auch die Arbeit. Die Schwierigkeit, unseren Glauben und unsere Arbeit miteinander in Einklang zu bringen, ist nicht neu. Der griechische Philosoph Aristoteles behauptete, wer nicht arbeite, könne sich glücklich schätzen, denn er habe Zeit, um sich am politischen Leben zu beteiligen und sich dem Nachdenken zu widmen. Die griechische Gesellschaft war so organisiert, dass einige wenige den Segen der Freizeit voll auskosten konnten, während die Sklaven die ganze Arbeit machten. Diese Sicht der Arbeit wurde im Mittelalter auch von der Kirche vertreten. Als Priester oder Mönch seine Berufung zu leben zählte deswegen sehr viel mehr als gewöhnliche Alltagsarbeit. Erst durch Martin Luther erkannten die Reformatoren des 16. Jahrhunderts, dass Arbeit als Berufung von Gott verstanden werden kann. Der holländische Theologe und Politiker Abraham Kuyper hat das auf unvergessliche Weise ausgedrückt: „Es gibt keinen Quadratzentimeter des menschlichen Lebens, auf den Christus, der über alles herrscht, nicht zeigen und sagen würde: ‚Das ist mein!‘“

Die Geschichte der Arbeit beginnt in 1. Mose 1, wo wir Gott bei der Arbeit antreffen: Er erschafft die Welt. Die Bedeutung und auch die Würde der Arbeit ergeben sich für uns daraus, dass wir als Ebenbilder eines Gottes geschaffen wurden, der arbeitet. In 1. Mose 2 werden uns Menschen vorgestellt, die Mitarbeiter Gottes sind: Sie gründen Familien, sammeln Essen, bebauen die Erde, geben den Tieren Namen, und es wird ihnen die Verantwortung für die Erhaltung und Verwaltung der Schöpfung übertragen. Von Anfang an sind Gottes Kreativität und menschliche Arbeit untrennbar miteinander verbunden. In 1. Mose 3 lesen wir dann, wie zerstörerisch sich die Sünde auf die Welt und auf die

Arbeit auswirkte und welcher Schmerz und Kampf daraus erwuchs. In der Folge ist Gott nicht nur Schöpfer und Erhalter, sondern auch Erlöser. Und von diesem Moment an ist die Bibel voll von Beispielen, in denen Gott uns zu Partnern in seinem Erlösungshandeln macht.

Um das zu verstehen ist es sinnvoll, wenn wir uns bewusst machen, was wir über die Arbeit verschiedener biblischer Gestalten wissen: Viele produzieren irgendwelche Güter (als Viehhirten, Weinbauern, Schmiede, Zimmerleute, Zeltmacher), manche sind Manager (sie verwalten Getreidevorräte, stehen Bauprojekten vor, führen Mitarbeiter oder ganze Armeen) oder Kapitalgeber; manche arbeiten im öffentlichen Dienst (im medizinischen Bereich, in der Justiz, in der Politik, im Finanzwesen); manche sind Künstler (Musiker, Bildhauer, Tänzer, Autoren). Weil Gott dafür gesorgt hat, dass diese Menschen in seinen heiligen Schriften berücksichtigt werden, wissen wir, dass er sie und ihre Beschäftigungen nicht für niedrig oder zweitklassig erachtet.

Unser Wert ergibt sich daraus, dass wir in Gottes Ebenbild geschaffen und seine Mit-Schöpfer sind.

Gott, der schafft und täglich arbeitet, ist aktiv an der Erhaltung und Wiederherstellung seiner Schöpfung beteiligt. Wir sollten uns davor hüten, in den Deismus zurückzufallen, der in Gott einen Uhrmacher sieht, der die Welt „aufzieht" und sich dann aus dem Staub macht. Die Schrift beschreibt einen Schöpfer, der aktiv alles zusammenhält (Kolosser 1,17; Hebräer 1,3). Weil wir nach seinem Ebenbild geschaffen sind, sollten wir mit ihm arbeiten. Es ist auffällig, was Jesus mit Bestimmtheit behauptet, als er wegen des Sabbats in ein Streitgespräch gerät: „Mein Vater wirkt (= arbeitet) bis auf diesen Tag, und ich wirke auch." (Johannes 5,17)

Eine verzerrte Sicht der Arbeit kann auch zu einer falschen Sicht des Himmels führen. Manchmal wird der Himmel als eine Art immerwährender Chor beschrieben, aber Jesaja und auch der Apostel Johannes sprechen davon, dass es im Himmel Arbeit geben wird – Arbeit, die ohne Schmerzen und Anstrengungen funktioniert und zutiefst erfüllend ist. In Jesaja 65 lesen wir davon, wie im neuen Himmel und der neuen Erde ohne Schweiß und Mühe Häuser gebaut und Felder bestellt werden. Und in Offenbarung 22 beschreibt Johannes, wie jeden Monat eine Ernte eingefahren wird. Wir werden im Himmel arbeiten – ohne

Schweiß, ohne Schufterei, aber arbeiten werden wir ganz sicher! Gottes ursprüngliches Konzept von Arbeit stammt aus 1. Mose 1 – vor dem Sündenfall. Dieses Konzept wird im Himmel wieder in Kraft sein.

Die Tage von Montag bis Freitag sind nicht nur ein langer, dunkler Tunnel zwischen den Wochenenden. Sonst würde unser Sabbat zum verhaltenen Zwischenspiel inmitten von Schinderei verkommen. Nein, die Arbeitswoche gehört zu unserem Wesen als Gottes Ebenbilder und Mit-Schöpfer, und der Sabbat ist der Tag, an dem wir mit ihm zusammen ausruhen und das feiern dürfen, was wir zusammen erarbeitet haben. Es ist der Tag, an dem wir über unsere Arbeit nachdenken dürfen und darüber, dass es „gut" ist, um es mit den Worten von 1. Mose 1 auszudrücken. Wenn wir gar nicht erst versuchen, die Arbeit als einen wesentlichen Ausdruck unserer Gottesebenbildlichkeit wiederzuentdecken, passen wir uns der Welt an und übernehmen den populären Mythos, dass Arbeit ein notwendiges Übel ist. Damit verleugnen wir das Wesen Gottes, zu dem das Schaffen, die Arbeit gehört, und wir werten uns letztlich selbst in unserem Menschsein ab.

Unser Beruf bringt uns mit Menschen in so enge Berührung wie sonst nur das Familienleben. Vierzig Stunden in der Woche oder mehr schuften, lachen, kämpfen und planen wir zusammen. Die Arbeit nur als ein Podium zu sehen, von dem aus es sich gut evangelisieren lässt, ist übertriebenes Nützlichkeitsdenken und unfair dem Arbeitgeber gegenüber. Paulus hat sich zu diesem Thema klar geäußert, indem er die ersten Christen zu Gehorsam gegenüber Arbeitgebern und Vorgesetzten, zu Gerechtigkeit gegenüber Arbeitnehmern und Untergebenen aufforderte; er sprach sich deutlich für Arbeit und gegen Faulheit aus. Jede dieser Aussagen lässt erkennen, dass Paulus sowohl der Arbeit als auch dem Arbeitenden einen hohen Stellenwert einräumt.

Die Welt ist angewiesen auf eine neue Generation von Christen, die Arbeit wertschätzen und sie von Gott gesegnet wissen!

In manchen Berufen hat man gute Möglichkeiten, Gottes Mitgefühl widerzuspiegeln. Als in den 90er-Jahren in Peru viele Morde durch die *Sendero-Luminoso*-Rebellen geschahen, waren viele Kinder von Mitarbeitern christlicher Werke davon betroffen: Sie hatten mit ansehen müssen, wie ihre Eltern erschossen wurden und waren völlig traumatisiert.

Sie wurden in die Hauptstadt Lima gebracht, wo Christen für sie sorgten. Drei junge gläubige Psychologinnen, die von der Evangelischen Allianz des Landes angeheuert worden waren, betreuten sie in dieser Zeit. Sie konnten die Ausbildung, die sie erhalten hatten, nutzen, damit die Kinder den Verlust ihrer Eltern einigermaßen verarbeiten konnten.

Die Psychologinnen vermittelten die Kinder in Familien in der Hauptstadt, die sich um sie kümmerten und sie schließlich adoptierten. Die Psychologinnen haben mir später erzählt, dass die Kinder oft mehr als ein Jahr lang kaum in der Lage waren, über den Tod ihrer Eltern zu sprechen, so traumatisiert waren sie. Aber mit der Zeit, als sie mehr Vertrauen zu den Frauen fassten, begannen sie sich zu öffnen. Der emotionale Heilungsprozess setzte ein. Zwei dieser Frauen hatten vom *Sendero Luminoso* Morddrohungen erhalten, weil sie den Waisen halfen. Sie hätten als professionelle Therapeuten in anderen Bereichen viel Geld verdienen können, beschlossen aber, ihre Gaben selbstlos in diesem Dienst einzusetzen. Ihren Glauben und ihre gute Ausbildung konnten sie so zusammenbringen.

Und doch sollten wir nicht dem Irrtum erliegen, dass soziale, helfende Berufe der Geschäftswelt überlegen wären. Ich denke da an einen jungen Akademiker aus der russischen Studentenbewegung, einen Unternehmer, der es mit viel Fleiß und harter Arbeit geschafft hatte, einen kleinen Laden zu eröffnen. Solche Bemühungen spielen eine lebenswichtige Rolle beim Wiederaufbau zerrütteter Volkswirtschaften. Dieser junge Mann glaubte fest, dass Gott ihn für eine solche Aufgabe begabt hatte, und so gab er sein Bestes, Gott in seinem Beruf Ehre zu machen. In einer solchen ökonomischen Großwetterlage, die von extremer Konkurrenz geprägt ist, als Kleinunternehmer an christlichen Maßstäben festzuhalten, ist alles andere als einfach. In der Gemeinde dagegen sahen die Leute überhaupt nicht ein, dass er für sein Alltagsleben Gebet brauchte. Stattdessen musste der junge Mann sich ständig rechtfertigen, warum er nicht Pastor oder Missionar wurde. Weil ihm diese Fragen auf der Seele brannten, besuchte er eine IFES-Konferenz für Berufsanfänger. Die Bibelarbeiten dort machten ihm bewusst, dass die meisten Helden der Bibel genau wie er ganz normalen Berufen nachgingen; manche waren sogar Unternehmer wie er (zum Beispiel Aquila und Priscilla in Apostelgeschichte 18). Zum ersten Mal hatte er den Eindruck, dass Gott seine Arbeit als Geschäftsmann bestätigte und wertschätzte, er empfand eine ganz neue Freiheit, Gott auf diese Weise zu dienen. Er begriff, dass er kein zweitklassiger Christ war – er war ein Arbeiter, ebenso wie Gott.

Jede Arbeit hat ihre Würde, und unsere Berufung ist es, in allem, was wir tun, Christus zu gefallen, nicht nur unserem Chef. Denn, so ermahnt Paulus die Kolosser: „Ihr dient dem Herrn Christus!" (Kolosser 3, 24) Den Wohlgeruch Christi in die Fabrikhalle, ins Klassenzimmer oder an die Börse zu tragen, ist hart. An Christen, die in ihrem Beruf einen salzigen Einfluss ausüben, wird immer Bedarf bestehen.

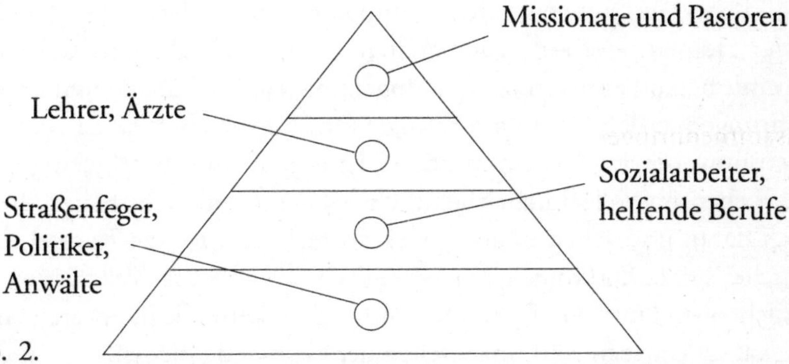

Abb. 2.
So sehen manche Christen fälschlicherweise die geistliche Bedeutung verschiedener Berufe.

Evangelisten, Pastoren, Lehrer

Andererseits findet ein von Christus geprägtes Denken auch darin Ausdruck, dass wir merken, wenn Gott uns in eine unmittelbar als geistlich zu identifizierende Aufgabe beruft – vielleicht schon während des Studiums, vielleicht aber auch erst, nachdem wir ein paar Jahre Berufserfahrung gesammelt haben. Wenn er das tut, stehen wir plötzlich vor einer ganzen Reihe von Fragen bezüglich Prestige, Erfolg und finanzieller Sicherheit. Aber, wie Thomas von Aquin schrieb: „Gott ist niemandes Schuldner."[46]

In jeder Generation gibt es einen dringenden Bedarf an begabten Evangelisten, Pastoren und Lehrern, die eine besondere Funktion in der Schulung und Ausbildung der Gläubigen zum Dienst übernehmen, „damit die Heiligen zugerüstet werden zum Werk des Dienstes. Dadurch soll der Leib Christi erbaut werden, bis wir alle hingelangen zur Einheit des Glaubens und der Erkenntnis des Sohnes Gottes, zum vollendeten Mann, zum vollen Maß der Fülle Christi, damit wir nicht mehr unmündig seien" (Epheser 4,12-14). Das ist die richtige Perspektive für eine Berufung in ein geistliches Amt – als Diener Christi, die mit gemeinsam daran arbeiten, seine Gemeinde zur Mündigkeit zu führen.

Die Bewegungen der IFES haben ungezählte Evangelisten, Pastoren und Lehrer in ihrer geistlichen Frühphase geprägt, die der Gemeinde in ihrer Heimat oder kulturübergreifend dienen: Hochschulabsolventen, oft mit bemerkenswerten Begabungen, haben ihre Fähigkeiten und Erfahrungen in den Dienst am Evangelium eingebracht. Das ist eine hohe Berufung, die den, der sie ausübt, viel kosten kann. Aber diejenigen, die ihr Leben im vollzeitlichen geistlichen Dienst verbracht haben, freuen sich daran und sehen es als großes Vorrecht. Im letzten Kapitel dieses Buches soll es darum gehen, wie sehr wir als IFES der Weltmission verpflichtet sind und wie Tausende von Akademikern, die in unseren Gruppen aktiv gewesen sind, inzwischen der Gemeinde dienen.

Die IFES-Bewegungen beten schon lange dafür, dass es an jedem Hochschulstandort wenigstens eine gute Gemeinde gibt, die in Lehre und Predigt einen hohen Standard hat. Und es entwickelt sich gut: Solche Gemeinden entstehen in zunehmendem Maße überall auf der Welt, oft mit ehemaligen IFES-Studenten als Gemeindeleitern. Möge Gott auch in der Zukunft in jeder Generation Studenten berufen, die ihm auf diese wichtige Weise dienen.[47]

EINE GESCHICHTE VON MUT UND EHRE

Als Nächstes möchte ich Sie nach Guinea-Bissau in Westafrika mitnehmen. Die Regierung schickt ihre begabtesten Studenten oft zum Studium nach Portugal, weil dorthin eine enge Beziehung besteht. Procel DaSilva studierte in den 80er-Jahren dort Jura. Er wurde in dieser Zeit Christ und begann im Glauben zu wachsen. Durch seine Freunde in der christlichen Hochschulgruppe lernte er, dass die Bibel für alle Lebensbereiche gilt, und als er nach Hause zurückkehrte, beschloss er, sich für Veränderungen in der Regierung und im Rechtswesen seines Landes einzusetzen. Er war sehr begabt und wurde bald zum Stellvertreter des Obersten Richters berufen.

Guinea-Bissau war ein Einparteienstaat und es gab nur wenige Gläubige. Manche der Berater des Präsidenten verhielten sich leider ähnlich wie die Ratgeber von Nebukadnezar zur Zeit Daniels: Sie legten ihm nahe, die Religionsfreiheit einzuschränken, weil der Einfluss der Christen zunahm. Der Präsident hörte auf sie und bat seinen Obersten Richter, ein Gesetz zu formulieren, das dieser Forderung gerecht würde. Der Oberste Richter gab die Verantwortung dafür an Procel weiter.

Procel quälte sich sehr mit diesem Problem, aber schließlich wurde ihm klar, dass er keine Wahl hatte. Er nahm allen Mut zusammen und erklärte dem Präsidenten freundlich aber bestimmt, dass er diesen Auftrag ablehnen musste. „Warum können Sie das nicht machen?", wollte der Präsident wissen. Der junge Mann gab zur Antwort: „Ich bin Christ. Ich kann kein Gesetz entwerfen, das die Aktivitäten meiner Brüder und Schwestern einschränkt. Verfahren Sie mit mir, wie Sie es für richtig halten." Der Präsident war von Procels klarer und doch verbindlicher Haltung so beeindruckt, dass er das neue Gesetz fallen ließ! Selbst in korrupten Systemen wissen Leiter manchmal Integrität zu schätzen. Zehn Jahre später wollte der Präsident Procel zum Premierminister ernennen. Er lehnte ab, weil er dem Präsidenten nicht gar zu nahe stehen wollte. Also bot der Präsident ihm an, sich eine beliebige Position innerhalb des Kabinetts auszusuchen, und Procel entschied sich für den Posten als Leiter der Kommunikationsbehörde. Auf diese Weise waren ihm Fernsehen und Zeitungen unterstellt. Einige Zeit später spielte er eine Schlüsselfunktion bei der offiziellen Zulassung der noch jungen christlichen Studentenarbeit in seinem Land.

Tragischerweise wurden er und seine Familie in einen Autounfall verwickelt. Seine Frau und sein Kind kamen um. Er selbst überlebte und wurde mit dem Flugzeug des Präsidenten nach Paris geflogen, um die bestmögliche medizinische Behandlung zu bekommen. Nach einer langen Genesungsphase kehrte er nach Guinea-Bissau zurück und ist nun Erster Sekretär des Parlaments.

An seiner Geschichte lässt sich sehen, wie Glauben inmitten widriger Umstände aussehen kann und wie Gott Rettung schafft. Ein einfacher Christ, als internationaler Student in Portugal gelandet, konnte zurück in seiner Heimat in eine ähnliche Position aufsteigen wie Daniel am Hof Nebukadnezars. Wir sollten nie unterschätzen, wie sehr der Mut eines einzelnen Menschen eine ganze Gesellschaft verändern kann. C. S. Lewis zufolge sind die wichtigsten Lehren aus dem Buch Daniel die Bedeutung von Freundschaften unter Christen und der Einfluss, den Christen auf eine Kultur ausüben können. Und dieser Einfluss kann wirklich weit reichen. Robert Bellah, der amerikanische Soziologe, geht davon aus, dass eine Gesellschaft sich schon verändert, wenn nur zwei Prozent der Bevölkerung eines Landes dazu bereit sind, sich für eine gerechte und gewaltfreie Gesellschaft einzusetzen.

„Ich bin gewesen wie Daniel"

Der mörderische Krieg zwischen Hutu und Tutsi 1994 hat Ruanda schwer erschüttert. Innerhalb von 100 Tagen kamen bei den Kämpfen rund 800.000 Menschen um, und wenn man die Menschen mitrechnet, die bei Vergewaltigungen mit Aids oder anderen Krankheiten angesteckt wurden und später starben, waren es rund eine Million Todesopfer. In dieser Zeit unterrichtete Charles Muligande, der zu seiner Studentenzeit in der ruandischen Bewegung aktiv gewesen war, in den USA. Nachdem die Kampfhandlungen abgeklungen waren, bat man Charles, in sein Land zurückzukehren und Verkehrsminister in der Regierung zu werden.

Weil es ihm wichtig war, Salz in seiner eigenen Kultur zu sein, gab er das gute Gehalt in den USA auf und kehrte in ein Land zurück, das noch alles andere als stabil war. Er wurde Rektor der Staatlichen Universität von Ruanda in Butare und anschließend Außenminister. Als ich das Land besuchte, war er gerade Rektor der Universität. Er organisierte ein Bankett und bat mich, bei dieser Gelegenheit zu den Professoren zu sprechen. Ich sprach über das Vorbild Daniels, der Gott fürchtete und versuchte, die babylonische Gesellschaft zum Besseren zu beeinflussen – eine Kultur, in der Korruption und Aberglaube herrschten. Und doch blieb Daniels Zeugnis für den Gott der Bibel auch inmitten all der massiven Veränderungen in diesem Land deutlich erkennbar, und im Verlauf von vierzig Jahren stand Daniel im Dienst von drei Königen.

Nachdem ich meinen Vortrag beendet hatte, erhob sich Charles Muligande. „Sie wissen, dass ich mich wie ein Daniel verhalten habe", begann er. „Ich habe mich nicht an die korrupten Gebräuche hier angepasst. Ich habe die Universität redlich verwaltet und versucht, mich in allem, was ich tat, von Gerechtigkeit und biblischen Prinzipien leiten zu lassen. Dadurch möchte ich Ihnen den Gott der Bibel nahebringen, gerade so wie Daniel den Babyloniern den Gott des Alten Testaments nahebrachte." Es entstand eine fassungslose Stille. Jeder wusste, dass Charles die Wahrheit sprach. Er war ein außergewöhnlicher Zeuge für Jesus Christus. Möge Gott die IFES benutzen, um mehr Menschen wie Charles Muligande hervorzubringen.

Die HIV/Aids-Pandemie

Wer die Studentenkultur ein bisschen kennt, weiß, dass sexuelle Freizügigkeit und häufige Partnerwechsel weit verbreitet sind. Das HIV-Virus hat sich in der Studentenwelt rasch verbreitet, besonders in der Karibik, wo es sich am schnellsten ausbreitet, und in Afrika südlich der Sahara, wo der Prozentsatz der Infizierten in der Gesamtbevölkerung am höchsten ist. Aktuelle Statistiken finden sich auf der Aids-Website der Vereinten Nationen unter www.unaids.org.

IFES arbeitet mit anderen christlichen Organisationen, örtlichen Behörden, Aufklärungskampagnen und der Weltgesundheitsorganisation zusammen, um den Studenten möglichst gut zu helfen – sowohl den Infizierten als auch den Gesunden.

In Südafrika erstellte die IFES-Bewegung Bibelstudienmaterial zum Lukasevangelium zusammen. Es trug den Titel *Ses'khona*, ein Zulu-Begriff, der bedeutet „Wir sind da". Es hilft den christlichen Studenten, das Mitgefühl

zu sehen, das der Herr mit den Leidenden hat. Wir sind da, um in deinem Schmerz an deiner Seite zu sein – wir sind da, um dich zu lieben und dir zu dienen. Auf der Titelseite sind vier Studenten zu sehen, die den Sarg eines Freundes auf den Schultern tragen. Ein fünfter geht mit einem Kreuz voran und bahnt ihnen den Weg.
Die IFES-Bewegung in Malawi hat sich mit einer Abstinenz-Kampagne sehr viel Achtung erworben. Schülern und Studenten, ob Christen oder nicht, wurde dadurch dringend nahegelegt, auf sexuelle Beziehungen außerhalb der Ehe zu verzichten. Die dazugehörigen Faltblätter *Ist Enthaltsamkeit machbar?* und *Safer Sex? Du machst wohl Witze!*, die auf biblischer Grundlage für sexuelle Reinheit warben, erzielten riesige Auflagen. Die Bewegung hat 300 Studenten dazu ausgebildet, auch andere in ihren Gruppen zur Enthaltsamkeit zu ermutigen und kompetent für sexuelle Reinheit zu argumentieren.
Hauptamtliche in allen Bewegungen, in denen dieses Thema aktuell ist, haben sich regional beraten und Aktionspläne erarbeitet. Wir Mitarbeiter brauchen Gebet, wenn wir christlichen Studenten zu helfen versuchen, die Heilige Schrift konkret auf ihr Leben anzuwenden. Und wir müssen Strategien entwickeln, damit das Denken der Studenten auch langfristig und in größerem Rahmen verändert werden kann.

Wichtig an solchen Leuten ist natürlich, dass sie ihr Herz und ihren Verstand durch und durch von Christus prägen lassen, also etwas entwickeln, was wir auf Englisch „a Christian mind“ nennen (im Folgenden mit „geistliches Denken“ übersetzt). Dieser Begriff wurde von Professor Daniel Lamont geprägt, auf einer der ersten Konferenzen der Bewegung, aus der dann die IFES wurde. Das war in den 30er-Jahren. Harry Blamires und John Stott haben diesen Begriff in ihren Schriften weiter verwendet und bekannt gemacht.[48] Wenn wir ein geistliches Denken entwickeln, werden damit drei Ziele erreicht: *Erstens* verherrlicht es unseren Schöpfer, der uns nach seinem Ebenbild als vernunftbegabte Wesen erschaffen hat und möchte, dass wir in der Schöpfung und in der Schrift auf Entdeckungsreise gehen, um zu erkennen, wie er sich offenbart hat. *Zweitens* wird unser geistliches Leben bereichert, denn wir können Gott nur anbeten, wenn wir wissen, wer er ist und über seine Herrlichkeit nachsinnen. Unser Glaube stützt sich darauf, dass wir Gottes Wesen kennen. *Drittens* stärkt es auch unsere missionarischen Bemühungen. In der Apostelgeschichte lesen wir an vielen Stellen, wie die Apostel mit den Menschen diskutieren und sie mit Argumenten zu überzeugen versuchen. Wir haben weiter oben ja schon gesehen, dass Glaube und Denken keine Gegensätze sind; nur Glaube und Schauen werden einander gegenübergestellt. Jesus fordert Thomas nicht dazu heraus, „zu glauben, ohne gedacht zu haben", sondern „zu glauben, ohne gesehen zu haben".

Der Heilige Geist bringt Menschen dazu, an Jesus Christus zu glauben, wenn er ihr Denken aufschließt, damit sie sich mit den Belegen und Indizien auseinandersetzen können. Es ist sinnlos, wenn Christen in einflussreichen Positionen sitzen, dabei aber nicht geistlich denken. In den 80er-Jahren wurde Rios Del Montt zum ersten evangelikalen Präsidenten Guatemalas gewählt. Zur selben Zeit traf ich mich mit dem Hauptamtlichen der dortigen Bewegung, und wir kamen auf den neuen Präsidenten zu sprechen. Ich fand, dass es doch wunderbar sei, einen Christen als Präsidenten zu haben, und ging ganz selbstverständlich davon aus, dass der IFES-Mitarbeiter von der Ernennung auch ganz ermutigt sein musste. Seine Reaktion überraschte mich: „Lindsay", meinte er, „es ist eine Tragödie, dass er ernannt wurde, denn er denkt nicht geistlich. Die Korruption geht ungehindert weiter, und er setzt Verwandte auf Posten mit Einfluss und Macht. Seine Ernennung zum Präsidenten ist eine Schande für das Evangelium!" Ernüchternde Worte.

Langfristiges Denken

Ich möchte Sie nun in ein Gebiet westlich von Abuja mitnehmen, der Verwaltungshauptstadt Nigerias. Dort fand eine Missionskonferenz statt, zu der rund 6.000 Studenten kamen. Die Nigerian Fellowship of Evangelical Students (NIFES) hatte sie organisiert, und es war möglicherweise die größte evangelikale Studentenkonferenz, die je in Afrika abgehalten wurde. Einer der Redner war Professor Jerry Gana, der nigerianische Informationsminister. Er war durch die Arbeit der Scripture Union (Bibellesebund) zum Glauben gekommen und durch die NIFES im Glauben gewachsen, bevor er zum Studium nach Aberdeen in Schottland ging. Dort wurde er der erste afrikanische Leiter einer britischen Studentengruppe. Seit seiner Rückkehr nach Nigeria ist er 25 Jahre lang als Politiker in einer einflussreichen Position aktiv gewesen, und in politischen Kreisen aller Couleur wurde er wegen seiner Integrität als Christ geschätzt. Ich fragte ihn, wie er über all die Jahre der Korruption hatte widerstehen können.

Erstens, so erklärte er mir, hatte er bei der Scripture Union und der NIFES gelernt, wie er in enger Beziehung mit Christus leben konnte, indem er das Leben der Mitarbeiter beobachtete. Ihr Vorbild hatte ihn angespornt, selbst auch täglich die Gemeinschaft mit dem Herrn zu suchen, über die Schrift nachzudenken und ein von Disziplin geprägtes Gebetsleben zu entwickeln. Dann fuhr er fort:

„*Zweitens* muss man in der Politik seine Freunde und Verbündeten sehr sorgfältig aussuchen. Denn wenn einer meiner Verbündeten sich korrumpiert, kann mein Ruf allein davon in Mitleidenschaft gezogen werden." Er hatte diese Lehre aus dem Buch Daniel gezogen. Andere Christen waren in der nigerianischen Politik gescheitert, weil ihre Verbündeten sich als korrupt erwiesen hatten.

„*Drittens* ist mir bewusst, wie bedeutsam es ist, ein politisches Erbe zu hinterlassen", erklärte er. „Ich möchte dazu beitragen, dass die politische Landschaft Nigerias verändert wird, und ich glaube, dass das durch eine Gruppe von Christen geschehen kann, die ihren Einfluss geltend macht, so ähnlich wie die Clapham Sect Anfang des 19. Jahrhunderts in London. Denken Sie nur an deren prominente Rolle bei der Abschaffung der Sklaverei und wie sie auch in anderen Bereichen biblische Werte in der Politik zum Tragen gebracht haben. Deswegen bitte ich Gott darum, dass er mir 50 Jahre Zeit gibt – die politische Situation in Nigeria lässt sich nicht über Nacht ändern."

Wie man ein Daniel sein kann

- Vergessen Sie nicht: Die Welt wartet auf integre Menschen! Der König liebte Daniel (Daniel 6,14ff.), weil er ein vertrauenswürdiger Berater war. Menschen in verantwortungsvollen Positionen wissen Leute zu schätzen, deren Wort gilt.
- Arbeiten Sie Ihre Prinzipien aus und beschließen Sie, davon nicht abzuweichen. Wehe dem, der seine Grundsätze in Notzeiten zu entwickeln sucht, soll Goethe sinngemäß gesagt haben.
- Suchen Sie sich eine Gruppe von Menschen, die Sie unterstützt (ein Beispiel dafür ist Tonica Van der Meers „Kette der Ehrlichkeit" im 8. Kapitel).
- Fangen Sie gar nicht erst an, unmoralische Entscheidungen vor sich selbst (und anderen) zu rechtfertigen.
- Spielen Sie nicht mit dem Feuer – fliehen Sie die Versuchung. Nehmen Sie sich Josef zum Vorbild und seine Reaktion auf Potifars Frau. Er hatte längst für sich beschlossen, dass eine sexuelle Beziehung zu einer Frau, mit der er nicht verheiratet ist, vor Gott nicht in Ordnung wäre; der beste Weg, der Versuchung zu entgehen, war die Flucht.
- Denken Sie über die Kosten fauler Kompromisse nach. Ein reines Gewissen ist hart erarbeitet, aber schnell verloren. Wenn unser Gewissen befleckt ist, können die Schuldgefühle überwältigend werden.
- Stellen Sie sich darauf ein, Opfer zu bringen. Wenn Sie beschließen, gegen Korruption und Feindseligkeit einzutreten, kann das für Sie seinen Preis haben.

Unser Gespräch kam mir fast vor wie eine Diskussion mit Daniel, der sechzig Jahre lang an einflussreicher Stelle in Babylon arbeitete und dabei das Salz seiner Umgebung war. Jerry Gana ist es ein großes Anliegen, nach jüngeren Christen Ausschau zu halten, die ihren Platz in der Politik sehen und die begonnene Arbeit fortsetzen möchten. In sie investiert er, damit er ihnen weitergeben kann, was er selbst gelernt hat. Man kann die Welt nicht in drei Jahren verändern. Wir brauchen Christen im öffentlichen Leben, die den Mut und die Ausdauer haben, sich auf mühsame und langfristige Prozesse einzulassen.

Mehr Daniels der Gegenwart

Daniel blieb während seiner 60-jährigen Dienstzeit inmitten einer korrupten Kultur ohne Tadel. Man konnte keinerlei Fehlverhalten finden, das man gegen ihn hätte vorbringen können. In vielen Ländern der Welt gehört Korruption ganz selbstverständlich zum Leben dazu, und es stellt für Christen eine sehr große Herausforderung dar, dieser Versuchung zu widerstehen. Ruly, ein indonesischer Universitätsabsolvent, der in Australien promovierte und dann nach Hause zurückkehrte, war ein gutes Beispiel dafür.

Er bekam die Vollmacht zu entscheiden, welche Stromgesellschaft einen großen Teil des Landes mit Elektrizität versorgen durfte. Also machte er eine öffentliche Ausschreibung und erhielt einige Angebote. Eine große Gesellschaft bot ihm Bestechungsgeld an; er lehnte ab. Sie kamen mit einem höheren Angebot wieder – er lehnte wieder ab.

Die beiden Vertreter der Stromgesellschaft, die mit ihm verhandeln sollten, wurden richtiggehend wütend. „Warum nehmen Sie denn keine Schmiergelder an wie alle anderen?“, wollten sie wissen. Fast ohne nachzudenken und vom Heiligen Geist geführt, gab er zur Antwort: „Ich kann mich von Ihnen nicht kaufen lassen, weil ich schon mit dem teuren Blut Jesu Christi erkauft worden bin. Sie können mir nicht mehr bieten als das.“ Sie waren völlig vor den Kopf geschlagen. An den beiden folgenden Tagen kehrten sie beide unabhängig voneinander zu Ruly zurück und baten um Vergebung. In dieser stark vom Islam geprägten Kultur stammte einer der Vertreter aus einem protestantischen Hintergrund, der andere aus einem römisch-katholischen. Das Verhalten dieses echten Gläubigen hatte sie zurechtgewiesen.

Ich habe diese Geschichte gehört, als Ruly sie in einem mit Studenten überfüllten Saal in Singapur erzählte. Hier stand ein verheirateter Mann mit einem Kind, dem Gott geholfen hatte, einem ausgesprochen verführerischen Angebot zu widerstehen. Die Studenten sprangen plötzlich von ihren Sitzen hoch, jubelten begeistert und applaudierten. Bisher hatten diese jungen Christen sich womöglich manchmal als moralinsaure Spaßverderber gefühlt, aber dieser Mann hatte einen moralischen Sieg errungen. Sein Vorbild war attraktiv, etwas, dem sich nachzueifern lohnte, und ihre begeisterten Hochrufe zeigten, dass sie zutiefst ergriffen waren und die Herausforderung annehmen wollten.

Samuel Olofin war Professor für Wirtschaftswissenschaften an der angesehenen Universität von Ibadan in Nigeria. Er hatte in Harvard studiert und diente nun im Vorstand von NIFES und als stellvertretender Vorsitzender des IFES-Vorstandes. Unter dem damaligen Regime von General Abacha blühte die Korruption, und Professor Olofin, ein zutiefst sanftmütiger Mensch, schrieb einen offenen Brief an den Präsidenten, in dem er ihn inständig bat, dem Einfluss des Bösen Einhalt zu gebieten. Er wusste, dass er sein Leben damit gefährdete.

Um diese Zeit herum besuchte er eine IFES-Konferenz in Nordamerika. Viele dort machten ihm Mut, nicht nach Nigeria zurückzukehren, sondern beispielsweise an einer Universität in den USA zu arbeiten; er aber war fest zur Rückkehr entschlossen. Ich fragte ihn warum. Seine Antwort werde ich nie vergessen: „Ich möchte zurückgehen, weil das mein Land ist, und ich nicht glaube, dass Gott mich irrtümlichlicherweise als Nigerianer zur Welt hat kommen lassen!" Was für ein herausforderndes Vorbild! Dieser Bruder konnte mit Autorität sprechen, weil er selbst nicht korrupt war und als Universitätsprofessor eine prominente Position erlangt hatte. Es war kein geringes Wagnis, nach Nigeria zurückzukehren. Die Situation wurde immer unerträglicher für Christen und die Leiter der NIFES riefen die gesamte Bewegung auf, für den Wandel zu beten. General Abacha starb 1998 ganz plötzlich, und wir glauben, dass Gott die Gebete dieser Studenten und Akademiker benutzt hat, um die Veränderungen zu bewirken, die sich daraus ergaben. Nach einer kurzen Zwischenphase unter seinem Stellvertreter wählte das Land seinen ersten christlichen Präsidenten, Olusegun Obasanjo.

Wir brauchen Christen in jedem Bereich der Gesellschaft, die sich nicht korrumpieren lassen, die für ihre Generationen Leuchttürme der Hoffnung sein können. Gott sei Dank für solche Leute!

Ich möchte dieses Kapitel mit einer Geschichte aus Mexiko abschließen. Der öffentliche Personenverkehr in Vera Cruz wurde 2002 privatisiert. Fahrpreiserhöhungen schienen unvermeidlich, und für Studenten sollte es keine Fahrkarten zum halben Preis mehr geben. Edwin Gomez war einer der Studentenvertreter, die gewählt wurden, um sich mit dem Leiter des Transportwesens zu treffen. Bei dieser Besprechung schlug der Funktionär vor, dass Studenten 25 Prozent Ermäßigung bekommen sollten, aber das lehnten sie ab. Ein paar Tage später wurden sie zu einem edlen Abendessen eingeladen, und man bot ihnen persönliche Vorteile an, wenn sie den Mund hielten. Schließlich bekam jeder einen Umschlag mit 80.000 Pesos in bar in die Hand gedrückt (rund 8.000 US-Dollar). Nachdem er eine Weile mit der Versuchung gerungen hatte, das Geld anzunehmen, stand Edwin schließlich auf und sagte, dass er das nicht tun könne. Er gab seinen Umschlag zurück. Er konnte die vorwurfsvollen Blicke anderer Studenten sehen. Aber dann stand eine andere Studentin auf und pflichtete ihm bei. Nach und nach gaben sie alle ihre Umschläge zurück. Die Leute von der Transportbehörde waren erstaunt über die Charakterstärke der Studenten und beschlossen, die Fahrpreise doch nicht zu erhöhen. Was für ein wunderbares Wirken des Heiligen Geistes in Edwins Leben, dass er ihm an diesem Abend half, der Versuchung zu widerstehen. Als er vor die Tür trat und die Hände in die Taschen steckte, stellte er fest, dass er ganze vier Pesos hatte.

In Mexiko reden die christlichen Studenten nicht nur davon, „Salz und Licht" zu sein oder auf eine Weise zu leben, die sich den zerstörerischen Einflüssen des Bösen entgegenstellt. Sie reden von „Funken der Hoffnung", wenn sie beschreiben, was sie für die akademische Welt sein wollen. Ich liebe diesen Ausdruck.

IFES-weit hat es im Verlauf der letzten fünfzig Jahre viele Studenten und Akademiker gegeben, die es gewagt haben, wie Daniel zu handeln. Möge Gott in der nächsten Generation ein ganzes Heer solcher Daniels berufen!

6. Die versöhnende Kraft des Evangeliums

Da ist nicht mehr Grieche oder Jude, Beschnittener oder Unbeschnittener, Nichtgrieche, Skythe, Sklave, Freier, sondern alles und in allen Christus.

(Kolosser 3,11)

Ich habe die Serben lieb, weil Jesus mich lieb hat und sie meine Brüder und Schwestern in Christus sind.

(ein kroatischer Student)

Ende der 60er-Jahre tobte in Simbabwe der Bürgerkrieg. Auf dem Hauptcampus in Harare nahmen Weiße und Schwarze ihre Mahlzeiten getrennt ein. Aber schwarze und weiße Christen aßen in der zentralen Mensa gemeinsam. Inmitten der zunehmenden Spannungen sprach dieses schlichte Zeugnis eine sehr deutliche Sprache. Ohne dass sie auch nur ein Wort predigen mussten, lebten diese Menschen vor, was Einheit in Christus bedeutet. Zuerst servierten die weißen Studenten ihren schwarzen Geschwistern den Hauptgang, und anschließend teilten die schwarzen den Nachtisch an ihre weißen Brüder und Schwestern aus. Das machte enormen Eindruck in der Universität, die von Feindschaft und Hass zwischen den Rassen regelrecht zerrissen wurde. Man redet noch heute davon.

Im 21. Jahrhundert wird die Kraft des Evangeliums, Menschen verschiedener Ethnien und Rassen zu versöhnter Gemeinschaft zu befähigen, eines der Markenzeichen der Christen sein. Wir sind alle Pilger auf dieser Erde, und unsere Identität liegt vor allem in unserer Zugehörigkeit zu Christus und zu seiner weltweiten Familie, der Kirche, begründet – nicht darin, wo wir geboren wurden. Wir müssen nach außen hin deutlich machen, dass uns mit Gottes Volk in allen Ländern mehr verbindet als mit Nichtchristen in unserem Herkunftsland.

In der Geschichte der IFES ist immer Wert darauf gelegt worden, dass christliche Gemeinschaft vor kulturellen und Rassen-Grenzen nicht halt macht. Von der Zeit ihrer Entstehung Ende der 70er-Jahre an hat beispielsweise die israelische Studentenbewegung immer betont, dass es sich um eine Vereinigung Arabisch sprechender Christen *und* Hebräisch sprechender Christen in Israel handelt. Vielleicht am stärksten kam das darin zum Ausdruck, dass alle bisherigen Generalsekretäre der Studentenarbeit in Israel Araber gewesen sind, also Vertreter einer Minderheit.

Außerdem kommen die beiden Volksgruppen jedes Jahr zu Schulungen zusammen. Das geht nicht ganz ohne Schwierigkeiten ab. Nur wenige der Hebräisch sprechenden Studenten können Arabisch, und so haben die Araber als Zeichen der Brüderlichkeit immer zugestimmt, dass viele der Hauptreferate auf Englisch gehalten werden (also in einer Drittsprache), so dass nicht die Sprache einer Volksgruppe dominiert. Gelegentlich haben die Teilnehmer solcher Veranstaltungen auch zusammen Abendmahl gefeiert, um ihrer Verbundenheit in Christus einen sichtbaren Ausdruck zu verleihen. Wahrer Friede besteht darin, dass jeder das Wohl der anderen Seite im Blick hat. Weil ihnen das bewusst wurde, haben Studenten der israelischen Bewegung Plakate aufgehängt, auf denen (auf Hebräisch und Arabisch) stand:

WAHRER FRIEDE
Ja, er ist möglich!
Er fängt im Herzen an,
zwischen Mensch und Gott.

Eine Studentenzeitung hat einmal berichtet: „Aziz ist Araber aus einer christlichen Familie. Josef ist Jude. Obwohl sie aus verschiedenen Welten stammen, leben sie ihr Leben auf der gleichen Grundlage, ihrem Glauben an Jesus als den Messias."

Im Lauf der Jahre haben Studenten aus der IFES einige der härtesten Proben und Leiderfahrungen durchgemacht. Wie hat ihre Verbindlichkeit gegenüber dem Volk Gottes Stammesgrenzen und ethnische Konflikte überwunden?

Im Feuer geläutert: Das Beispiel Ruanda

Ruanda ist ein kleines Land in Zentralafrika mit der höchsten Bevölkerungsdichte des Kontinents; die Bevölkerung besteht zu 85 Prozent aus Hutu und zu 15 Prozent aus Tutsi. Früher haben immer die Tutsi, die großteils wohlhabender sind und eine bessere Bildung genossen haben, das Land regiert, aber 1962 erlangte das Land unter einer Hutu-Regierung die Unabhängigkeit. Ethnische Spannungen gehörten weiterhin zum Alltag. Als Präsident Habyarimana am 6. April 1994 nach der Rückkehr von Friedensverhandlungen in Kenia einem Attentat zum Opfer fiel, eskalierte die Gewalt. Die Armee, die von Hutu angeführt wurde, schlachtete die Tutsi gnadenlos ab. Die Tutsi-dominierte Ruandische Patriotische Front (RPF) und Tutsi-Verbände in der Armee schlugen zurück.

Die Menschen strömen in Scharen aus dem Land, viele verhungerten unterwegs oder fielen Krankheiten zum Opfer. Die Gewalt zwischen Tutsi und Hutu breitete sich sofort über die Grenze nach Burundi aus.

Als sich zu Beginn der Krise die Neuigkeit vom Tod des Präsidenten in Kigali herumsprach, griff die Gewalt schnell um sich. Antoine Rutayisiré, der zu dieser Zeit der ruandischen Studentenbewegung vorstand, konnte ihr nicht entrinnen. Als er durch die verbarrikadierten Fenster seines Hauses in Kigali schaute, wurde ihm bewusst, dass er, seine Frau und seine zweijährige Tochter höchstwahrscheinlich in den nächsten Minuten sterben würden. Sein Herz setzte einen Moment aus, bevor es wieder zu schlagen begann.

„Oh Gott, beschütze mich und meine Familie!“, flüsterte er. Gegen 15.30 Uhr hörte er draußen Geschrei. Es kam näher und näher. Er konnte sehen, wie draußen Handgranaten hochgingen, und als er durchs Fenster schaute, bemerkte er eine Gruppe von *Interhamwe* (extremistische Mörder von der Volksgruppe der Hutu) vor seinem Tor. Er konnte ihre Handgranaten und die blutverschmierten Macheten erkennen – acht oder zehn junge Männer, die losgezogen waren, alle Tutsi umzubringen und alle Hutu, die nicht mit Ruandas letztem Präsidenten einverstanden waren. Antoine war ein Tutsi. Der Mann aus dem Nachbarhaus war Hutu und einer der örtlichen Anführer der *Interhamwe*. Vor einigen Stunden hatte er den Sohn seines Nachbarn prahlen hören, wie viele Tutsi und verräterische Hutu er schon umgebracht hatte (und dass er säckeweise Francs erbeutet hatte). Wie konnten Antoine und seine Familie nur entkommen? Er hatte immer zu den Christen in Kigali gehört, die Vergebung und Versöhnung zwischen allen ethnischen Gruppen gepredigt hatten. „Du bist ein Verräter und ein Sympathisant der *Inkotanyi*. Wir werden uns dich schon noch vorknöpfen!“ Ein Mitglied der *Interhamwe* hatte das Gerücht verbreitet, dass die Christen die Leute aufhetzten. (*Inkotanyi* sind die Rebellen der RPF, die im Oktober 1990 aus dem Nachbarland Uganda einmarschiert waren; die meisten von ihnen sind Tutsi.)

Die Kämpfe waren am Abend zuvor ausgebrochen, ungefähr zu der Zeit, zu der das Flugzeug des Präsidenten abgeschossen wurde. Der Verteidigungsminister hatte die ganze Bevölkerung über das Radio aufgefordert, die Häuser nicht zu verlassen, weil die Straßen zu unsicher waren.

Antoine hatte das Tor und die Fenster und Türen verschlossen. Alle im Haus beteten den ganzen Tag hindurch. Er konnte sehen, wie junge Männer ein Hotel in der Nachbarschaft plünderten und in Brand steckten. „Ich wusste, dass sie bald zu uns kommen würden, also packten wir hastig ein paar Sachen zusammen und hielten etwas Geld bereit, das wir ihnen geben konnten – in der Hoffnung, dass sie uns dann in Ruhe lassen würden“, erzählte Antoine.

Um 15.35 Uhr wurde heftig an seinem Tor gerüttelt und gegen die Gitter geschlagen. Ich habe gehört, wie jemand rief: „Sollen wir das aufbrechen oder gleich eine Handgranate aufs Dach werfen?“ Sofort rasten mir die wüstesten und schlimmsten Gedanken durch den Kopf: „Soll ich zusehen, wie sie meine Frau vergewaltigen und mein Kind ermorden? Was für einen Tod werden wir wohl sterben? Werden sie uns erschießen oder zerstückeln?“ Ich erschauderte. Und dann kam ein neuer Gedanke. „Warum nimmst du dir nicht einen Knüppel und gehst raus und kämpfst? Kannst du nicht wenigstens wie ein Mann sterben?“ Es war eine spontane, menschliche Reaktion, und ich erkannte dahinter den Menschen, der ich einmal gewesen war. In der Vergangenheit hätte ich niemals hingenommen, dass man mir etwas antut, ohne mich wenigstens zu wehren. Ich musste an meine Schulzeit zurückdenken, an die Tutsi-Massaker 1973.

Damals hatte sich unser Widerstand ausgezahlt, aber ich hatte nicht mehr die Willenskraft zu kämpfen. Und dann fielen mir die Zusagen des Herrn wieder ein, die er während unserer Morgenandacht gemacht hatte: „Wer unter dem Schirm des Höchsten sitzt und unter dem Schatten des Allmächtigen bleibt, der spricht zu dem HERRN: / Meine Zuversicht und meine Burg, mein Gott, auf den ich hoffe.“ (Psalm 91,1-2) Ich musste auch an die Stellen aus der Bibel denken, auf die Gott uns in der Woche zuvor aufmerksam gemacht hatte, als ich auf einer Rüstzeit predigen sollte und auf dem Weg dorthin Unruhen ausgebrochen waren. „Sei mir gnädig, Gott, sei mir gnädig! Denn auf dich traut meine Seele, und unter dem Schatten deiner Flügel habe ich Zuflucht, bis das Unglück vorübergehe.“ (Psalm 57,2) Da merkte ich, wie ich ruhiger wurde und ich hörte eine leise Stimme in meinem Innern, die sagte: „Du hast schon viele Predigten gehalten darüber, dass man seine Feinde lieben und ihnen vergeben soll, und jetzt willst du im Sterben noch Blut vergießen? Anstatt zu sterben wie ein Mann – wie wär's, wenn du stirbst wie ein Christ?‘ Das traf mich tief, und ich musste daran denken, wie viel Kraft ich mein Leben lang darauf verwendet hatte, mein Herz von Ärger und Bitterkeit rein zu halten. Also bat ich in einem kurzen Gebet um Vergebung: ‚Herr, vergib mir, dass ich mich verteidigen wollte, und schenke mir, dass ich dir gehorsam sein kann bis in den Tod. Ich bitte dich, dass du die Leute draußen segnest. Und wenn es dein Wille ist, dass wir sterben, schenke, dass sie mir wenigstens noch die Zeit lassen, für sie zu beten, so wie du es am Kreuz getan hast.“

In diesem Moment durchströmte mich ein Friede, wie ich ihn nie zuvor erlebt hatte, und ich fühlte mich innerlich so leicht, dass mich ein leichter Windhauch hätte wegpusten können. Ich hatte mich mit dem Tod abgefunden und ich wusste, was ich tun würde, wenn das Mordkommando kam. Alles andere war nicht mehr wichtig. Ich war bereit, dem Tod in einer Haltung zu begegnen, die Christi Beispiel folgt, und ich war sogar ein bisschen neugierig, wie es nach dem Tod wohl sein würde.

Aber ich habe das an dem Tag nicht mehr herausgefunden, denn ich hatte mich kaum einigermaßen gefangen, als draußen auf der Straße das Stakkato von Maschinengewehren ertönte. Es waren die „Kakerlaken“ – ein abfälliger Name für die Soldaten der RPF – sie schrien die *Interhamwe* an, und die jungen Leute stoben auseinander und rannten den Hügel hinunter davon.

Ich habe diese „Befreier“ nicht gesehen, weil ich einfach nur wie betäubt dasaß. Das alles hatte nicht mehr als fünf Minuten gedauert, aber es war mir wie eine ganze Lebensspanne vorgekommen. In den folgenden Tagen spielten sich schauderhafte Szenen ab, aber ich war nun darauf vorbereitet – insofern war diese Begebenheit unschätzbar wertvoll. Dieser Friede und der Geist der Vergebung in mir blieben auch bestehen, als ich vom Tod mehrerer Verwandter und vieler Freunde erfuhr. Sie gaben mir Trost auf dem mühsamen Weg ins Exil, und sie stärkten in allen Schwierigkeiten und der bitteren Armut des Flüchtlingslagers. Eine so nahe Begegnung mit dem Tod hat mir geholfen, die Worte des Propheten besser zu verstehen und auszulegen:

> Aber ich will sie aus dem Totenreich erlösen und vom Tode erretten. Tod, ich will dir ein Gift sein; Totenreich, ich will dir eine Pest sein; Rache kenne ich nicht mehr. (Hosea 13,4)

In den folgenden fünf Tagen blieben Antoine und seine Familie zuhause und lasen das Buch der Offenbarung. Sie wussten nicht, wie viele Tage ihnen noch auf der Erde blieben. Am sechsten Tag kam ein Mädchen aus der Nachbarschaft mit einem Soldaten der RPF und einem aufgebrachten Haufen Leute, die mit Messern, Schlägern und Macheten bewaffnet waren. Sie hämmerten gegen die Tür von Antoines Nachbar und brachen sie auf. Drinnen versteckten sich die Frau des Nachbarn und die beiden Kinder.

„Ihr Mann hat meine ganze Familie umgebracht“, schrie das Mädchen und zeigte auf die Frau. Die Leute erstachen sie und die Kinder, schichteten Matratzen auf die Leichen und zündeten das Haus an. Der Gestank nach verbrennendem Fleisch war erdrückend, und Antoine und seine Frau beschlossen, mit wenigen Habseligkeiten und etwas Essen zum Amahoro-Stadion zu flüchten, das von UN-Truppen beschützt wurde. Erst da merkten sie, dass außerhalb ihres Grundstücks alle getötet worden waren. Die folgende Woche über campierten Antoine und seine Familie auf den Zuschauerrängen des Stadions und schliefen unter freiem Himmel. Das Stadion wurde währenddessen bombardiert. An einem Abend explodierte eine Bombe rund zehn Meter von ihnen entfernt. 35 Menschen starben auf der Stelle, weitere 50 wurden verletzt.

Die RPF beschloss kurz darauf, dass es für Zivilisten im Stadion zu gefährlich war, und so ordneten die Soldaten eines Abends an, dass sie zusammenpacken, was sie tragen konnten, und sich zum Abmarsch bereithalten. Er gab ihnen zehn Minuten. Antoine raffte einige Kochbananen, Kleider und Kochgeschirr zusammen, und dann liefen sie im Schutz der Dunkelheit von neun Uhr abends bis vier Uhr morgens Richtung Norden zu einem sichereren Ort. Am nächsten Tag wurden sie zu einer Stadt 45 Kilometer nördlich von Kigali gebracht, die von der RPF kontrolliert wurde.

Schließlich landete die Familie in einem Flüchtlingslager. Antoine schrieb in dieser Zeit: „Ich habe immer gesagt, dass der Herr gut ist. Aber in Zeiten wie diesen begreift man, was das wirklich bedeutet. Viele meiner christlichen Kollegen sind umgekommen und ich habe keine Ahnung, wo die Übrigen sind. Der Herr hat uns aus der Hölle gerissen und ich bin sicher, dass er in diesem Land noch eine Aufgabe für mich hat."

Ich schrieb ihm ins Lager und bot ihm an, ihn und seine Familie nach Wales zu bringen. Er könne dort ein Sabbatjahr einlegen, etwas zur Ruhe kommen und sich weiterbilden. Ich werde seine Antwort nie vergessen. Zu der Zeit, als er mir schrieb, lebte er mit seiner schwangeren Frau Peninah, seiner Tochter und mehreren anderen Leuten in zwei Zimmern zusammen.

„Danke für dein freundliches Angebot, aber ich muss deine Einladung ablehnen. Sobald es wieder geht, muss ich nach Kigali zurück, denn wenn ich nicht mit meinem Volk leide, kann ich ihm auch nichts von der Freude des Evangeliums erzählen." Schließlich konnte er wirklich zurückkehren, und heute arbeitet er als Direktor von Africa Enterprise, leitet eine Versöhnungsarbeit und ist stellvertretender Vorsitzender des nationalen Ausschusses für Frieden und Versöhnung.

Standhaftigkeit, die Israel Havigumana teuer zu stehen kam

Ein Jahr nach den Massakern besuchte ich Ruanda, um wenigstens ansatzweise zu verstehen, was die Studentenbewegung durchgemacht hatte. Antoine hatte überlebt, aber die meisten anderen aus der Leitungsriege waren umgekommen, darunter auch Israel Havigumana und seine Familie. Israel Havigumana war ein Mann, der das lebte, was er predigte – und er predigte gegen den Rassenhass an. In den Massakern von 1972–1973, als er auf der Oberschule war, hatte er sich schützend vor einen Tutsi-Mitschüler gestellt, und zwar ganz buchstäblich: Er hatte alle Schläge und Fußtritte am eigenen Leib abbekommen, bis er den Klassenkameraden aus der Reichweite der Angreifer weggeschaffen konnte.

Während der Spannungen 1990–1994, die schließlich in den Völkermord mündeten, stand Israel an der Spitze einer Versöhnungsarbeit, die mit ihren Veranstaltungen durch Städte im ganzen Land tourte. Aber die Freundschaften, die er mit Schwestern und Brüdern unter den Tutsi pflegte, wurden von den Extremisten mit Argwohn betrachtet, und der Bibelgesprächskreis, der sich in seinem Haus traf, wurde für eine Sympathisantengruppe der RPF gehalten. Im Februar 1994 wurde eine Handgranate in seine Wohnung geworfen, um ihn einzuschüchtern.

Antoine sprach Israel an, ob es nicht besser wäre, den Hauskreis für eine Weile auszusetzen, um seine Sicherheit nicht weiter zu gefährden. „Was wäre denn das für ein christliches Zeugnis?", gab Israel zurück. „Mich von meinen Geschwistern zurückzuziehen, weil sie bedroht werden! Ich habe immer Versöhnung gepredigt, und ich werde sie vorleben, auch wenn ich dafür mit meinem Leben bezahlen muss." Und es kostete ihn das Leben. Schon am ersten Tag des Massakers wurde er – vor den Augen seines Vaters und einiger Besucher – zusammen mit seinen drei Töchtern Rachel, Danielle und Mirai niedergeschossen. Nur Danielle überlebte.

Schon in den Tagen vor dem Massaker war die Spannung mit den Händen zu greifen. Israel, Antoine und einige Hutu- und Tutsi-Studenten hatten auf dem Hauptcampus der Universität in Butare unter freiem Himmel gepredigt, dass es in Christus weder Hutu noch Tutsi gibt, dass wir alle eins sind. Als Folge davon wurden diese Studenten in den ersten

Tagen des Massakers umgebracht. Ich fragte Antoine, warum wir so viele der wichtigen Leiter verloren hatten. Er meinte, dass es wohl gerade deshalb diese Studenten getroffen hatte, weil sie eine klare Alternative zur extremistischen Position anboten. In den ersten 48 Stunden töteten die Extremisten alle gemäßigten Politiker und anschließend die wichtigen studentischen Mitarbeiter der IFES-Bewegung, die infolgedessen fast leiterlos zurückblieb.

Und doch hat Gott in Ruanda aus der Asche Schönheit wachsen lassen. 1996, als ich der Bewegung wieder einen Besuch abstatten konnte, war die Gruppe auf 300 eingeschriebene Mitglieder angewachsen, aber zu den täglichen Gebetstreffen kamen 500 bis 1.000 Studenten. Der geistliche Hunger an der Universität war unbeschreiblich, obwohl das Leben sehr schwierig war.

Einige aus seinem Volk hat Gott auf bemerkenswerte Weise errettet, und die Studenten haben in extrem schwierigen Zeiten großen Mut bewiesen. Trotzdem wurden durch den Völkermord in kaum mehr als 100 Tagen eine Millionen Menschen getötet, Tausende flohen. Rund ein Viertel der Bevölkerung kam um, jede Familie im Land war betroffen. Ein 40 Jahre dauernder Konflikt zwischen Hutu und Tutsi hatte sich entladen und 350.000 Waisen sowie viele tausend Witwen zurückgelassen. Weil viele Frauen während des Gemetzels vergewaltigt wurden, hat sich die Aids-Problematik massiv verschärft; elf Prozent der Bevölkerung sind inzwischen mit dem HI-Virus infiziert.

Wie konnte es in einem großteils christianisierten Land zu einer Katastrophe solchen Ausmaßes kommen? In der Volkszählung 1991 bezeichneten sich mehr als 90 Prozent der Bevölkerung als Christen katholischer oder protestantischer Herkunft. Das Land war von der Erweckung in Ostafrika 70 Jahre zuvor stark geprägt worden.

Die Wurzeln einer neuen Bewegung

2002 war es soweit, dass die wieder ins Leben gerufene Bewegung UGBR unter der Leitung von Phocas Ngendahayo ihre erste landesweite Freizeit durchführen konnte. Mehr als 300 Studenten kamen und hörten bewegende Referate über unsere Einheit in Christus. Die Vorträge hatten inhaltliche Tiefe und Aussagekraft, sie passten in den Kontext Ruandas, trafen ins Herz, boten konkrete Hilfestellung und bewiesen visionären Weitblick. Während der Konferenz besuchten rund 70 der Studenten den Schauplatz des Blutbades bei Murambi, wo 27.000 Menschen umgebracht worden waren. „Es war ein schreckliches, bewegendes Ereignis", schrieb Phocas. Sie hielten einander alle an den Händen, Hutu, Tutsi und Freunde aus dem Ausland, und beteten: „Lass so etwas nie wieder in Ruanda geschehen." Die Familienmitglieder einiger dieser Studenten waren genau dort umgekommen. Auf dem Weg zurück zum Veranstaltungsgelände waren verschiedene Reaktionen zu beobachten. Einige weinten, einige schwiegen, wieder andere sangen Lieder der Hoffnung. Durch Christus gehörten sie zusammen.

Phocas ist ein weiterer dieser ganz besonderen Menschen, die Gott der IFES anvertraut hat. Er war 1994 noch nicht verheiratet und lebte mit seiner Familie im Kongo; abgesehen von einem Onkel kamen in dieser Zeit alle Verwandten, die er in Ruanda hatte, um. Seine zukünftige Frau Jackie lebte in den Monaten des Schreckens in Ruanda. Inzwischen haben sie drei Kinder: Jisca und zwei Jungs, Zwillinge, die sich den Namen Ebenezer teilen: Eben und Ezer. Was für ein beredtes Zeugnis die Namen dieser beiden Jungen ihr Leben lang sein werden – ein Zeugnis für den Glauben ihrer Eltern, mehr aber noch für die Treue Gottes. „Bis hierher hat uns Gott geholfen."[49]

Ich war sehr bewegt, als eine Kollegin mir von einem Gespräch mit Phocas erzählte. Die Bewegung hatte fast alle Studenten, Akademiker und Vorstandsmitglieder verloren. Die IFES-Mitarbeiterin bemerkte, dass Phocas wohl beim Wiederaufbau der ruandischen Bewegung bei Null anfangen müsse. Die beiden liefen beim Reden die Straße entlang, aber plötzlich hielt Phocas an. Er schien überrascht über ihre Bemerkung und war sich vielleicht sogar etwas unsicher, ob er sie überhaupt richtig verstanden hatte. „Nein", sagte er, „wir haben nicht bei Null angefangen. Wir hatten doch die Bibel, den Heiligen Geist und Jesu Missionsbefehl." Und als müsse er das noch einmal bekräftigen, fügte er hinzu: „Wir haben also nicht bei Null angefangen!" Wie sehr wir Leute in der westlichen Welt doch unsere afrikanischen Geschwister benötigen, um uns an die Hoffnung zu erinnern – mitten in einer Welt, die ansonsten völlig trostlos wäre. Phocas ist ein solcher Mann der Hoffnung.

Im Jahr 2000 lud ich Phocas nach England ein, damit er den Cornhill Training Course besuchen konnte, einen einjährigen Intensivlehrgang für angehende Prediger und Bibellehrer. Als er zurückkam, machte er es sich zum Anliegen, den Studenten stärker als bisher einen angemessenen Umgang mit der Bibel zu vermitteln. Er baute innerhalb der Bewegung einen Bereich für Bibelstudien auf, um die Leiter von Bibelkreisen zu schulen und ihnen beizubringen, wie sie auch die Mitglieder in ihren Gruppen im Umgang mit der Schrift anleiten konnten. Die norwegische Bewegung brachte die finanziellen Mittel auf und die kenianische Bewegung stellte einen Studienleiter. Ein großartiges IFES-Gemeinschaftsprojekt. Die 3.000 Studenten, die sich samstagabends in einem Stadion in der Nähe der Universität von Butare versammeln, sind nicht alle Christen, aber sie haben zwei Dinge gemeinsam: Sie kommen alle aus Familien, die vom Völkermord zutiefst traumatisiert sind, und sie alle werden von der Hoffnungsbotschaft des Evangeliums angezogen.

Phocas hat gemerkt, dass die Bewegung nur stark sein kann, wenn sie sich auf eine tiefere Kenntnis der Heiligen Schrift stützt, als das in vergangenen Generationen üblich war. Die großen Konferenzen, bei denen die Lehre im Mittelpunkt steht, tragen viel dazu bei. Das Thema der Konferenz im Dezember 2005 lautete: „Eine Esra-Generation aufbauen". Eine Generation von Studenten und Akademikern, die die Bibel wirklich lieben, wird sie ganz selbstverständlich ins öffentliche Bewusstsein ihres Volkes tragen. Die Teilnehmer kamen überein, im Jahr 2006 die ganze Bibel durchzulesen und baten uns deswegen, ihnen Exemplare von Murray McCheynes Bibelleseplan *More Precious than Gold* zu senden.[50]

Schwere Zeiten in Burundi

Die Gewalt in Ruanda griff auch auf Burundi über, wo der Bürgerkrieg jahrelang tobte. In diesen schwierigen Jahren versuchte Emmanuel Ndikumana, die Arbeit am Laufen zu halten.

Auch hier ließen sich die christlichen Studenten unter den Hutu und

Tutsi nicht beirren; sie verkündeten Christus in Worten und Taten. Einmal kam es zu Kämpfen auf dem Universitätsgelände. Mehr als ein Dutzend Studenten, die meisten davon Hutu, kamen dabei ums Leben. Andere Hutu flüchteten ins nahe gelegene Gebirge. Einige Tutsi-Christen folgten ihnen, sie brachten Essen und Kleidung – zunächst für ihre Geschwister, dann aber auch für andere. Als Folge davon erfuhren einige dieser Christen Ablehnung vonseiten ihrer Familien, weil ihre Loyalität gegenüber Gläubigen größer war als gegenüber der eigenen Volksgruppe und weil ihnen die Brüder und Schwestern in Christus wichtiger waren als die eigene Familie.

Als jedoch der Rektor der Universität, der kein Christ war, davon hörte, sagte er: „Unsere ganze Kultur bricht auseinander. An unserer Universität gibt es drei Gruppen von Leuten: Hutu, Tutsi und Christen. Wenn unsere Kultur überleben soll, müssen wir dem Vorbild der Christen folgen." Dass die gläubigen Studenten gegen den Strom schwammen, hatte seinen Preis. Die Extremisten auf beiden Seiten verurteilten die christlichen Studenten scharf und bezeichneten sie als Verräter an ihrer jeweiligen Volksgruppe. Manche wurden übel zusammengeschlagen, von ihren Familien verstoßen oder sogar umgebracht, weil sie sich nicht klar auf eine Seite stellen wollten.

In dieser Zeit schrieb Emmanuel: „Es ist nicht leicht zu sagen, wie es hier eigentlich steht. Es kommt immer darauf an, wer es sagt. Manche wirken sehr erschöpft und scheinen die Hoffnung schon aufgegeben zu haben. Nur wenige sind noch optimistisch. Ich gehöre zu den Letzteren und tue alles, was in meiner Macht steht, um meinen Geschwistern in der Studentengruppe den Grund für unsere Hoffnung zu vermitteln – die Hoffnung, die mir mein Glaube an Gottes Zusagen in der Schrift möglich macht. Das Zeugnis dieser Geschwister leuchtet wie eine große Zahl Kerzen bei stürmischem Wind. Es ist ein Wunder, dass dieses Licht nicht verlischt und sogar weithin sichtbar ist."

In Burundi kam es wegen der Prüfungstermine zu Streitigkeiten zwischen Studenten und der Universitätsverwaltung. Die Studenten streikten und wurden nach Hause geschickt. In ähnlichen Situationen war es in der Vergangenheit schnell zu Spannungen gekommen, weil zwischen den Ethnien und zwischen verschiedenen regionalen Gruppierungen

Misstrauen herrschte. Der Vertreter der Studenten auf nationaler Ebene, Edmond, war Christ und gehörte zur GBU. Er sprach auf allen privaten Radiostationen und erklärte das Problem ruhig und sachlich. Er traf sich mit dem Bildungsminister und mit dem Parlamentsausschuss für soziale Belange und gewann ihr Vertrauen. Der Bildungsminister entschied deswegen zugunsten der Studenten. Zum ersten Mal seit Jahren gab es an der Universität von Bujumbura keine Spannungen zwischen ethnischen oder regionalen Gruppierungen. Die Studenten und Universitäts-Mitarbeiter baten Edmond, sein Geheimnis zu verraten. Manche fanden, dass man alle Posten in der studentischen Mitverwaltung von Mitgliedern der GBU besetzen sollte; diese seien es schließlich gewesen, die dem Universitätsbetrieb von Burundi seine Würde und seine Ehre zurückgegeben hätten.

Wir sind Gott dankbar für das Zeugnis dieser tapferen Brüder und Schwestern in Christus, die mitten in ethnischen Konflikten öffentlich für das Evangelium einstanden. Die Katastrophe des Völkermords in Ruanda und Burundi stellt ernste Anfragen an die Gemeinde und auch die Studentenarbeit des 21. Jahrhunderts. Wenn wir über diese furchtbaren Monate nachdenken, müssen wir uns neu die Frage stellen, ob unsere persönliche Theologie von Rasse und von Volkszugehörigkeit wirklich fest auf dem Boden der Heiligen Schrift steht. Und wir müssen uns fragen, wie wir jüngere Christen in ihren Vorstellungen von ethnischer Identität und Zugehörigkeit so gründen und festigen können, wie es dem Evangelium entspricht.[51] Gott schenke uns, dass wir die segensreichen Auswirkungen dieses Eins-Seins in Christus immer mehr begreifen, und dass wir unsere tiefste Identität darin erkennen, zu ihm zu gehören.

7. Das neue Europa seit 1989

Wann auch immer man dort anruft, man erwischt sie mitten im Gebet. Ruft man morgens an – sie beten. Ruft man am Nachmittag an – sie beten.

(das wird über die Studenten in Samara in Westrussland gesagt)

In Osteuropa hatte das Evangelium nach dem Fall der Berliner Mauer 1989 sehr kraftvolle Auswirkungen. Je länger das her ist, umso mehr vergessen wir, wie erstaunlich dieses Ereignis war. Mehr als dreißig Länder wurden von dem übermächtigen Einfluss der sozialistischen Ideologie befreit.

Schon vor der Russischen Revolution hatte es eine bemerkenswerte Arbeit unter russischen Studenten gegeben, die von Vladimir Martinovsky geleitet wurde.[52] Nach der Revolution fand sie sich einem massiven Druck ausgesetzt, und in Moskau führten die Leiter der Studentengruppen eine zusätzliche Bedingung für neue Gruppenmitglieder ein: Sie mussten die Frage „Bist du bereit, für Christus zu sterben?" mit einem Ja beantworten. Die Bewegung wurde schließlich zerschlagen. Damit blieb wenig Hoffnung auf Evangelisation an russischen Universitäten – ein Umstand, der 60 Jahre andauerte.

Ende der 80er-Jahre gab es erste Veränderungen. Schon länger waren Studenten aus Afrika in die Sowjetunion gekommen – das war attraktiv, weil es sich dort viel billiger studieren ließ als im Westen. Die afrikanischen Christen sprachen natürlich mit ihren russischen Kommilitonen über Christus, und sie beteten für diese Freunde. Es kam sie teuer zu stehen, dass sie als Nachfolger Christi bekannt waren, aber viele sahen darin schlicht einen Preis der Nachfolge, den sie zu zahlen bereit waren. Der KGB schrieb die Namen der aktivsten Christen auf und schickte sie, oft im letzten Jahr eines sechsjährigen Studiums, ohne einen Abschluss in die Heimat zurück. Was für einen Mut diese Afrikaner bewiesen![53]

Nur ein kleiner Auszug aus der Geschichte der Soobshchestvo Studentov Kristian (CCX Russland), die inzwischen in zwanzig Städten von Sankt Petersburg bis ins Herz Sibiriens aktiv ist, kann hier erzählt werden.[54]

Gott benutzte nicht nur russische und afrikanische Studenten, um seine Ziele zu erreichen, sondern, seit Herbst 1990, auch Teams von Hochschulabsolven aus den IFES-Bewegungen in Dänemark, Syrien, Kroatien, Großbritannien und Nordamerika.

Eine der großen Universitäten in Sankt Petersburg hatte ein besonderes Programm für finnische Medizinstudenten und vergab jedes Jahr Stipendien. Die meisten davon gingen an Mitglieder der kommunistischen Partei. 1989 waren drei der fünf anderen Stipendiaten leidenschaftliche evangelikale Studenten, die ihre strategische Chance erkannten und das Beste daraus machten. Als sie voneinander mitbekamen, dass sie alle Christen waren, baten sie darum, die „Rote Ecke“ in ihrem Studentenwohnheim für Bibelarbeiten benutzen zu dürfen, und schon bald entstand dort ein kleiner Bibelkreis. Marianne Babashkina, eine der Finninnen, half dabei, regelmäßige Treffen der christlichen Studenten aus der ganzen Stadt zu organisieren, zu denen bald über 100 Teilnehmer kamen. Mit der Zeit wurde eine andere Veranstaltung zur festen Größe: ein wöchentliches stadtweites Gebetstreffen. Die Studenten gewöhnten es sich an, gleich nach dem Gottesdienst zur Wohnung des Teams zu gehen und dort zusammen zu essen und zu beten.

Im Oktober 1991 platzierte die IFES eine ähnliche Gruppe von Jungakademikern an der Linguistik-Universität in Moskau, um Russisch zu lernen und unter den Studenten den Wohlgeruch Christi zu verbreiten. Es war eine bemerkenswerte Zeit, in der viele aufrichtiges Interesse an biblischem Christsein hatten, weil es so lange verboten gewesen war. Innerhalb kurzer Zeit entstand rund ein Dutzend Gruppen, in denen russische Studenten gemeinsam in der Bibel lasen.

In Nischnij Nowgorod wuchs aus der Initiative von vier russischen Studenten eine tolle Gruppe. Einer von ihnen war Igor Maskaev, der der erste IFES-Hauptamtliche wurde und später zum Stellvertreter des Gouverneurs Boris Nomtsev berufen wurde, dem späteren Premierminister. Die Leiter in Nischnij hatten alle Erfahrungen im Komsomol gemacht, der kommunistischen Jugendbewegung, was sie nun mit ihrer ausgeprägten Fähigkeit zu organisieren unter Beweis stellten. Olga Loukmanova, die damals in Nischnij ihr Examen machte, schloss sich später dem Hauptamtlichen-Team der CCX an; sie betreute und beriet die IFES-Mitarbeiter im ganzen Westen Russlands. Sie erinnert sich, wie die Studenten in Nischnij das Evangelium an ihre Universität trugen:

> Einmal hatte eine Amerikanerin aus dem Team an Weihnachten solches Heimweh, dass sie einen Stapel Pfannkuchen backte und zwei russische Studenten anheuerte (beide ganz frisch bekehrt), denen sie auf die Schnelle ein paar Weihnachtslieder beibrachte. Sie zogen gemeinsam durchs Studentenwohnheim, klopften an Türen, und jedem, der aufmachte, sangen sie Weihnachtslieder vor, schenkten ihr oder ihm Pfannkuchen und Bonbons und wünschten „Frohe Weihnachten".
>
> Ein anderes Mal hielten wir im McDonalds um die Ecke eine Evangelisationsveranstaltung ab. Dabei halfen uns wieder die Amerikaner. Eine Gruppe von Evangelisten, die zu Besuch da waren, sponserte 100 Mahlzeiten, und wir sagten den Christen, dass sie sich ein kostenloses Essen abholen können – unter der Bedingung, dass sie einen nichtgläubigen Freund oder eine Freundin mitbringen. Das machten wir zwei- oder dreimal; es war eine großartige Möglichkeit, um eine große Gruppe Nichtchristen zu erreichen. Zu der Zeit (es wird so um 1997/1998 herum gewesen sein) war christliche Verkündigung bereits nicht mehr so neu und spannend – deshalb schien der beste Weg, Teilnehmer anzulocken, die Anziehungskraft des Essens zu sein!

Mitten in der Verwirrung der ersten Jahre nach der Wende gab es viele Gelegenheiten überall in der riesigen Ex-Sowjetunion, christlichen Studenten von der Vision zu erzählen, die wir für unsere Arbeit haben. Olga zog mit ihrem amerikanischen Kollegen Dan Wynard durch mehrere Länder der GUS. Sie berichteten von CCX und begeisterten Studenten dafür. Manche der Studenten, die sie dabei kennen lernten, hatten selbst schon sehr kreative Aktionen gestartet; eine Gruppe beispielsweise arbeitete an einem Musical, das auf einer von Campus für Christus hergestellten evangelistischen Broschüre aufbaute! Im Januar 1992 gab es die erste russlandweite Konferenz, zu der rund hundert

Studenten aus sechzehn Städten kamen. Victor Avdeev, einem der Redner, kamen die Tränen, als er den Blick über seine Zuhörer schweifen ließ. Zuhause in Sankt Petersburg hatte er versucht, die atheistische Hochschulgruppe mit dem Evangelium zu erreichen – mit zitternden Knien, weil Evangelikale so lange ausgeschlossen waren von den intellektuellen Kreisen in der Sowjetunion. Eine christliche Studentenbewegung war ihm immer wie ein unwirklicher Traum erschienen.

Doch nun wurde dieser Traum in weiten Teilen der ehemaligen UdSSR Wirklichkeit. 1991 besuchte Pete Lowman, ein Absolvent der Universität von Cardiff in Großbritannien, die weißrussische Hauptstadt Minsk. Mehrere hundert Studenten kamen zu seinen Vorträgen, wo er das Evangelium predigte – während der stellvertretende Rektor der Universität neben ihm stand! Natürlich machte es die Menschen neugierig, einen Vertreter einer vormals verbotenen Nation über ein vormals verbotenes Thema reden zu hören! Aber das Interesse am christlichen Glauben als solchem war riesengroß: Man spürte, dass die alten Gewissheiten dahin und die alten ethisch-moralischen Grundlagen zusammengebrochen waren. Etwas Neues und Anderes war vonnöten, um die Nation und das Gemeinwesen wieder aufzubauen.

Innerhalb von ein, zwei Jahren ließ dieses Interesse allerdings wieder nach. Dafür gab es verschiedene Gründe. Wirtschaftlich ging es dem Land schlecht, das Leben konnte sehr hart sein. Der westliche Einfluss zielte im Allgemeinen darauf, einen rein auf Gewinn fixierten Materialismus voranzutreiben, und wie Jesus selbst gesagt hat, geht leichter ein Kamel durchs Nadelöhr, als dass ein Mensch mit einer derartigen Einstellung ins Himmelreich kommt! Außerdem hatte es einen solchen Ansturm von Vertretern westlicher Religionen gegeben – keine Denomination, keine Sekte fehlte, die Guten, die Bösen und die wirklich Gemeinen hatten um die Menschen geworben – dass die Leute allmählich die Nase voll hatten. Dazu setzte sich bei vielen die Vorstellung fest, dass man durch den Zusammenbruch des Kommunismus als Nation gedemütigt worden war, was unvermeidlich zu einem Neuerwachen des Nationalismus führte. Vor diesem Hintergrund wurde der Evangelikalismus leicht als unerwünschter West-Import gesehen, und die orthodoxe Kirche tat, was in ihrer Macht stand, ihn zu bremsen und zu verhindern. Sowohl in Russland als auch in Weißrussland wurden in der Folge anti-protestantische und anti-missionarische Gesetze verabschiedet.

Trotz all dem wuchs die Studentenarbeit weiter. 1995 wurde die IFES von Baptisten in Samara eingeladen, ein kleines Team in der Stadt zu etablieren. Einer der Pastoren dort war während des Krieges von der Universität verwiesen worden, weil er einem Mitbewohner vom Evangelium erzählt hatte. Er hatte lange dafür gebetet und den Tag herbeigesehnt, an dem er eine christliche Gruppe an der Universität treffen würde. Schon bevor das Team ankam, war Gott am Arbeiten: Zwei russische Studenten hatten einen Gebetskreis begonnen. Und in der Tat sollte Samara als die Gruppe bekannt werden, von der man sagte: „Wann auch immer man dort anruft, man erwischt sie mitten im Gebet. Ruft man morgens an – sie beten. Ruft man am Nachmittag an – sie beten." Das Team hatte immer eine „offene Wohnung", in der es zu jeder Zeit von Studenten wimmelte. Schon bald kristallisierte sich eine sehr fähige Gruppe russischer studentischer Mitarbeiter heraus, und das IFES-Team konnte die Stadt wieder verlassen.

In der zweiten Hälfte der 90er-Jahre wurde CCX immer mehr zu einer festen Größe. Offiziell registriert wurde die Bewegung 1996 in Nischnij. Die aus der dortigen Gruppe hervorgegangenen Akademiker spielten eine zentrale Rolle und es war klar, dass sie auch künftig die Arbeit entscheidend mittragen würden. Damit lag es auf der Hand, die Bewegung gerade in Nischnij anzumelden. Ein Jahr später wurde Natasha Stepanova die erste russische Generalsekretärin; die Bewegung stand nun komplett unter einheimischer Leitung. Außerdem erlangten mit der Zeit die evangelikalen Gemeinden im ganzen Land immer mehr Reife und Kompetenz. Dadurch gab es auch mehr Studenten, die in der Lage waren, eigenständig die Initiative zu ergreifen – in einer Weise, wie es in vorherigen Studentengenerationen kaum jemand gewagt hätte. Neue Gruppen entstanden an so entlegenen Orten wie Krasnojarsk, Tscheljabinsk, Ischewsk und Woronesch.

Bewegende Beispiele für Versöhnung

Pavel Raus, einer der ersten Leiter in Tschechien, schreibt über die Ereignisse, die unmittelbar auf den Zusammenbruch des kommunistischen Regimes folgten:

> Zu einer Versammlung in der Prager Innenstadt kamen Zehntausende. Ganz plötzlich traten zwei Polizisten auf die Bühne. Ein paar Tage zuvor hatten sie Studenten zusammengeschlagen, nun baten sie dafür öffentlich um Vergebung. Die ganze Menschenmenge begann, das Vaterunser zu sprechen „... Und vergib uns unsere Schuld, wie auch wir vergeben unsern Schuldigern." Ich konnte es nicht glauben. Das muss man sich mal vorstellen! 40 Jahre lang war den Leuten eine atheistische Ideologie vermittelt, 40 Jahre lang waren Christen verfolgt, 40 Jahre lang war systematisch in allen Schulen eine materialistische Weltanschauung gelehrt, 40 Jahre lang war aggressiv für den Kommunismus Propaganda gemacht worden – und hier betete das ganze Volk das Vaterunser.
>
> Bei einem ähnlichen Treffen in Bratislava kamen zwei Frauen auf die Bühne. Beide hatten ihre Töchter verloren, die 1968 von russischen Soldaten erschossen worden waren. Diese Mädchen waren zum Symbol für die Unterdrückung geworden, weil sie direkt vor der Universität umgebracht worden waren. Die beiden Mütter sagten, dass sie bereit seien, den Russen zu vergeben. Und sie baten alle anwesenden Studenten, es ihnen gleichzutun. Wir begannen alle, ihre Worte leise zu wiederholen: „Wir vergeben. Wir vergeben." Man konnte es überall hören. Ich weinte, und dabei war ich nicht der Einzige. Irgendwie wurde in diesem Moment eine schwere Last des Hasses von uns genommen. „Vergib uns unsere Schuld, wie auch wir unseren Schuldigern vergeben haben, denn dann können wir wirklich frei sein."

Ich möchte gerne noch erzählen, wie die Kraft des Evangeliums in Georgien Leben verändert hat, ebenfalls nach dem Zerfall der Sowjetunion.

Die Verhältnisse in Georgien sind ziemlich kompliziert. Offiziell wurde das Land 337 christlich, und trotz vieler Jahre unter islamischer Besatzung hat es immer eine starke orthodoxe Kirche in Georgien gegeben. Aber es war ein verwässerter christlicher Glaube: Man hatte die zentralen Lehren nicht wirklich verstanden und vermischte alles nach Belieben mit Aberglauben und Animismus. Andererseits gibt es im Lauf der Geschichte auch Beispiele für wunderbare Zeiten der Erneuerung und Erweckung.

In den 90er-Jahren war es durchaus üblich, dass sich Studenten aus den drei Kaukasus-Nationen trafen, auch während der Zeit, als Armenien und Aserbaidschan sich um Bergkarabach stritten und es deswegen zu bewaffneten Auseinandersetzungen kam. Bei einer Konferenz umarmten sich zwei Studenten aus diesen Ländern und beteten füreinander und für ihre Nationen. Freude und Erstaunen darüber, wie Jesus ihr Herz verändert hatte, sprachen aus ihren Worten. Der IFES-Regionalsekretär Barrett Horne hat mir die Geschichte erzählt:

> Als sie da so standen – sie hatten in freundschaftlicher Zuneigung einander die Arme um die Schultern gelegt – musste ich daran denken, dass ihre Völker sich im Kriegszustand befinden und jedes das andere in den schlimmsten Farben malt. Diese beiden jungen Männer hatten in den Armeen ihrer Länder gedient und es hätte leicht passieren können, dass sie sich im Kampf gegenüberstehen. Dass sie nun ihre brüderliche Liebe und Freundschaft in Christus so öffentlich zum Ausdruck brachten, hätte für sie gefährlich werden können, wenn man in ihrer Umgebung davon Wind bekommen hätte. Es erforderte also jede Menge Mut. Aber dort standen sie in brüderlicher Umarmung, zwei Leiter der wachsenden Studentenbewegungen, die in ihren Ländern entstanden waren.

Diese Bereitschaft zur Vergebung und der Entschluss, ein wirklich neues Volk zu formen, nicht im Sinn des Marxismus sondern in Sinn der Bibel, ist charakteristisch für die neuen Studentenbewegungen in den Staaten der ehemaligen Sowjetunion in ganz Eurasien. In diesem Kontext begann die Studentenarbeit in Georgien Anfang der 90er zu wachsen, genau wie in den Nachbarländern Aserbaidschan und Armenien.

Ein Enkel am Grab des Grossvaters

Bei einer Konferenz kam ein Teilnehmer in Tränen aufgelöst zur Veranstaltung am letzten Tag. Die Leiter fragten ihn, was ihm fehlte. „Ich habe immer gedacht, dass Christen Moslems hassen und manchmal sogar umbringen. Aber ihr habt mich lieb gehabt“, sagte er.

Zu Hause angekommen, erzählte er seinem muslimischen Vater, dass er Christ geworden war. „Ist es dir ernst damit?“, fragte der Vater. „Ja“, gab er zur Antwort. „Wir reden in ein paar Wochen noch einmal darüber“, meinte der Vater. Und er hielt Wort. Einen Monat später stellte er die gleiche Frage und erhielt die gleiche Antwort. Kurz darauf starb der Großvater dieses Studenten. Wie es in dieser Kultur Sitte ist, wurde der Leichnam im Haus aufgebahrt. Sechs Tage lang kamen Hunderte von Freunden vorbei, um ihm die letzte Ehre zu erweisen und der Familie ihr Beileid auszudrücken. Am siebten Tag brachen alle zur Grabstätte auf.

Mit erstaunlichem Mut begann der 19-Jährige am Grab zu allen Versammelten zu sprechen: „Mein Großvater war Moslem und ich bin auch Moslem gewesen. Ich habe mich viel mit dem Koran beschäftigt, aber ich konnte darin keine Erlösung finden. Jetzt, am Grab meines Großvaters, möchte ich euch alle wissen lassen, dass ich das Evangelium gelesen und Erlösung in Christus gefunden habe. Ich wünsche mir so sehr, dass ihr alle auch an Jesus glauben könnt.“ Dass er sich damit in Gefahr begab, konnte diesen Studenten nicht abschrecken. Es entstand eine Totenstille. Niemand wagte es, ihm ein Haar zu krümmen.

Ein Grenzübertritt mit Hindernissen

Eine andere Geschichte hat Lena erzählt, die zum Hauptamtlichenteam in der Ukraine gehört. Auf dem Weg von der Ukraine nach Aserbaidschan geriet sie mit ihrem kleinen studentischen Missionsteam in eine Situation, die viel schwieriger war als alles, das sie sich ausgemalt hatten. Es war eine furchtbare Reise.

Der Zug musste durch die vom Krieg gezeichnete, semi-autonome Republik Tschetschenien fahren, wo Zehntausende beim verzweifelten Versuch, sich der Herrschaft Russlands zu widersetzen, umgekommen waren. Fast täglich wurden Soldaten und Zivilisten verschleppt. Von den Zugfenstern aus sahen die Studenten ein Bild der Verwüstung.

An der Grenze zu Tschetschenien waren Wachen zum Zug gestoßen, die sie bis zum Grenzübergang nach Aserbaidschan begleiten sollten. Es gab viele Durchsuchungen und Passkontrollen. An einer Haltestelle platzte ein Mann ins Abteil, der die Uniform der Wachen trug. Er stand bedrohlich mit seiner Waffe in der Tür, befahl allen außer Lena, das Abteil zu verlassen, und verlangte dann, all ihr Geld zu sehen. Lena hatte das Gefühl, dass ihr keine Wahl blieb, und so zeigte sie vor, was sie hatte – das Geld des ganzen Teams, mit dem sie alle Ausgaben zu bestreiten hatten. Er riss es an sich, rannte aus dem Abteil und sprang aus dem Zug. Die Wachen kamen angelaufen und versuchten ihn noch zu finden, aber er war entwischt. Sie versuchten, Lena damit zu trösten, dass sie immerhin nicht vergewaltigt oder getötet worden war. Man kann sich vorstellen, wie sie sich fühlte.

Nach und nach wurden die tschetschenischen Wachen allerdings immer neugieriger, warum diese verrückte Gruppe ukrainischer Studenten durch so gefährliches Terrain fuhr. Ein Gespräch kam in Gang, und mit der Zeit konnten die Wachen und das kleine Missionsteam in ihren Gegenübern jeweils Menschen sehen, Personen mit einem Namen und mit einer Familie. Die Studenten machten Fotos von ihren neuen Freunden. Es war eine Freundschaft, die sich auszahlte. An einem Kontrollpunkt wurde einer der Studenten fast vom Zug gezerrt. Er war Russe und studierte in der Ukraine Theologie. In seinem Pass, so hieß es, fehle ein bestimmter Stempel um zu beweisen, dass er sich nicht vor dem Wehrdienst drücke. Die tschetschenischen Wachen im Zug verhinderten, dass ihr neuer Freund verhaftet wurde.

Das Team erlebte eine gute und fruchtbare Zeit in Aserbaidschan, aber sie hatten alle Angst vor der Rückfahrt, auf der sie wieder durch Tschetschenien mussten. Am Tag der Abreise kam eine große Gruppe aserbaidschanischer Studenten an den Bahnhof, um sich von den Ukrainern zu verabschieden. Sie weinten und dankten Gott für die Ermutigung, die sie füreinander gewesen waren; es hatte ihnen so viel bedeutet zu sehen, dass die Studenten aus der Ukraine die gleichen Ziele hatten wie sie.

Mit großer Beklemmung fuhren die Mitglieder des Missionsteams auf die tschetschenische Grenze zu. Dort stiegen wieder Wachen zu, die sie begleiten sollten. Zu ihrer großen Überraschung und Freude waren es die gleichen wie bei der Hinfahrt! Und mehr noch: Sie hatten Essen dabei und bereiteten den Studenten ein regelrechtes Festmahl. Die Wachen waren begeistert, als die Studenten ihnen Abzüge der Fotos schenkten, die sie auf der Hinfahrt geschossen hatten. Der Abend schritt fort, und die Studenten begannen den Wachen Lieder vorzusingen, christliche Lieder, die den Studenten der CCX so viel bedeuten.

Die Wachen waren Moslems und im ersten Moment etwas bestürzt. Sie wussten nicht so recht, was sie mit diesen Liedern anfangen sollten – aber mit der Zeit entspannten sie sich und ließen sich auf die Musik ein. Der spannendste Moment kam, als die Studenten ein Lied über Gottes bedingungslose Liebe sangen. Das Lied schien einen der Soldaten direkt ins Herz zu treffen, und er begann zu weinen. Hier war ein zäher, zweifelsohne kampferprobter tschetschenischer Soldat mit einer AK47 an der Seite, dem die Tränen über die Wangen liefen. „Wir sind nicht alles schlechte Menschen! Bitte sagt euren Freunden, dass wir nicht alle schlecht sind“, bat er.

Wir wissen nicht, welche Auswirkungen die Begegnung mit diesem Missionsteam der CCX auf die tschetschenischen Soldaten letztlich hatte, aber wir vertrauen fest darauf, dass der Herr von Anfang bis Ende dabei war. Wir dürfen glauben, dass eine Saat des Evangeliums gepflanzt wurde, als diese Studenten vom Evangelium und ihrer Liebe zu Jesus erzählten und ein Stück ihres Lebens mit diesen Soldaten teilten.

Das ehemalige Jugoslawien

Jugoslawien wurde nach dem Ersten Weltkrieg aus Gebieten gebildet, die vorher entweder unabhängig, Teil des Osmanischen Reichs oder Österreich-Ungarns gewesen waren. Von Anfang an waren ethnische Konflikte nur allzu offensichtlich. Erst war das Land eine Monarchie, dann wurde es zur Republik, und nachdem es im Zweiten Weltkrieg von Deutschland überrollt worden war, wurde es unter Marschall Tito ein kommunistischer Staat.

Wenigstens in einem Punkt war man sich in diesem bunt zusammengewürfelten Land einig: Sowjetische Panzer sollten nicht in seine Hauptstadt einrollen. Diese Angst war immer stark genug gewesen, das Land zusammenzuhalten, bis die Sowjetunion zerfiel. Jugoslawien wurde damals unter Tito in sechs Republiken und zwei autonome Provinzen aufgeteilt: Bosnien-Herzegowina, Kroatien, Mazedonien, Montenegro, Serbien, Slowenien, Kosovo und Vojvodina.

Wer wohin und zu welcher Gruppe gehörte, war immer schwierig, weil Umzüge und Heiraten zwischen den verschiedenen Volksgruppen dazu führten, dass es Serben in Kroatien, Kroaten in Serbien, bosnische Muslime in Serbien und Kroatien, Serben und Kroaten in Bosnien gab – und so weiter. Aus Angst vor Feindseligkeiten waren die Leute aus Mischehen gezwungen, sich für die eine oder andere Seite zu entscheiden, was in vielen Familien viel Leid verursachte.[55]

Die IFES ist seit Anfang der 80er-Jahre in der Region aktiv. Nach dem Fall der Berliner Mauer, als sich Jugoslawien aufzulösen begann, kam es zu Feindseligkeiten zwischen den einzelnen Volksgruppen. Viele Studenten standen vor schwierigen Entscheidungen, wie sie sich über ethnische Grenzen hinweg zu ihren Geschwistern in Christus verhalten sollten. 1992 trafen sich die beiden Generalsekretäre der serbischen und der kroatischen Studentenbewegung bei einer Besprechung der IFES-Hauptamtlichen in Osteuropa. Dan Denk, IFES-Regionalsekretär, schrieb dazu:

> Es war das erste Mal, dass sie sich seit dem Ausbruch des Krieges mit Kroatien überhaupt treffen konnten. Es gab einige hitzige Diskussionen und jeder hatte seine Geschichten zu erzählen. Wir beschlossen, sie einfach reden und alles gemeinsam durchgehen zu lassen. Das nächste Mal, als ich sie sah, beteten sie zusammen für ihre Länder und für Frieden. Sie konnten alles, was sie trennte, auf die Seite legen und einander als Brüder in Christus annehmen.

Dass sie sich so deutlich an erster Stelle als Christen wahrnahmen und dann erst als Serben/Kroaten/Bosnier – diese Reihenfolge war für Dan das Wesentliche.

Bei der europäischen Evangelisationskonferenz Ostern 1994 in Warschau bildeten Studenten aus Kroatien und dem neuen Jugoslawien (also Serbien und Montenegro) einen Chor, der an einem Abend bei einem Gebetskonzert auftrat. Auf der Konferenz sah man sie immer wieder zusammen, und als sie die Heimreise getrennt antreten mussten, weinten sie. Womöglich waren sie sich nicht einig über die Gründe für den Krieg zwischen ihren Ländern, aber sie hatten ein gemeinsames Ziel: sich für die Versöhnung einzusetzen.

Als das Land weiter auseinanderfiel und das Kosovo sich abspaltete, strömten viele über die Grenze in die Republik Mazedonien, die nur zwei Millionen Einwohner hatte. Dazu kamen nun rund 300.000 Kosovo-Albaner als Flüchtlinge. Kosta Milkov, der damals bei der jungen mazedonischen Studentenbewegung angestellt war, erzählte mir, dass die meisten Mazedonier die Albaner als Feinde ansahen. Durch die Bemühungen mazedonischer Christen fanden in dieser Zeit viele der Flüchtlinge Christus. Sie hatten eine einfache Erklärung, wie es dazu kam: „Wir sind von Liebe überwältigt worden."

Im Januar 2000 trafen sich christliche Studenten zu einem großen Friedenskonzert in Skopje, wo ein Chor aus Albanern und Serben auftrat. Sie sangen ein Lied, das Josip, ein Leiter einer Studentengruppe in Belgrad, komponiert hatte. Im Refrain hieß es:

> Dann werden der Löwe und das Lamm zusammen weiden,
> Gott wird alle Tränen und allen Schmerz wegnehmen,
> es wird keinen Krieg und keinen Tod mehr geben.
> Das wird das Land der wahren Liebe sein.

Alle klatschten und viele weinten, weil Einheit und Liebe hier so greifbar wurden. „Manche haben einfach nicht glauben können, dass Albaner in einem serbischen Chor mitsingen würden. Aber sie haben es mit eigenen Augen gesehen! Es war kein Wunder, dass viele von uns geweint haben."

Ein anderer Teilnehmer schrieb nachdenklich: „Wir sind so froh, hier zu sein und in diesem gemischten Chor mitzusingen. Während des Kriegs war es wirklich schrecklich. Sechs Leute aus meiner Familie sind tot, aber der Herr hat mir die Kraft gegeben, für meine serbischen Geschwister zu beten. Ich habe auch für Präsident Milosevic gebetet, denn er hat es auch nötig, gerettet zu werden. Nur durch den Glauben können wir in Frieden zusammenleben. Wir müssen den Menschen mit unserer Liebe und gegenseitigen Unterstützung ein Beispiel sein. Es ist nicht leicht, hierher zu kommen und gemeinsam zu singen, aber wir können es doch!"

Während der Nato-Luftangriffe auf Belgrad war Guta, ein Hauptamtlicher, gerade dabei, mit einer Gruppe von 30 oder 40 Studenten und anderen Leuten das Abendmahl zu feiern.

> Als wir da zusammenkamen, gingen die Sirenen schon wieder los und kündeten einen weiteren Angriff an. Was sollten wir tun? Wieder gehen und Unterschlupf suchen oder bleiben? Die Frage war bald beantwortet. Die Kinder wurden in den Keller gebracht und der Gottesdienst ging weiter. „Dies ist mein Leib, für euch gegeben." Der Geist rührte die Herzen an. Als Brot und Wein ausgeteilt wurden, hatten wir Gemeinschaft mit Christus. Die Gesichter draußen hatten Ähnlichkeit mit Munchs Bild „Der Schrei". Aber bei seinem auserwählten Volk war der Herr auf ganz besondere, ganz reale Weise. Als Gottes Volk Brot und Wein schluckten, verwandelte sich ihr Gesichtsausdruck – zunächst in scheues Lächeln, dann in lautes, von Freude erfülltes Lachen.
>
> Mitten in das Leid hat der Herr Freude und Liebe gebracht. Die Leute blieben nach dem Gottesdienst noch da, um einander Mut zu machen und den Weg zurück in die Welt des Schweigens und der Bombeneinschläge noch etwas hinauszuzögern. Was als Schatz mit ihnen ging, war der gebrochene Leib unseres Herrn. Möge dieser zerbrochene Leib uns alle miteinander verbinden, Serben und Amerikaner, Menschen aus Niš und Schottland, Novi Sad und den Niederlanden, aus Belgrad und Frankreich. Einer ist gestorben, damit alle leben können. Wir sind uns vielleicht nicht alle einig, wie sich die Probleme auf dem Balkan lösen lassen, aber etwas bringt uns doch zusammen: Christi Blut, für uns vergossen.

Wir bitten Gott, dass er die Leute seiner Wahl in die Studentenarbeit in diesen Ländern beruft, die so viel Zerbruch erfahren haben.

„Stille Zeit“ so gar nicht still

Eines der schönes Dinge in der Studentenarbeit ist es, junge Christen in der Jüngerschaft anzuleiten – wie jenen ukrainischen Studenten auf einer Konferenz, der noch nie etwas von Daniel gehört hatte (ich habe am Anfang dieses Buches von ihm berichtet). Die folgende herzerwärmende Geschichte hat Krisztina Toth berichtet, eine hauptamtliche Mitarbeiterin der ungarischen Bewegung, die man gebeten hatte, bei einer Konferenz im Kaukasus die Bibelarbeiten zu halten.

> Wenn man so lange bei der IFES gewesen ist wie ich, erwartet man irgendwie, dass die Leute ihre Stille Zeit alleine und in der Stille vor Gott verbringen. Man hatte mich gebeten, Fragen vorzubereiten; die Studenten sollten damit jeder für sich nach der Bibelarbeit in die Stille gehen. Nach einer Weile fragte ich mich, warum ich mir die Mühe eigentlich gemacht hatte.
>
> Die meisten von uns blieben in der Nähe des Ofens, weil es im Gebäude so kalt war. Der Lärmpegel sank nicht. Es schien, dass die Studenten keine Ahnung davon hatten, wie sie alleine in der Bibel lesen oder beten sollten. Hatten sie überhaupt zugehört? Wollten sie denn nicht geistlich wachsen? Ich war ziemlich entmutigt.
>
> Dann sah ich genauer hin. Ich verstand nicht, was sie sagten, aber plötzlich wurde mir klar, dass die „älteren“ Christen (also solche, die vielleicht seit einem Jahr gläubig waren) den jüngeren (die nur Wochen – oder Tage – zuvor zum Glauben gekommen waren) alles Mögliche erklärten.
>
> Sie zeigten ihnen, wie sie an ein Buch der Bibel herangehen können, das sie noch nie gelesen haben; wie man es auf das eigene Leben anwendet, wie man im Licht des Gelesenen beten kann – was „Stille Zeit“ wirklich bedeutet.
>
> Je weiter die Woche voranschritt, desto deutlicher erkannte ich, dass sie Paulus’ Worte besser zu verstehen lernten als ich es tue: mit ihm

an seinen Leiden teilzunehmen und sich des Evangeliums nicht zu schämen. Sie begannen zu sehen, dass sie sich als Nachfolger Christi nicht beliebt machen würden, dass man sie vielleicht nicht einmal akzeptieren, unter Umständen gar verachten würde.
Als die „Stille Zeit“ ihrem Ende zuging, spürte ich, dass der stille Ort, an dem der Herr redet – in ihnen und in mir – ein wenig größer geworden war. So langsam verstehe ich, warum im Himmel Freude ist.

Wir leben in ungewöhnlichen Zeiten, in denen es offenere Türen für das Evangelium gibt – in mehr Ländern der Erde als je zuvor in der Kirchengeschichte. In junge Christen in erster Generation zu investieren, die selbst bereits in noch jüngere Gläubige investieren, ist ein Vorrecht und ein dringender Auftrag.

8. Berufen zur Opferbereitschaft

Leiden ist das Kennzeichen der Nachfolge Christi.
(Dietrich Bonhoeffer)

Und was soll ich noch mehr sagen? Die Zeit würde mir zu kurz, wenn ich erzählen sollte von Gideon und Barak und Simson und Jeftah und David und Samuel und den Propheten. Diese haben durch den Glauben Königreiche bezwungen, Gerechtigkeit geübt, Verheißungen erlangt, Löwen den Rachen gestopft, des Feuers Kraft ausgelöscht, sind der Schärfe des Schwerts entronnen, aus der Schwachheit zu Kräften gekommen, sind stark geworden im Kampf und haben fremde Heere in die Flucht geschlagen. Frauen haben ihre Toten durch Auferstehung wiederbekommen. Andere aber sind gemartert worden und haben die Freilassung nicht angenommen, damit sie die Auferstehung, die besser ist, erlangten. Andere haben Spott und Geißelung erlitten, dazu Fesseln und Gefängnis. Sie sind gesteinigt, zersägt, durchs Schwert getötet worden; sie sind umhergezogen in Schafpelzen und Ziegenfellen; sie haben Mangel, Bedrängnis, Misshandlung erduldet. Sie, deren die Welt nicht wert war, *sind umhergeirrt in Wüsten, auf Bergen, in Höhlen und Erdlöchern. Diese alle haben durch den Glauben Gottes Zeugnis empfangen und doch nicht erlangt, was verheißen war, weil Gott etwas Besseres für uns vorgesehen hat; denn sie sollten nicht ohne uns vollendet werden.*
(Hebräer 11,32-40, Hervorhebung vom Autor)

Der russische Schriftsteller Tolstoi hat einmal geschrieben: „Wer sich ein einfaches Leben wünscht, ist immer zur falschen Zeit geboren." Ohne Dienst, der auch Opfer zu bringen bereit ist, ist das Wachstum von Gottes Arbeit gar nicht zu denken. Um diese Art von Dienst ging es Howard Guinness in seinem Buch *Sacrifice* („Opfer"), dessen erste Auflage 1936 erschien. Er schrieb:

Wo sind die jungen Männer und Frauen dieser Generation, die ihr Leben für gering erachten und treu sind, wenn nötig bis zum Tod, die ihr Leben um Christi willen bereit sind zu verlieren, es wegzuwerfen aus Liebe zu ihm? Wo sind die, die sich in Gefahr begeben und in seinem Dienst alles riskieren? Wo sind die Menschen des Gebets? Wo sind die Menschen, denen Gottes Wort wichtiger ist als ihr tägliches Essen? Wo sind diese Menschen, die, wie seinerzeit Mose, mit Gott von Angesicht zu Angesicht reden wie ein Mann mit seinem Freund? Wo sind Gottes Menschen in dieser Zeit, in der Gott machtvoll wirkt?

Die Verse aus Hebräer 11 am Anfang dieses Kapitels zeigen, dass Opferbereitschaft immer schon zu der Berufung, dem Gott der Bibel zu folgen, gehört hat. Dieser Schlüsselabschnitt macht mehrere Prinzipien deutlich:

- *Das Leben als Christ ist ein Kampf.* Paul Negrut, der Leiter der Baptistengemeinde in Oradea in Rumänien, die 3000 Mitglieder und eine Jugendgruppe von 800 Leuten hat, schrieb einmal: „Das Leben als Christ ist kein Spiel, sondern ein Kampf. Ohne Opfer gibt es keinen Segen." Die Geschichten aus dem Alten Testament, die in Hebräer 11 erzählt werden, bekräftigen diesen Grundsatz; die ganze Geschichte der Christenheit hindurch, zu der auch die Geschichte der Studentenarbeit zählt, mussten geistliche Kämpfe ausgefochten werden, damit Gottes Werk voranschreiten konnte.
- *Wer im Dienst Christi steht, erlebt Schwierigkeiten* (Vers 35-38). Nachfolge kann uns auf vielen Ebenen etwas kosten. Manche – vor allem die, die in einer fremden Kultur arbeiten – müssen auf so manchen Komfort und manches Privileg verzichten. Den Menschen, unter denen wir arbeiten, bedeutet es oft gar nichts, an welcher hervorragenden Universität wir studiert oder welchen Abschluss wir dort erworben haben. Es ist ihnen egal, ob wir einen erst-, zweit- oder drittklassigen Abschluss oder gar einen Doktortitel besitzen. Manche Missionare, die ihren Abschluss an einer der besten Universitäten der Welt gemacht haben und dann ins Ausland gegangen sind, haben das sehr schwierig gefunden.

Opferbereitschaft kann bedeuten, sich auf einen geringeren Lebensstandard einzulassen. Ich kann mich noch an die Anfänge der Studentenbewegung in Jugoslawien Anfang der 80er-Jahre erinnern, als der Kommunismus noch das Sagen hatte – vor dem furchtbaren Bürgerkrieg. Die Studentenarbeit begann in Zagreb und breitete sich von dort nach Belgrad und in zwei, drei andere Städte aus. Nach einer Weile konnten wir den ersten Hauptamtlichen in der Studentenarbeit anstellen, Stevan Madjarac. Stevan ist Serbe; seine Frau Nina, eine Kroatin, hatte er 1985 in Holland auf der ersten europäischen Konferenz für Evangelisation geheiratet. Ihnen war klar, dass in der IFES alle ethnischen Schranken überwunden werden, und sie bekräftigten das durch ihre Hochzeit. Stevan war ein tüchtiger Student, der zu jener Zeit eine Teilzeitstelle als Dozent an seiner Universität hatte. Leider kam sein Engagement in der Studentenarbeit der Universitätsleitung zu Ohren. Er wurde zu einem Termin mit einigen ranghöheren Dozenten einbestellt. Sie stellten ihn vor eine schwierige Wahl: Sie wollten ihm gerne eine volle Stelle als Dozent geben, aber das ginge nur, wenn er sein Engagement in der Studentenarbeit aufgebe. Das lehnte er ab, und so kündigten sie ihm auch seine Teilzeitstelle. Er hat diesen Preis bezahlt, aber sein Vorbild ist anderen ein Ansporn gewesen, selbst auch in der Arbeit aktiv zu werden – und sie ist wunderbar gewachsen. Inzwischen arbeitet Stevan als Agronom für die Vereinten Nationen. Die Erfahrung damals, zu einem frühen Zeitpunkt in seinem Glaubensleben, war sehr lehrreich: Sie zeigte, was es kosten kann, sich konsequent für das Evangelium einzusetzen.

Ein weiteres bemerkenswertes Beispiel für einen Jungakademiker, der auf Karriere und gehobenen Lebensstandard verzichtete, um sich der Studentenarbeit zu widmen, ist Vinoth Ramachandra aus Sri Lanka. Vinoth hatte in den 70ern an der London University seinen Doktor gemacht, und als Ingenieur für Nuklearanlagen wurden ihm attraktive Stellen in den USA angeboten. Aber Vinoth liebte sein Land leidenschaftlich und beobachtete mit Sorge, dass so viele junge Wissenschaftler sich in die USA abwerben ließen. Er lehnte ab. Stattdessen nahm er die Stelle an, die ihm die IFES angeboten hatte, und wurde erster hauptamtlicher Mitarbeiter der Studentenarbeit in Sri Lanka. Später stieg er dort zum Generalsekretär auf, danach tat er sich noch viele Jahre als Regionalsekretär der IFES in Südasien hervor. In dieser ganzen Zeit erhielt Vinoth nur ein minimales Gehalt, weil er keinen höheren Lohn haben wollte wie andere Arbeitnehmer dort. Um des Evangeliums willen verzichtete er auf beträchtliche finanzielle Vorteile. Vinoth ist immer noch für die IFES aktiv und wohnt mit seiner Frau Karin in Colombo.

Sicherheit und Gesundheit aufs Spiel setzen

Ende der 80er-Jahre suchte die IFES nach jemandem, der eine Studentenarbeit in Mosambik in Südost-Afrika aufbauen konnte. Das Land hatte gerade einen Bürgerkrieg hinter sich, der fast so lange gedauert hatte wie der, der Angola zugrunde richtete. Chua Wee Hian hielt überall auf der Welt Ausschau nach einer geeigneten Person für die Arbeit dort, aber seine Bemühungen schienen nicht zu fruchten. Bis er auf Samuel Johnson stieß. Samuel stammte aus den USA und war viele Jahre lang in Brasilien in der Literaturarbeit tätig gewesen. Er und seine Frau Corinne erklärten sich bereit, nach Mosambik zu gehen.

Ich war tief beeindruckt, als ich von Samuels Weitblick und von seiner Bereitschaft hörte, für das Evangelium Opfer zu bringen. Er war damals Mitte 50. Als ich ihn drei Jahre später kennen lernte, erzählte er mir, dass er in dieser Zeit mehr Höhen und Tiefen erlebt hatte als in seinem ganzen Leben davor. Aber er strahlte, während wir uns unterhielten. „An der Universität in Maputo gibt es nur 4.000 Studenten. Ich glaube, wenn ich mit Gottes Hilfe dort eine starke Studentengruppe aufbauen kann, strahlt das auf das ganze Land aus. Es kann sich auf den Kurs der Regierung auswirken und auf das Gemeindeleben. Das hält mich bei der Stange." Er war ein Kaleb unserer Zeit. Kurz darauf starb Samuel an einer Form von Malaria. Er starb, während er sich nach dem Ziel ausstreckte. Beeindruckt von seinem Zeugnis haben sich andere weiter dafür eingesetzt, dort eine starke Studentenarbeit aufzubauen.

Eine bemerkenswerte weibliche Mitarbeiterin in der Geschichte der IFES ist Tonica van der Meer. Sie ist Brasilianerin mit verwandtschaftlichen Beziehungen nach Holland, die Generationen zurückreichen. Sie arbeitete zunächst in der brasilianischen Bewegung und dann über ein

Jahrzehnt in Angola, das vom Krieg arg in Mitleidenschaft gezogen war. Als ich Regionalsekretär in Europa wurde, kämpfte die Studentenarbeit in Portugal gerade ums Überleben, nur fünfzehn bis zwanzig Studenten kamen zur jährlichen Konferenz. Wir brauchten dringend einen begabten Trainer für Bibelkreis-Mitarbeiter, um die Arbeit von innen zu stärken. Tonica belegte gerade am All Nations Christian College in England einen zweijährigen Kurs in kulturübergreifender Mission. Ich besuchte sie dort, um sie anzuflehen, mit IFES nach Portugal zu gehen. Sie hatte in der Arbeit in Brasilien so viele wertvolle Erfahrungen gesammelt, die ihr nun zugutekommen würden, und sie sprach portugiesisch – es waren ideale Voraussetzungen. Sie lehnte jedoch höflich ab. Sie hatte Hautkrebs, und die Ärzte hatten sie gewarnt, nicht in einem warmen Land zu leben, wo ihre Haut zu starker Sonnenbestrahlung ausgesetzt war.

Einige Jahre später bekam ich mit, dass Tonica nach Angola gegangen und dort die erste Hauptamtliche in der Studentenarbeit geworden war. Angola steckte mitten in einem brutalen Bürgerkrieg, der sich ab dem Abzug der portugiesischen Kolonialmacht Anfang der 70er-Jahre über mehr als zwanzig Jahre hinzog. Als ich sie das nächste Mal traf, fragte ich sie, warum sie denn nach Angola gegangen war. Schließlich war es dort viel heißer als in Portugal. Das musste für ihre Haut doch noch gefährlicher sein. „Der Herr hat mich gerufen“, gab sie zur Antwort, „da konnte ich mich doch nicht widersetzen.“ Ich wusste, dass sie auf dem College verlobt gewesen war, und so fragte ich, was aus ihrem Verlobten geworden war. „Er wollte nicht mitkommen“, sagte sie, „also habe ich die Beziehung beendet.“

Nachdem sie zehn Jahre in Angola gelebt hatte, schrieb mir Tonica:

> In Luanda und Lubango herrscht so etwas wie Normalität. Aber das ist die Ausnahme. Wir sehen keine Fortschritte, was Friedensverhandlungen angeht. Die Wirtschaft ist zusammengebrochen. Essen, Wasser und Medikamente sind rar und teuer geworden. Die Leute sterben an Cholera und Malaria. Die offiziellen Friedhöfe sind völlig unzureichend, und deswegen gibt es jede Menge inoffizieller; auf manchen von ihnen entstehen innerhalb weniger Monate mehr als 6.000 Gräber. Viele Menschen, sogar Christen, haben alle Hoffnung

verloren. Aber wenn ich mit ihnen Stellen aus der Bibel lese, die uns Mut machen zu beten und zu hoffen, lassen sie sich mitreißen.

Einige Jahre später zog endlich der Frieden in Angola ein. Ich sprach mit Tonica, als sie sich gerade auf die Abreise vorbereitete und die Arbeit in einheimische Hände übergab. Sie dachte zurück an die Jahre, die sie in diesem Land verbracht hatte, in dem das Leben von Korruption, Wassermangel, Bomben und alltäglicher Gewalt bestimmt war. „Die Angolaner sind von Natur aus eigentlich fröhlich, aber der lange Krieg und alles, was danach kam, haben sie zu einem traurigen, gebrochenen Volk gemacht", sagte sie.

Der Krieg hatte auch auf die Universitäten weitreichende Auswirkungen. Viele der männlichen Studenten wurden von der Regierungsarmee eingezogen. So studierten plötzlich mehr Frauen als Männer, was für Afrika sehr ungewöhnlich ist. Im Bürgerkrieg spielte die Stammeszugehörigkeit eine wichtige Rolle, aber christliche Studenten aus den verschiedenen Volksgruppen überwanden diese Schranken, wie es auch in anderen Konfliktregionen immer wieder geschieht. Wenn christliche Studenten eingezogen wurden, war das sehr schmerzhaft.

Die Christen kämpften genauso mit der Korruption wie alle anderen. Manche fielen in fragwürdige Praktiken zurück, aber die meisten davon wollten umkehren und es besser machen. Tonica gründete eine „Kette der Ehrlichkeit" um den Studenten zu helfen, sich der Korruption zu entziehen. Wenn sie etwa bei Ausflügen oder Exkursion mitfahren konnten, ohne faule Kompromisse einzugehen, sollten sie mitfahren – wenn nicht, dann nicht. Diejenigen, die sich dazu verpflichteten, setzten alles daran, auch die Leute aus ihren Gemeinden zum Mitmachen zu bewegen. Sie beteten füreinander und waren bereit, über Lebensbereiche, in denen die Versuchung lauerte, voreinander Rechenschaft abzulegen.

„Gott benutzt oft Leid, um Leute zu sich zu ziehen und tiefgreifende Veränderungen in ihrem Leben zu bewirken", meinte Tonica. Um das zu vermitteln, legte sie einen Schwerpunkt darauf, dass die Studenten die Bibel wirklich verstanden und sie auf ihr Leben anwendeten. „Ich bringe ihnen bei, wie sie die Bibel lesen, beten und in der Nachfolge wachsen können. Diese grundlegenden Dinge sind so wichtig!"

Die Beziehungen zu Familie und Freunden riskieren

Einer der bemerkenswertesten IFES-Leiter in Nordafrika und dem Nahen Osten stammt aus einem stark muslimischen Hintergrund. Mehrere Familienmitglieder gehörten zu einer radikalen islamischen Gruppierung und gingen für ihre Überzeugungen hinter Gitter. Mitte der 80er kam er zum Architekturstudium nach Paris. Dort hörte er eine Reihe von Vorträgen eines besonderen Apologeten, Chawkat Moucarry, der eine einzigartige Gabe hat, das Evangelium für Moslems zugänglich zu machen.

Chawkat war in Syrien geboren und hatte ein leidenschaftliches Herz für Muslime und besonders für Araber. Er konnte die Einzigartigkeit Christi sehr gut und klar erklären – seine Abschlüsse in Islamwissenschaft und Theologie kamen ihm dabei zugute. Gerade weil er so von dem überzeugt war, was er glaubte, konnte er auch dann ruhig bleiben, wenn feindselige muslimische Studenten ihn provozierten. Er blickte hinter ihre Feindseligkeit und empfand ein tiefes Mitgefühl mit ihnen. Er ist der bemerkenswerteste Apologet und Evangelist, den ich in der Arabisch sprechenden Welt kennen gelernt habe.

Unser Freund aus Nordafrika kam jeden Abend. Am Ende eines der Vorträge ging er auf Chawkat zu und fragte, ob er ein Evangelium mitnehmen dürfte. Er las dann für sich alleine in der Bibel und wurde ein halbes Jahr nach seiner Rückkehr nach Nordafrika Christ. Er hatte gehört, dass es in seiner Heimatstadt einen Akademiker aus der französischen GBU gab, und nahm mit ihm Kontakt auf. Die beiden begannen sich zu treffen und gemeinsam in der Bibel zu lesen. Nach ein paar Wochen wurde einer seiner älteren Brüder misstrauisch und folgte ihm. Das sollte schmerzhafte Folgen haben.

Seine Brüder stellten ihm ein Ultimatum: Wenn er seinen neu gefundenen Glauben nicht innerhalb einer Woche aufgebe, würden sie seinem Vater davon erzählen. Er ging sofort von zuhause weg, aber schon bald bekam er Morddrohungen von Mitgliedern der islamischen Bewegung.

Weil er eine internationale Gemeinde in der Stadt kannte, bat er dort um Hilfe. Der Pastor, ein Schweizer, brachte ihn innerhalb von 24 Stunden außer Landes. Er ließ ihn in die Schweiz ausfliegen, wo er bei Verwandten des Pastors bleiben konnte, die Bergbauern in den Alpen waren. Das war im Januar 1987.

Dort in der Kälte, umgeben von Menschen, die er nicht kannte, begann er sich zu fragen, auf was er sich da eigentlich eingelassen hatte. Die Familie konnte ihn dann über die Grenze nach Frankreich schaffen, und so kehrte er nach Paris zurück, wo er einige Christen kannte. Chawkat nahm ihn auf und kümmerte sich um ihn. Später erzählte er mir, dass es die Liebe, das Mitgefühl und die Gemeinschaft der Christen in Paris waren, die Gott ganz am Anfang benutzt hatte, um ihn zum Evangelium hinzuziehen. Er blieb in Paris, studierte Theologie und begann dann, unter seinen muslimischen Freunden zu arbeiten, zunächst in Paris, dann im auch im übrigen Frankreich und später im Nahen Osten. In seinen ersten Jahren in Paris benutzte er immer die Adresse von Freunden in Kanada, wenn er an seine Familie schrieb, weil er Angst hatte, dass seine Brüder vielleicht versuchen könnten, ihn umzubringen, wenn sie seine Adresse herausbekämen. Vierzehn Jahre später – Gott hatte ihm mittlerweile eine Frau und Kinder geschenkt – reiste er erstmals wieder in sein Heimatland. Inzwischen hat er seine Familie dort zwei- oder dreimal besuchen können, aber von seinem Dienst wissen sie bis heute sehr wenig.

Risiken beim Reisen

Jede Reise ist mit gewissen Risiken verbunden, aber in manchen Gegenden der Welt ist die Gefahr noch viel höher, weil man mit Rebellenkämpfen, Raubüberfällen und Entführungen rechnen muss. Die Mitarbeiter der IFES und der nationalen Bewegungen sind sich dessen wohl bewusst. Jedes Jahr legen sie weltweit viele tausend Kilometer für unseren Auftrag, Studenten (und teilweise Schüler) zu unterstützen, zurück.

Fidèle Mushidi war einer der Hauptamtlichen in der Demokratischen Republik Kongo. Er reiste vom Osten des Landes aus, also nahe der Grenze zu Ruanda. Daniel Bourdanné schrieb eine E-Mail, kurz nachdem er ihn getroffen hatte. Sie sagt alles aus über den Mut dieses Mannes und über die Gefahren, denen er ausgesetzt war:

Unter schwierigen Umständen macht Fidèle eine tolle Arbeit. Auf dem Heimweg von einem Besuch bei einer Studentengruppe wurde sein Bus von Rebellen überfallen. Sie zerrten ihn nach draußen, einer der Rebellen zielte mit dem Gewehr auf ihn und drohte, ihn zu erschießen. Gnädigerweise schritt Gott ein. Der Rebell war kurz davor, abzudrücken, als ein anderer Rebell – den Fidèle als Student gekannt hatte – einschritt, weil Fidèle ihm in der Vergangenheit so freundlich begegnet war. Schließlich ließen sie den Bus weiterfahren.

Grace Morillo arbeitet für die UCU in Kolumbien – heute als Generalsekretärin, zuvor betreute sie einzelne Studentengruppen. 1999 wurde ihr Flugzeug auf dem Heimflug von Bucaramanga nach Bogotá von Terroristen entführt.

Plötzlich schrieen Männer: „Hände hoch! Alle nach vorne schauen! Kopf runter, nicht nach oben sehen!" Ich begann wie wild zu beten und bat Gott, Menschenleben zu bewahren, besonders das des Piloten. Ich betete in Zungen; alle anderen Worte waren mir ausgegangen. Je mehr ich betete, desto mehr Frieden empfand ich. Ich spürte, dass Gott das alles zuließ, weil er etwas damit bezwecken wollte.
Nach einer rauen Landung auf einer rutschigen Rollbahn im Dschungel wurden wir in kleinen Booten flussaufwärts gebracht. Es folgte eine fünfstündige, sehr schnelle Autofahrt über Lehmpisten und durch Flussbetten, in denen das Wasser ganz schön hoch stand. Ich war den ganzen Tag sehr wütend auf die Guerilleros; ich sprach kein Wort mit ihnen und sah sie nicht einmal an. Aber als wir den Schlafplatz für diese Nacht erreicht hatten, teilten sie Matratzen aus und sagten, dass sie unser Leben achten wollten. Sie versuchten uns aufzumuntern und uns Hoffnung zu machen, dass alles gut werden würde.
Früh am Morgen wurden die Schwachen und Älteren freigelassen; 32 von uns setzten die Reise fort. Wir liefen durch landwirtschaftlich genutzte Gebiete, durch den Dschungel und durch Bäche, vier bis fünf Stunden jeden Tag. Ich begann mit den Guerilleros zu reden. Als ich einem von ihnen gegenüber, es war ein Junge von vielleicht fünfzehn oder sechzehn Jahren, den Herrn erwähnte, fragte er: „Bist du katholisch?" Als er hörte, dass ich evangelikal bin, erzählte er mir,

dass seine Eltern Evangelikale waren, aber er hatte sie seit zwei Jahren nicht mehr gesehen.

Wir lernten uns in der Gruppe schnell kennen und ernannten einige Organisatoren, denn der Durchschnittsmensch weiß gar nicht, wie gemeinschaftliches Leben funktioniert. Wir sorgten dafür, dass alle wenigstens die wichtigsten Grundregeln mitbekamen und dass wir sämtliche Namen und Telefonnummern hatten, damit eventuell Freigelassene den Familien der anderen Bescheid geben konnten. Wir beschlossen, nicht die Kleidung zu tragen, die uns die Guerilleros gaben, falls wir unter Beschuss geraten sollten, sondern entschieden uns für Ersatzkleidung, die wir im Handgepäck dabeihatten.

An einem Abend krachte ein Ast herunter und ich dachte, das sei ein Gewehrschuss. Das löste eine Angst in mir aus, wie ich sie vorher nie erlebt hatte, außer in Träumen – nicht die Angst vor dem Tod, aber davor, wie das geschehen würde. Es dauerte lange, bis ich mich überzeugen ließ, dass es wirklich nur ein Ast gewesen war.

Ein Priester, eine Nonne und ich starteten ein tägliches Morgengebet um 6.30 Uhr. Es war so offensichtlich, wie sehr wir alle Gott brauchten, und diese Gebetszeiten wurden zu einer regelrechten Quelle für uns alle. Irgendwann teilte man uns in kleinere Gruppen auf, und meine Gruppe, in der neun Leute waren, behielt das regelmäßige Gebet bei. Es gab immer einen Grund zum Danken, genug, um die Hoffnung in uns wachzuhalten. Manchmal schlossen sich die Guerilleros uns an. Einmal sprachen wir uns alle Frieden zu – die Guerilleros eingeschlossen. Manchmal gab es Schwierigkeiten in der Gruppe, und nur wegen Jesus konnten wir einander Frieden wünschen.

Die Entführung ereignete sich am 12. April, und am 18. Juni kam Grace frei. Weniger als einen Monat später reiste sie nach Südkorea zur IFES World Assembly, wo sie sich auch für die vielen Gebete bedankte. Sie war überrascht und bewegt gewesen, als sie mitbekam, dass auf der ganzen Welt Menschen für sie gebetet hatten. Grace dachte weiter nach über das, was sie erlebt hatte, und schrieb:

Es war von Anfang an klar, dass die Entführung nicht auf uns zielte.

In Kolumbien passieren solche Dinge ständig, und dann sind natürlich auch immer wieder Christen davon betroffen. Mir waren meine Schwächen sehr bewusst: Am Abend vor der Entführung hatte der Herr mich noch zum Beten aufgefordert, aber ich war müde, und so holte ich meine Bibel nicht mehr hervor. Deswegen hatte ich sie am nächsten Tag nicht im Handgepäck. Aber trotz meiner Schwächen fordert Gott mich und uns alle immer wieder auf, uns auf das einzulassen, was um uns herum geschieht, und darin unsere Aufgabe zu entdecken. Die Guerilleros sind im Grunde sehr arme Menschen. Menschen, die wahre und bedingungslose Liebe niemals kennen gelernt haben. Sie sehen die Welt durch die kleine Brille ihrer Wirklichkeit und können sich gar nicht vorstellen, dass es etwas anderes geben könnte. Sie werden wahrscheinlich jung sterben. Wir müssen lernen, Friedensstifter zu sein, einen tragfähigen Frieden in unserem Land aufzubauen. Mein Leiden war noch vergleichsweise harmlos, meine Entführung lief sehr glimpflich ab. Andere haben sehr viel Schlimmeres erlitten.

* * *

Wir können Trost aus der Tatsache schöpfen, dass wir nicht sämtliche Schwierigkeiten gleichzeitig erleben, um die es in diesem Kapitel bisher ging! Und doch gilt die Ermahnung, die Paulus an Timotheus in seinem zweiten Brief (Kapitel 2,3-4) schreibt, immer noch: „Leide mit als ein guter Streiter Christi Jesu. Wer in den Krieg zieht, verwickelt sich nicht in Geschäfte des täglichen Lebens, damit er dem gefalle, der ihn angeworben hat."

Wenn wir auf den Abschnitt in Hebräer 11 zurückkommen, begegnet uns dort, in den Versen 35-38, ein drittes Schlüsselprinzip: *Nicht alle Gläubigen, die dem Herrn mit ganzem Herzen dienen, werden aus ihren Schwierigkeiten erlöst.* Zuvor haben wir dort von Menschen gelesen, die aus Gefahren und Versuchungen gerettet wurden, aber in diesen drei Versen verschiebt sich der Schwerpunkt: Großer Glaube lässt sich nicht daran ablesen, dass der Glaubende aus Schwierigkeiten gerettet wird, sondern dass er in Schwierigkeiten treu bleibt. Wie sehr wir heute diese

Botschaft nötig haben! Eine der größten Irrlehren unserer Zeit ist die Wohlstandstheologie, dass Gott letzten Endes alle, die ihm treu dienen und Frucht bringen, mit Reichtum und Gesundheit belohnt. Hebräer 11 lehrt das nicht.

Manche Vertreter der Wohlstandtheologie behaupten, dass ein Christ, der über längere Zeit leidet oder Schwierigkeiten erlebt, entweder in Sünde lebt oder nicht genug Glauben hat. Und obwohl manche unserer Probleme wirklich auf Sünde zurückzuführen sind, lehrt die Schrift doch klar, dass andere daher rühren, dass wir in einem geistlichen Kampf stehen – oder einfach daher, dass wir in einer gefallenen Welt leben. Wir sind von diesen Schwierigkeiten nicht ausgenommen.

Ich möchte das an einem Beispiel verdeutlichen. Professor Sir Norman Anderson war ein Mann von herausragendem Intellekt.[56] Er lehrte an einer Universität in Ägypten und wurde dann Leiter des Advanced Legal Institute der Universität von London. Er hatte einen messerscharfen Verstand und war ein gefürchteter Gegner in Debatten. Mehr als 60 Jahre lang unterstützte er die Arbeit der IFES. Ich war bei ihm bei einer der letzten öffentlichen Veranstaltungen, auf denen er sprach. Es war eine große Studentenkonferenz in England, zu der fast 2.000 Teilnehmer gekommen waren.

Während dieser Veranstaltung wurde er von einem Vikar der Anglikanischen Kirche interviewt, einem jungen Mann Ende zwanzig. Zu dieser Zeit litt Andersons Frau an fortgeschrittener Demenz, sie erkannte ihn nicht mehr. Alle seine drei Kinder waren als junge Erwachsene gestorben. Ich war bestürzt über eine der Fragen, die der Vikar stellte. Er wandte sich Anderson direkt zu und sagte: „Wenn Sie jetzt auf Ihr Leben zurückblicken und darüber nachdenken, dass Sie drei Kinder verloren haben, und dass Ihre Frau Sie nach 60 Ehejahren nun nicht einmal mehr erkennt – fragen Sie sich dann nicht manchmal: ‚Warum ausgerechnet ich?'" Es war eine ziemlich gewagte, wenn nicht gar unsensible Frage. Aber noch mehr überraschte mich Professor Andersons Antwort: „Nein, ich habe mich nie gefragt ‚Warum ich?', sondern ‚Warum nicht ich?' Mir ist als Christ ja nicht verheißen, dass ich den Problemen entgehe, die andere Leute haben. Wir leben alle in einer gefallenen Welt.

Wenn ein Flugzeug abstürzt, sitzen darin manchmal auch ein paar

Christen. Gläubige bekommen Krebs wie alle anderen. Es ist mir nicht verheißen, dass ich, bloß weil ich Christ bin, von allen Schwierigkeiten dieser Welt verschont bleibe. Aber mir ist verheißen, dass Gott durch Christus mitten in den Schwierigkeiten bei mir sein wird. Er wird mir seine Gnade schenken, so dass ich mit allem zurechtkommen und ein Zeugnis für ihn sein kann."

Er schien das aufzugreifen, was Paulus in Philipper 1 über die Freude an und in Christus schreibt – aus der Dunkelheit einer Gefängniszelle heraus. Der Wohlstandstheologie fehlt eine Theologie des Leides, und ihre Eschatologie ist unzulänglich, denn die meisten der Verheißungen in der Bibel erfüllen sich für uns erst nach dem Tod. Wir müssen diese Versprechen mit dem Auge des Glaubens betrachten. Deswegen konnte Paulus schreiben: „Denn Christus ist mein Leben und Sterben mein Gewinn." (Philipper 1,21)

„Deren die Welt nicht wert ist"

Ich möchte an dieser Stelle auch von einigen solcher Leute berichten, die die Welt nicht verdient hat (Vers 38). Sie haben sich in der Studentenarbeit engagiert, haben viel Widerstand erfahren und in manchen Fällen sogar das Leben verloren.

Schauen wir uns zunächst Äthiopien in den 80er-Jahren an. In dieser Zeit lebten die Äthiopier unter dem Joch eines unterdrückerischen kommunistischen Regimes, an dessen Spitze Präsident Mengistu stand. Tausende von Christen kamen um ihres Glaubens willen um, und doch wuchs die Gemeinde in dieser Zeit stark. Als ich das Land 1996 nach dem Zerfall des kommunistischen Systems besuchte, hörte ich, dass in den sechs Jahren zuvor jedes Jahr mindestens 200.000 Menschen zur Gemeinde hinzugefügt worden waren. Als ich meinen Gastgeber nach den Gründen dafür fragte, erklärte er mir, dass das an Führungspersönlichkeiten lag, die an Christus festgehalten hatten, aller Feindschaft und allem Widerstand zum Trotz.

Er erzählte mir von einem Pastor, der in jedem Sinn des Wortes ein Riese war. Er war gut zwei Meter groß und ein gewaltiger Prediger. Während des Mengistu-Regimes saß er im Gefängnis. Er war eine Schlüsselfigur, so dass Gemeindeleiter sich gemeinsam an den tansanischen Präsidenten Nyerere wandten und ihn baten, Druck auf die äthiopische Regierung auszuüben und seine Freilassung zu erwirken. Präsident Nyerere stimmte zu und reiste in seinem Privatflugzeug nach Addis Abeba, wo er den äthiopischen Außenminister bat, ihm einen persönlichen Gefallen zu tun und diesen Mann freizulassen. Der Gefallen wurde ihm gewährt. Man brachte den Pastor wie versprochen in die tansanische Botschaft; von dort aus sollte er in der Limousine des Präsidenten zum Flughafen gefahren und aus dem Land geschafft werden.

In der Botschaft begrüßte ihn Präsident Nyerere persönlich. „Sie werden heute freikommen. Sie werden mit mir das Land verlassen." Aber der Pastor unterbrach ihn: „Nein. Ich werde mein Land nicht verlassen. Hier gehöre ich hin. Wenn ich gehe, entmutigt das alle Pastoren, die dazu nicht die Möglichkeit haben. Und es wirft alles über den Haufen, das ich je gepredigt habe. Ich habe immer dringend an die Christen appelliert, unser Land in dieser schweren Zeit nicht zu verlassen." Präsident Nyerere reiste alleine ab. Wenige Wochen später wurde dieser große äthiopische Pastor von Regierungssoldaten erdrosselt.

In demselben Land lebte ein junger Mann namens Assefa, der in seinen frühen Jugendjahren Christ geworden war und noch in seiner Schulzeit viele Mitschüler zum Glauben geführt hatte. Auch er saß mehrmals im Gefängnis. Einmal hörte er vor seiner Zelle Lärm und wurde nach draußen geführt, wo er sich die Leichen zweier junger Männer anschauen sollte, die gerade erschossen worden waren. Einen von ihnen hatte Assefa selbst zum Glauben geführt. Die Soldaten sagten zu Assefa: „Wenn du deinem Glauben nicht abschwörst, bringen wir dich auch um." Assefa weigerte sich, und doch erschossen ihn die Soldaten aus irgendeinem Grund, der nur Gott bekannt ist, nicht. Einige Tage später wurde er aus dem Gefängnis geworfen.

Jahrelang hatte er keinen festen Wohnsitz, und manchmal suchte er sich sein Essen aus Mülltonnen zusammen. Erst nach dem Fall des Regimes konnte er sein Studium fortsetzen. Nach seinem Abschluss wurde er Generalsekretär der äthiopischen Studentenbewegung, zu der in den 90ern rund ein Fünftel aller Studenten des Landes und etwa 500 gut ausgebildete Bibelkreisleiter zählten. Wenn sie in Schwierigkeiten gerieten, sagten die Leute aus Assefas Heimatort immer: „Geh zu dem Gott Assefas. Der kann dir helfen." Welcher dieser beiden äthiopischen Brüder hat nun den größeren Glauben unter Beweis gestellt: der Pastor, der erdrosselt wurde, oder Assefa? Sie lebten beide aus Glauben heraus, aber der Herr hielt es für richtig, den einen heimzurufen und den anderen zu verschonen.

Viele Beispiele ließen sich hinzufügen. Allen Betroffenen bewiesen einen starken Glauben, ob sie nun aus der Bedrohung gerettet wurden oder nicht.

Aber nun stehen wir vor einer weiteren Frage. Was hat diese gläubigen Studenten, Hauptamtlichen und Akademiker dazu bewogen, standhaft zu bleiben und und treu für Christus zu leben? Ich möchte drei Dinge nennen.

1. Sie erlebten Gottes Gnade

Das Wort „Gnade" ist einzigartig und findet sich nur im Neuen Testament; in keiner anderen religiösen Schrift wird es verwendet.[57] Es beschreibt, wie Gott Menschen völlig unverdiente Gunst oder reine Barmherzigkeit erweist. Gnade macht es möglich, dass Gott unsere vergangenen Sünden vergibt und sogar vergisst. Mehrmals heißt es in der Schrift, dass Gott der Sünden derer, die ihn um Vergebung gebeten haben, „nicht mehr gedenkt".

Das habe ich einmal einer Gruppe von Studenten in Frankreich erklärt. Mitten während der Bibelarbeit rief ein junges Mädchen plötzlich laut „Halleluja!" Ich war überrascht, da sie aus einem traditionellen Gemeindehintergrund kam und es nicht gewohnt war, ihrem Glauben so extrovertiert Ausdruck zu verleihen. Einige Wochen später suchte sie ein Gespräch unter vier Augen mit mir.

„Du hast doch gesagt, dass Gott unsere Sünden nicht nur vergibt, sondern auch *vergisst*. Glaubst du, dass das für alle unsere Sünden gilt?", begann sie.

„Ja", gab ich zurück. „Warum fragst du?"

Drei Jahre zuvor hatte sie abgetrieben. Ihre Mutter hatte sie dazu gedrängt und sie fühlte sich schrecklich schuldig. Konnte Gott ihr vergeben, dass sie einem ungeborenen Kind das Leben genommen hatte? Ich forderte sie auf, noch einmal zu lesen, was in der Bibel stand.

„Sagt Gott da: ‚Ich werde nicht mehr an eure Sünden denken – nur noch an die Abtreibungen?' Nein, bei ihm heißt es: ‚Ich werde nicht mehr an eure Sünden denken.' Punkt. Keine Ausnahmen! Du wirst natürlich mit den Folgen leben müssen, die der Verlust dieses Kindes mit sich bringt, aber aus der Sicht der Ewigkeit hat Gott dir vergeben und von sich aus beschlossen, nicht mehr an deine Sünde zu denken."

Die „Vergesslichkeit Gottes" ist eine bemerkenswerte Lehre. Sie ist Balsam für alle, die von Schuldgefühlen heimgesucht werden. Wenn wir diese Wahrheit begreifen, fragen wir uns nicht länger was *muss* ich tun, sondern was *kann* ich tun, um einem so wunderbaren Gott zu dienen?

Wie wunderbar Gottes Gnade ist, wurde mir bei einer Studentenkonferenz 2001 in Argentinien wieder einmal deutlich. Dort lernte ich einen holländischen Missionar kennen, der nach dem Zweiten Weltkrieg Gemeindegründung in Irian Yaya betrieben hatte, unter Menschen, die noch wie in der Steinzeit lebten. Er hatte eine Erweckung erlebt, bei der Tausende zum Glauben kamen. Er hatte sogar erlebt, wie Menschen, die vor ihrer Bekehrung Familienangehörige des jeweils anderen getötet hatten, sich miteinander versöhnten.

Am ersten Abend der Konferenz sprach ich über die Gnade Gottes. Nach der Veranstaltung ging ich nach draußen, um die wunderschöne, sternklare Nacht zu genießen. Der Missionar folgte mir. Er dankte mir und fuhr dann fort: „Ich bin immer tief bewegt, wenn ich jemanden von der Gnade Gottes reden höre." Ich fragte ihn warum, und er erzählte mir, dass er im Zweiten Weltkrieg, bevor er Christ geworden war, zur Hitlerjugend in Holland gehört und viele schlimme Dinge gesehen und getan hatte. Und trotzdem hatte Gott ihn zu sich gezogen und, mehr noch, gebraucht bei dieser Erweckung in Irian Jaya.

„An einem Tag haben wir zweitausend Leute getauft", erzählte er. „Wenn ich daran denke, bin ich dankbar, dass Gottes Gnade so weit reicht. Er hat mich nicht nur gerettet, sondern mich gebraucht – trotz meiner Vergangenheit."

Und darüber hinaus zeigt uns Gott seine Gnade, indem er uns jeden Tag neu Kraft gibt – auf eine Weise, die Nichtchristen sich gar nicht vorstellen können; er schenkt uns Hilfe und Trost durch den Heiligen Geist, die Verheißungen der Schrift und die Ermutigung durch die Schwestern und Brüder in Christus. Wang Ming Dao, einer der größten Prediger der chinesischen Inter-Varsity-Bewegung in den 40er-Jahren, verbrachte mehr als 30 Jahre im Gefängnis, einen guten Teil davon in Einzelhaft. Die Verheißungen der Schrift erhielten ihn aufrecht. Als er in den 80ern entlassen wurde, interviewte ihn ein Freund von mir. „Sie sind jetzt halb blind und zu schwach zum Predigen. Sind Sie nicht bitter, dass Gott zugelassen hat, dass Sie 30 Jahre im Gefängnis waren?" Wang Ming Dao antwortete: „Nein, für mich waren die Jahre im Gefängnis meine Flitterwochen mit Jesus. Ich empfinde keine Bitterkeit."

Warum hat er das gesagt? Weil er die Gnade Gottes erfahren hat – sie hat seine Vergangenheit bereinigt, ihm Trost und Zuspruch geschenkt und ihn mitten in Schwierigkeiten unterstützt. Wir können die Herausforderungen schultern, die der Ruf zur Opferbereitschaft in der Studentenarbeit mit sich bringt, weil wir die wunderbare Gnade Gottes kennen. Es ist interessant, in 2. Timotheus 2 zu lesen, wie Paulus Timotheus zunächst daran erinnert, stark zu sein in der Gnade, die in Christus Jesus ist. Erst danach fordert er ihn auf, die Lehre, die er empfangen hat, weiterzugeben und Schwierigkeiten zu ertragen. Wir sollten immer an Gottes Gnade erinnern, bevor wir die Leute aufrufen, zu Opfern bereit zu sein – Gottes Gnade motiviert uns zur Opferbereitschaft.

2. Sie waren von der Wahrheit des Evangeliums überzeugt

In vielen Teilen der Welt werden Gefühle und Emotionen mitunter in ungesunder Weise betont. Gefühle sind wichtig, das sollten wir nicht leugnen, denn sie gehören mit zu dem, was uns als Menschen ausmacht. Aber subjektive Empfindungen müssen von objektiven Überzeugungen im Zaum gehalten, gelenkt und geleitet werden. Und diese Überzeugungen müssen aus unserem Verständnis der biblischen Wahrheit erwachsen.

Ich kann mich noch gut erinnern, wie ich vor ein paar Jahren in Portugal mit einer Reihe von chinesischen Studenten ins Gespräch kam. Sie waren von portugiesischen Studenten zu ihrer nationalen Konferenz eingeladen worden. Wir boten ihnen Neue Testamente an, die sie mitnehmen und selber lesen konnten. Einen von ihnen fragte ich, warum er denn das Neue Testament lesen wollte, und seine durchdachte Antwort faszinierte mich: „Diese christlichen portugiesischen Studenten sind ganz normale Leute wie wir, und sie sind sehr freundlich zu uns gewesen. Also haben wir zugehört, als sie uns erzählt haben, was sie glauben, weil wir gemerkt haben, dass ihnen ihr Glaube so wichtig ist. Sie haben uns gesagt, dass Jesus Gott ist, der in menschlicher Gestalt gelebt hat, und dass die Bibel Gottes Bericht davon ist, was Jesus getan hat. Deswegen wollen wir das lesen."

Einem anderen schlug ich vor, dass wir uns in ein paar Tagen noch einmal treffen, um darüber zu reden, was er gelesen hatte. Als wir uns trafen, fragte ich ihn, was er von Jesus hielt, wie er uns in den Evangelien begegnet. Er erklärte mir, dass ihm Jesus sehr gut gefiel, aber dass es für ihn sehr schwer sein würde, Christ zu werden, weil er dann bei seiner Rückkehr mit Verfolgung rechnen müsse.

Ich sagte zu ihm: „Die Schlüsselfrage, auf die du eine Antwort finden musst, ist: ‚Glaubst du, dass Jesus der Retter der Welt ist, wie er behauptet?' Wenn diese Behauptung wahr ist, musst du ihm folgen, egal was es dich kostet." Am nächsten Tag trafen wir uns wieder, und ich fragte ihn, ob er darüber weiter hatte nachdenken können. „Ich glaube, dass Jesus die Wahrheit sagt", gab er zur Antwort, „und ich möchte ihm folgen." Er wusste, dass es ihn teuer zu stehen kommen konnte. Er war von der Wahrheit des Evangeliums überzeugt. Nur diese Überzeugung hilft Studenten dabei, sich treu zu Christus zu halten.

3. Sie hatten die Hoffnung des ewigen Lebens im Blick

Eines der stärksten Beispiele, die ich dafür in den letzten Jahren erlebt habe, kommt aus Lateinamerika. Am 18. September 1997 wurde Neal Eldrenkamp, Medienbeauftragter der IFES in Lateinamerika, in den Außenbezirken von Quito in Ecuador von Autodieben erschossen. Seine Frau Ruth und die beiden kleinen Kinder Jonathan und Luana mussten hilflos zusehen. Jonathan lag in Neals Armen, als die Räuber auf ihn schossen und er starb. Zwei Jahre später erzählte Ruth davon, auf derselben World Assembly, auf der wir auch Grace Morillos Bericht hörten. Sie erinnerte sich an zurückliegende Weltversammlungen, die sie zusammen mit Neal besucht hatte, und fügte dann hinzu:

> Heute stehe ich alleine hier. Jonathan, Luana und Natalia (die im November 1997 geboren wurde) sind zu Hause in Buenos Aires und Neal ist in unserem ewigen Zuhause bei Gott. Als er vor fast zwei Jahren erschossen wurde, war das das plötzliche Ende aller Träume, die wir für uns als Familie und für unseren Dienst hatten. Aber warum erzähle ich davon?
>
> *Erstens*, weil ich euch, meiner IFES-Familie, danken möchte. Ihr habt mir und meinen Kindern Gottes Gnade spürbar vermittelt. Eure Liebe, eure Gebete, Geschenke und Worte der Ermutigung haben bewirkt, dass wir gar nicht zusammenbrechen konnten, selbst wenn wir es gewollt hätten. Sie haben mich aufrechterhalten, ebenso wie die Fürsorge Gottes, der mir eine gottesfürchtige Familie, meine Gemeinde und die IFES geschenkt hat.
>
> *Zweitens* stehe ich hier, weil ich unbedingt erzählen muss, was für einem Gott wir dienen. Ja! Er ist der Gott der Geschichte, der allmächtige Herrscher. Und doch hat er beschlossen, seine Herrschaft auszuüben, indem er seinen eigenen Sohn hingegeben und den äußersten Schmerz, Finsternis, Trennung und den absoluten Verlust auf sich genommen hat. Alles Konsequenzen unserer Sünde, aber er ertrug sie an unserer Stelle, damit wir ewig mit ihm leben können und damit die Schöpfung wieder zu dem werden kann, was er im Sinn hatte. Er begleitet uns nicht nur in unserem Leid, sondern leidet um unsretwillen.
>
> *Drittens* muss ich mich und andere daran erinnern, dass das die Welt ist, in der wir leben – eine kaputte Welt voller Leere, zerrissen von Ungerechtigkeit, Armut und Gewalt. Die Frage ist dann nicht ‚Warum?', sondern ‚Warum nicht?' Warum sollten wir als Christen erwarten, dass wir gegen all den Schmerz und Verlust immun sind, während der Rest der Welt zu leiden hat?
>
> *Schließlich* – und das ist eigentlich der Hauptgrund, weshalb ich heute

hier etwas sage – diese Kaputtheit ist nicht das Ende vom Lied. Unser Schmerz geht tief, aber er ist nicht allumfassend; unser Verlust wiegt schwer, aber er ist nicht ewig; der Tod ist unser Feind, aber er hat nicht das letzte Wort. Das geschlachtete Lamm ist auch der Löwe von Juda, und eines Tages wird er seine vollkommene Herrschaft der Liebe, des Friedens und der Gerechtigkeit aufrichten. Das ist die Hoffnung des Evangeliums.

* * *

An dieser Stelle möchte ich auch mein persönliches Zeugnis anfügen. 1986, als ich als IFES-Regionalsekretär für Europa arbeitete, schenkte der Herr meiner Frau und mir eine wunderbare Tochter, Jessica Angharrad (was auf walisisch „die Vielgeliebte" bedeutet). Leider kam sie mit einer unheilbaren Krankheit zur Welt und starb nur wenige Monate später. Weil wir uns von der Hoffnung des Evangeliums getragen wussten, ließen wir auf den Grabstein Worte meißeln, die ungefähr denen Davids entsprechen, nachdem Gott es für richtig gehalten hatte, seinen Sohn zu sich zu holen. „Sie kann nicht zu uns zurückkehren, aber wir werden zu ihr gehen." Es war die gleiche Überzeugung, die auch Ruth nach Neals Tod zum Ausdruck brachte. Wir freuen uns über die Hoffnung des ewigen Lebens, wo wir mit geliebten Menschen wieder vereint werden, die uns in die Gegenwart Christi vorausgegangen sind, weil sie ihn liebten und ihm gefolgt sind, und weil sein Versprechen an die Jünger bis heute unumstößlich steht: „Wo ich hingehe, da werdet ihr bei mir sein."

Und deswegen sind Christen die ganze Geschichte der Kirche und der Studentenarbeit hindurch bereit gewesen, Opfer zu bringen: Weil sie die Gnade Gottes geschmeckt hatten, von der Wahrheit des Evangeliums überzeugt waren und die Hoffnung des ewigen Lebens im Blick hatten. Die nächste Generation kann die Tradition solcher Heldentaten fortsetzen, wenn sie im Licht dieser drei großartigen Wahrheiten lebt.

9. Vorsehung und Ausdauer

Meine Gabe? … Ich kann durchhalten – ich kämpfe mich vorwärts, egal in welche Richtung

(William Carey)

Viele fangen gut an, aber nur wenige hören auch gut auf.

(Wang Ming Dao)

Ich finde Kaleb so faszinierend. Als er 85 Jahre alt ist, sagt er: „Ich bin noch heute so stark, wie ich war an dem Tage, da mich Mose aussandte. Wie meine Kraft damals war, so ist sie noch jetzt, zu kämpfen und aus- und einzuziehen." (Josua 14,11). Er spielt damit auf die Zeit 45 Jahre zuvor an, als er und Josua zusammen mit einigen anderen als Kundschafter ins Land Israel geschickt wurden. Er besaß noch den gleichen Mut, die gleiche Hartnäckigkeit, den Eifer und die Ausdauer, die ihn als Mann mittleren Alters ausgezeichnet hatten – und das ist ziemlich selten. Es gibt so viele Hindernisse, die dem Wachstum eines Gotteswerks entgegenstehen, und es ist herrlich, einen solchen Geist des Eifers, der Ausdauer und Leidenschaft für Gottes Ehre zu sehen. Wir werden unser Ziel nur erreichen, wenn wir uns unbeirrbar an Christus und an seinem Willen ausrichten.

Als Kaleb das Land auskundschaftete, befand er sich in der Gesellschaft elf weiterer Männer. Aber zehn von diesen berichteten bei ihrer Rückkehr zum Hauptquartier, dass ein Einmarsch ins Land überhaupt nicht infrage kam, weil die Städte stark befestigt und außerdem von Riesen bewohnt waren, im Vergleich zu denen sich die Israeliten wie Heuschrecken ausnahmen (4. Mose 13,26-33). Das stimmte zwar, aber Josua und Kaleb waren nicht so pessimistisch: „Lasst uns hinaufziehen und das Land einnehmen, denn wir können es überwältigen." (Vers 30) Für ihn war nicht entscheidend, wie groß das Problem war, sondern wie groß Gottes Möglichkeiten waren, einzugreifen, sie zu segnen und ihnen den Sieg zu schenken. Deshalb lobte Gott Kaleb, „weil ein anderer Geist in ihm ist und er mir treu nachgefolgt ist" (4. Mose 14,24). Auch heute sucht Gott solche Kalebs.

Es ist immer herrlich, ältere Christen kennen zu lernen und ihre Augen leuchten zu sehen, wenn sie von ihrer Entschlossenheit reden, für Christus zu leben. Dieser Entschluss hat viele große Missionare ausgezeichnet, und es hat an solchen guten Leuten in der Geschichte der IFES kein Mangel geherrscht.

Ein Ausdauertest

Adoniram Judson – einer der ersten Missionare aus Nordamerika
Adoniram Judson spürte zum ersten Mal Gottes Ruf in die Weltmission, als er noch in Yale studierte. Er war einer der Gründer des Student Volunteer Movements, das einer der Vorläufer der IFES war und Zehntausende Missionare aussendete. 1812 segelte er zusammen mit seiner Frau Ann von Massachusetts nach Indien. Weil es Schwierigkeiten mit ihren Visa gab, reisten sie weiter nach Burma (heute Myanmar), wo sie 1813 ankamen. Was Judson durchmachte, ist in der neueren Missionsgeschichte ziemlich einzigartig.

Er nutzte die drei Monate, die sie unterwegs waren, um sich mit dem Thema Taufe auseinanderzusetzen, und kam zu der festen Überzeugung, dass er und Ann getauft werden sollten, wenn sie ankamen. Als er das seinen Unterstützern in der Heimat erklärte, kam es zum Bruch. Sie stoppten alle finanzielle Unterstützung für ihn! Erst nach mehreren Wochen voller Ungewissheit floss wieder Geld.

Es dauerte über zwei Jahre, die Regeln der burmesischen Sprache zu verstehen – in einem Land, in dem kein Englisch gesprochen wurde. Nach sechs Jahren erlebte er zum ersten Mal, dass sich jemand bekehrte. Bis zum Ende seines Lebens waren es weniger als 25, von denen nur ungefähr die Hälfte zu einem lebendigen Glauben fanden.

Während des Krieges mit Großbritannien wurde Adoniram Judson beschuldigt, ein Spion zu sein. Man warf ihn in das „Todesgefängnis" (1824–1825), wo er jede Nacht an seinen Fußfesseln kopfüber aufgehängt wurde.

1828 starb Ann, was ihn in eine schwere Depression stürzte. Vier Monate lang saß er neben ihrem Grab, malte sich ihren verwesenden Körper vor Augen und schrieb: „Gott ist mir der große Unbekannte geworden. Ich glaube an ihn, aber ich kann ihn nicht finden." Wir können uns kaum vorstellen, in welche Trostlosigkeit dieser Mann Gottes so fern von zu Hause stürzte. Dazu kam noch, dass mehrere der Menschen, die sich zu Christus bekannt hatten, vom Glauben abfielen, als sie Widerstand erlebten.

Judson verlor zwei Frauen, sechs Kinder und mindestens elf Mitarbeiter. Er starb in Finsternis. Aber eine Aufgabe führte er zu Ende: Die Burmesen erhielten die Bibel in ihrer Sprache.

1993 reiste Paul Borthwick anlässlich des 150. Jahrestages der ersten burmesischen Bibelübersetzung nach Myanmar. In einem Treffen mit Jugendleitern griff er nach einer Bibel. Er verstand die Schrift nicht, aber auf dem ersten Blatt stand ein Satz auf Englisch, den er verstand: „Übersetzt von Reverend A. Judson." Sie benutzten immer noch dieselbe Übersetzung! Was für ein beredtes Zeugnis von Judsons solider Leistung, von seiner sorgfältigen linguistischen Arbeit – und was für ein Vermächtnis.

Paul war sehr berührt, als er darüber nachdachte, und er fragte Matthew Hla Win, seinen Gastgeber und Dolmetscher, was dieser von Judson wüsste. Matthew gab zur Antwort: „Immer wenn der Name Judson fällt, treibt mir das die Tränen in die Augen. Wir wissen, wie er und seine Familie gelitten haben." Und er fügte bewegt hinzu: „Heute gibt es sechs Millionen Christen in Myanmar, und wir alle haben ein gemeinsames geistliches Erbe: das, das Reverend Adoniram Judson uns hinterlassen hat."

War Judsons Dienst ein Fehlschlag? Zu Lebzeiten mag es so gewirkt haben, aber im Lauf der Geschichte wurde deutlich, wie sehr Gott hinter seiner Arbeit stand und sie segnete. Zu oft beurteilen wir einen Dienst nur ausschließlich anhand seiner kurzfristigen Erfolgsbilanz, aber: „Lasst uns Gutes tun und nicht müde werden; denn zu seiner Zeit werden wir auch ernten, wenn wir nicht nachlassen." (Galater 6,9)

Einer davon ist Francisco Mira Moya, der Generalsekretär der GBU in Spanien. Francisco kommt aus Andalusien in Südspanien. Ich kann mich noch gut an eine Schulung für studentische Leiter mit ihm erinnern, Ostern 1984 in Plencia an der baskischen Küste, bei der ich Gastreferent war. Rund 40 Studenten waren gekommen. Francisco war der einzige Angestellte der GBU, und er arbeitete nur Teilzeit. Die Arbeit war schwach und existierte nur in wenigen Städten des Landes.

Der erste Generalsekretär der IFES, Stacy Woods, hatte 1964, zur Zeit des Franco-Regimes geschrieben: „Wenn wir es nicht aus Gottes Perspektive betrachten, ist der Gedanke an eine evangelistische Studentenbewegung in Spanien haltloser Optimismus.“ Kurz darauf ging es los; die Pionierarbeit leisteten Lateinamerikaner. Samuel Escobar kam während eines Sabbatjahres an die Universität von Madrid und begann, einen wöchentlichen Bibelkreis einzurichten. Andere führten ihn fort, darunter Ruth Siemens und einige Master- und Promotionsstudenten von Operation Mobilisation, zum Beispiel Stuart Park, der zuvor in Cambridge, und David Burt, der in Oxford studiert hatte. Jill Spink, eine weitere Britin, bis dahin Hauptamtliche in London, zog 1983 nach Salamanca und tat dort lange Zeit ihren Dienst.

Die Osterkonferenz 1984 war mein erster Besuch in Spanien, seit ich IFES-Regionalsekretär für Europa geworden war. Gegen Ende der Konferenz beschloss eine Gruppe von Studenten, ins nahe gelegene Bilbao zu fahren, um sich dort ein wenig umzuschauen und vielleicht noch ein Dankeschön für den Gastreferenten zu kaufen. Tragischerweise wurden sie in einen Verkehrsunfall verwickelt und zwei Studenten, vermutlich die fähigsten, die es in der Bewegung zu dieser Zeit gab, wurden auf der Stelle getötet. Tuula Waris (24) war die Tochter finnischer Missionare in Nordspanien, studierte Medizin und leitete die Gruppe in Bilbao. Rolando González (19) war der Sohn eines der Pioniere der spanischen Studentenarbeit und wollte demnächst mit dem Studium beginnen. Ihre Geschwister, Rodolfo González und Rayli Waris, wurden beide schwer verletzt. Als die Nachricht die übrigen Studenten auf der Konferenz erreichte, waren sie am Boden zerstört. Bis dahin hatten Leichtigkeit und Humor die Atmosphäre bestimmt, aber plötzlich wurde den Studenten klar, wie real der Tod und wie ernst und wichtig die Botschaft des Evangeliums ist. Am Ende der Konferenz verpflichteten sich viele von ihnen, das Andenken dieser beiden jungen, eifrigen Christen in Ehren zu halten, indem sie die evangelistische Arbeit der spanischen GBU verstärkten.

Francisco und ich gingen im Hafen von Plencia eine Runde spazieren. Ich kann mich noch erinnern, wie ich zu ihm sagte; „Francisco, diese Bewegung ist immer noch sehr schwach. Aber der Tod dieser beiden Studenten hat die anderen Leiter hier neu aufgerüttelt und angespornt.

Sie brauchen jemanden, der ihnen die Richtung zeigt und ihnen hilft, das Ziel nicht aus den Augen zu verlieren. Jemand sollte wenigstens zehn Jahre lang dafür arbeiten, eine gute Grundlage zu legen und dem Evangelium eine echte Wirkung zu verschaffen, an den Universitäten und darüber hinaus. Das muss entweder Rodolfo sein oder du."

Francisco und seine Frau Ana kamen überein, dass er die besten Jahre seines Lebens dazu verwenden sollte, die Arbeit an den Universitäten Spaniens aufzubauen. Heute, mehr als 20 Jahre später, dient er immer noch als Generalsekretär. Die spanische ist eine der stabilsten Bewegungen in Europa, mit leidenschaftlichen und engagierten spanischen Akademikern als Hauptamtliche. Sie ist inzwischen in 17 Städten im ganzen Land präsent, in zwölf weiteren gibt es Pionierarbeit. Insgesamt gehören rund 500 Studenten zu diesen Gruppen. Francisco selbst wird in Gemeinden in ganz Spanien sehr für seine Leitung, seinen Einsatz und seine Hingabe geschätzt. Dank dem aufopferungsvollen Dienst seines Hauptamtlichenteams sehen wir nun, wie Führungspersönlichkeiten für die Gemeinde aus der Arbeit hervorgehen, deren Einfluss allmählich auf das ganze Land ausstrahlt.

Nachdem er zwei äußerst begabte studentische Leiter verloren hatte, hätte Francisco sich leicht entmutigen lassen und nach einer anderen Aufgabe umsehen können. Aber er hielt durch. Zu seinen wichtigsten Mit-Leitern gehört Rodolfo Gonzáles, der als Vorsitzender bzw. stellvertretender Vorsitzender verschiedener landesweiter Ausschüsse gearbeitet hat. Rodolfo ist mit Jerka verheiratet, die aus Jugoslawien stammt. Die beiden haben sich auf einer internationalen IFES-Konferenz kennen gelernt.

Die geheimnisvolle Vorsehung Gottes

Die Studentenarbeit in Bangladesch geht auf ähnliches Durchhaltevermögen zurück. Bob Cutler war Ende der 60er-, Anfang der 70er-Jahre als Hauptamtlicher der britischen Studentenbewegung tätig. Chua Wee Hian suchte nach einem erfahrenen Mitarbeiter, der helfen sollte, eine Studentenarbeit in Bangladesch auf den Weg zu bringen, und dabei fiel Bobs Name. Auf Wee Hians Einladung hin reiste Bob Mitte der 70er nach Bangladesch aus. Das Land war gerade dabei, sich von einer

Phase großen Elends und Leids zu erholen, zu dem auch ein neunmonatiger Krieg mit Pakistan gehört hatte. Erst 1971 war es unabhängig geworden. Millionen waren umgekommen oder geflohen, und die ganze Infrastruktur musste neu aufgebaut werden. Bob arbeitete mehr als zehn Jahre lang dort und begann Gruppen in mehreren Städten anzustoßen. Sein Ziel war aber, einen fähigen Bangladescher zu finden, der eine eigenständige, einheimische Arbeit aufbauen konnte.

Der Herr führte ihn zu einem bemerkenswerten jungen Mann, Mihir Sarker. Bob investierte viel in ihn, verbrachte Zeit mit ihm und seiner jungen Familie und schickte ihn dann für eine dreijährige Ausbildung ans London Bible College. 1990 kehrte Mihir nach Bangladesch zurück. Nach einem Jahr der Zusammenarbeit mit Bob sollte er die Arbeit übernehmen. 1991, wenige Monate nachdem Bob nach Großbritannien zurückgekehrt war, war Mihir mit dem Bus unterwegs. Die genauen Umstände haben sich nie ganz rekonstruieren lassen, aber als er aus dem Bus stieg, wurde er von einem anderen Fahrzeug erfasst. Er war sofort tot. Die Person, in die Bob so viel investiert hatte, war ganz plötzlich in den Himmel abberufen worden. Die Studenten und Akademiker der dortigen Bewegung waren, wie die ganze IFES-Familie, am Boden zerstört angesichts dieses Unglücks, bei dem sie einen von allen geliebten Leiter verloren hatten. Viele hatten den Eindruck, dass Mihir eine zentrale kirchliche Leitungsfigur in Bangladesch geworden wäre und einen hervorragenden Generalsekretär der dortigen Arbeit abgegeben hätte. Er war erst 37 Jahre alt.

Den Akademikern in der nun leiterlosen Bewegung in Bangladesch fiel kein besserer Ausweg aus der Situation ein, als Bob zu bitten zurückzukehren und einen neuen Leiter aufzubauen. Bob war so erschöpft, dass er sich das kaum vorstellen konnte. Und doch, obwohl er Gottes rätselhafte Vorsehung nicht verstand, fühlte er sich der Sache des Evangeliums und den bangladeschischen Studenten weiterhin so verpflichtet, dass er schließlich zustimmte, für zwei weitere Jahre nach Bangladesh zu gehen. Als er zurückkehrte, arbeitete er an der Seite von Peter Mazunder, einem Jungakademiker, der zum Mitarbeiterteam von Mihir gehört hatte, und widmete ihm viel Zeit und Energie. Peter leitet die Arbeit dort bis heute, inzwischen gehören acht Hauptamtliche dazu.

Die Bewegung wird zunehmend geschätzt und geachtet. Als christliche Studenten an der Universität von Dhaka einen Workshop zum Thema: „Jesus Christus, der Friedensstifter“ anboten, stellten sich das Institut für Weltreligionen und das Institut für Friedens- und Konfliktforschung dahinter, und der Vizekanzler ließ sich gerne als Ehrengast einladen. Rund 500 Studenten und Mitarbeiter der Universität nahmen ein Neues Testament oder eine evangelistische CD entgegen, die die Studenten und Hauptamtlichen produziert hatten.

Inzwischen haben sich an neun Universitäten missionarische Gruppen etabliert, an fünf weiteren muss eine Arbeit erst noch angestoßen werden. Das Land hat unter häufigen Zyklonen und Überschwemmungen zu leiden. Für begabte Absolventen besteht immer die Versuchung, ins Ausland zu gehen. Wir danken Gott für die Mitarbeiter, die sich mit geringen Gehältern zufriedengeben und sich weiter den Studenten verpflichtet wissen. Ihre Hingabe reicht über die Landesgrenzen hinaus: Hauptamtliche aus Bangladesch helfen derzeit, eine IFES-Bewegung in einem besonders schwierigen Land zu gründen – eines derjenigen, in denen es noch überhaupt kein christliches Zeugnis an den Hochschulen gibt.

Liberia

Ich habe oft sehr gestaunt, wie Gott seine Diener in Kriegen und Unruhen bewahrt hat. Als in Monrovia, der Hauptstadt Liberias, 1996 der Krieg zwischen Rebellen und der Regierung ausbrach, befanden sich John Buseh (der Generalsekretär der liberianischen Bewegung), alle Mitarbeiter und rund fünfzig studentische Leiter auf einer Schulung über Ostern. Als die Freizeit zu Ende ging, saßen sie fest. Sie waren von Rebellen umstellt. Nach zwei Tagen gingen ihre Vorräte zur Neige. John versuchte, mit den Rebellen zu verhandeln, aber er hatte eine Heidenangst, weil Menschen oft ohne jeden Anlass umgebracht wurden.

Diese Rebellen waren berüchtigt für Vergewaltigungen und dafür, dass sie Leute zwangen, mit ihnen zu marschieren und von Bezirk zu Bezirk, von Stadt zu Stadt und Dorf zu Dorf zu ziehen. Sie drohten, die Studentinnen aus der Freizeitgruppe zu vergewaltigen. Die Männer schlossen einen Kreis um die Frauen und sie beteten alle die ganze Nacht hindurch. Wie durch ein Wunder passierte den Frauen nichts.

Am nächsten Tag liefen sie 35 Kilometer nach Monrovia, das zu dieser Zeit als „sicheres Gebiet“ galt. Ihre weniges Gepäck trugen sie auf dem Kopf. Unterwegs stießen sie auf eine Gruppe bewaffneter Rebellenkämpfer, die ihr Geld und alle Wertsachen verlangten, dazu auch noch Schuhe und Uhren. Sie kamen alle wohlbehalten in Monrovia an, aber die Häuser einiger der Studenten hatte man geplündert und niedergebrannt.

Während der zweiten Phase des bewaffneten Konflikts (2000–2004) bildeten Studenten der liberianischen Bewegung Teams, um abgelegene Dörfer mit dem Evangelium zu erreichen. Trotz aller Schwierigkeiten und der drohenden Kriegsgefahr versorgten sie die Dörfer dabei mit dem am dringendsten Benötigten. Ohne sich darum zu kümmern, was es sie kosten konnte und was sie aufs Spiel setzten, legten sie oft weite Strecken zu Fuß zurück, um diese Evangelisationskampagnen durchführen zu können.

EINE WUNDERSAME VERSORGUNG MIT FISCHEN

Auf ähnliche Weise gefiel es Gott Anfang der 90er, die Gebete einer Gruppe von Studenten in Nordafrika zu erhören. In diesem Land, in dem der Islam vorherrscht, zählten sich nur einige hundert Menschen zur Kirche.

In dieses Land kommen viele Studenten aus den französischsprachigen Ländern südlich der Sahara mit Stipendien ihrer Regierungen, um eine bessere Ausbildung als in ihren Heimatländern zu bekommen. In einem Jahr waren unter denen, die ankamen, mehrere Christen, die in ihren jeweiligen Ländern in der Studentenbewegung aktiv gewesen waren. Natürlich suchten sie Gemeinschaft mit anderen Christen und begannen Bibelkreise zu gründen, zunächst in ein, zwei Städten. Aber die Sache breitete sich aus, und schließlich gab es an mehr als zehn Orten Bibelkreise. Schon bald planten die Leiter die erste landesweite Konferenz. Sie waren sehr arm, aber im Glauben buchten sie einen Campingplatz am Mittelmeer für eine Leiterschulung. 27 Teilnehmer kamen zusammen. Sie hatten alles Geld für den Campingplatz ausgegeben; nun hatten sie nichts mehr übrig, um Essen zu kaufen!

Einer hatte eine Gitarre mitgebracht, und so gingen sie am ersten Abend zum Strand hinunter und begannen, ihrem Herrn und Erlöser im Licht der untergehenden Sonne einige Loblieder zu singen. Während sie sangen, näherte sich ein Fischerboot. Die Fischer sprangen aus dem Boot und liefen zu den Studenten, um herauszufinden, was sie dort taten. Trotz Sprachschwierigkeiten schafften sie es zu erklären, dass sie christliche Lieder sangen. Sie erzählten den Fischern ganz freimütig, dass sie den Studenten an den Universitäten dieses muslimisch geprägten Lands von ihrem Glauben erzählen wollten. Und sie erzählten auch, dass sie in einer misslichen Lage waren und nicht genug Geld hatten, um Essen zu kaufen. Die Leute aus dem Boot erklärten, dass sie auch Christen waren – koreanische Fischer fern der Heimat. „Wir haben heute jede Menge gefangen. Ihr könnt etwas von unseren Fischen abhaben." Die afrikanischen Studenten waren begeistert! Es war zwar nicht die Speisung der Fünftausend, aber vielleicht können wir es immerhin die Speisung der Siebenundzwanzig nennen! Die christlichen koreanischen Fischer kehrten an jedem Abend dieser Woche zu dem Strand zurück und brachten den afrikanischen Studenten frischen Fisch. Das war ganz sicher Gottes fürsorgendes Handeln. Er hatte das Durchhaltevermögen und den Pioniergeist dieser Studenten anerkannt.

Chris Davies: Ausdauer und Weitblick

In acht Ländern Osteuropas gibt es inzwischen evangelikale Verlage. Chris Davies, die bis Ende der 70er für die britische Bewegung gearbeitet hatte, sah mit dem Blick des Glaubens, dass der Kommunismus zusammenbrechen und es viele neue Christen im Ostblock geben würde, die dann Hilfe brauchten, um im Glauben zu wachsen. Bis in die 80er-Jahre hinein reiste sie viermal im Jahr nach Ungarn, um christliche Studenten zu unterstützen und zu ermutigen. Es war eine Arbeit im Geheimen, von der im Westen kaum jemand wusste, und es war eine einsame Arbeit, die viel Gebet, Ausdauer und Entschlossenheit erforderte. Chris liebte es, den Studenten beizubringen, wie sie Bibelarbeiten leiten und die Evangelien für missionarische Gespräche einsetzen konnten. Sehr vorsichtig organisierte sie zusammen mit einigen ungarischen Evangelikalen kleine Studentenfreizeiten, und ganz allmählich wuchs die Arbeit. Inzwischen ist die Bewegung dort eine der stärksten in Europa, im ganzen Land gibt es christliche Studentengruppen in den Universitätsstädten. 2004 war Ungarn Gastgeber unserer großen europaweiten Studentenkonferenz zum Thema Evangelisation.

1985 erklärte mir Chris, wir müssten uns darauf vorbereiten, christliche Bücher für den Osten zu publizieren. Sobald der Weg dazu frei war, sollten sie so schnell wie möglich übersetzt werden und erscheinen können. Ganz offensichtlich hatte der Heilige Geist ihr das eingegeben, und unser Gespräch führte dazu, dass das East European Literature Advisory Committee (EELAC) gegründet wurde, ein gemeinsames Unternehmen von IFES und OM. Die Aufgabe des EELAC war, „einheimische Autoren zu fördern und Bücher von bleibendem Wert zu publizieren". Inzwischen sind mehr als 850 Titel in 15 Sprachen erschienen. Das Verlagshaus in Ungarn ist erstaunlich gewachsen, sowohl was die Bandbreite der verlegten Bücher betrifft als auch die Unterstützung für ungarische Autoren. Kornél Herjeczki, einer der führenden Hämatologen in Budapest, widmet heutzutage einen Großteil seiner Zeit der Leitung dieses Verlagshauses. Er war einer der Studenten, die Chris bei ihren stillen Besuchen kennen lernte. Er ließ sich von ihrer Vision anstecken und teilt auch ihre Ausdauer.[58]

1992 starb Chris im Alter von 44 Jahren. Sie hatte ein sanftes und empfindsames Gemüt und über die Jahre immer wieder an Depressionen gelitten. Aber sie hielt durch und ihr Leben war ein beredtes Zeugnis davon, was Christus durch uns bewirken kann, wenn wir ihn nur lassen.

WIE INTER-VARSITY PRESS ENTSTAND

Chris Davies besaß eine Eigenschaft, die letztlich hinter all unseren bedeutenden Initiativen steht und von der in diesem Buch schon die Rede war. Sie blickte auf das, was war, und sah, was daraus werden konnte. Unzufriedenheit ist keine der Geistesgaben, die im Neuen Testament erwähnt werden, und doch ist die Lehre des Apostel Paulus mit konstruktiver Unzufriedenheit gesättigt. Er bringt ständig eine tiefe Sehnsucht nach mehr zum Ausdruck – mehr Christus in seinem eigenen Erleben, mehr Christus in den Gemeinden, die er gegründet hat, mehr Christus im Leben der einzelnen Gläubigen. Wir lesen von seiner täglichen Sorge um die Gemeinden und hören die Sehnsucht aus seinen Gebeten heraus, dass die Christen immer besser verstehen, was ihnen in Christus alles geschenkt ist. Alle Mitarbeiter, die Studenten auf eine gute Weise prägen, ihnen große Ziele und einen weiten Horizont vermitteln wollen, legen diese ständige Sehnsucht nach Mehr und nach Besserem an den Tag.

Das erste evangelikale Verlagshaus, das von der IFES gegründet wurde, war Inter-Varsity Press (IVP) in Großbritannien. Den Büchern, die IVP Großbritannien und IVP USA herausgeben, wird heute weithin große Achtung entgegengebracht; sie sind in insgesamt über sechzig Sprachen übersetzt worden. Wenn man die Arbeit in Osteuropa mit einbezieht, gibt es inzwischen Schwesterverlage in mehr als 30 Ländern, die einen großen Teil der Welt abdecken. Jeder von ihnen ist stark in der IFES-Bewegung des jeweiligen Landes verwurzelt. Dadurch haben Studenten, Akademiker und die Gemeinde insgesamt heute Zugang zu Bibelkommentaren, Büchern über die christliche Lehre und Büchern für Christen in akademischen Berufen, die ihnen helfen, viele Themen inhaltlich anspruchsvoll und doch vom biblischen Hintergrund her zu durchdenken. Das war nicht immer so. An dieser Stelle möchte ich erzählen, wie die Geschichte begann:

Als die britische Inter-Varsity Fellowship (IVF) gegründet wurde, kamen die wenigen christlichen Bücher, die es überhaupt gab, eher aus einer frömmelnd-weltfremden Richtung, die dem Verstand nicht im gleichen Maße wie dem Herz gerecht wurde. Der kleine IVF-Mitarbeiterstamm unter Douglas Johnson (bekannt als „DJ“) fand das um der Studenten willen sehr unbefriedigend. Also warb DJ einen jungen Absolventen aus Birmingham an, Ronald Inchley, der sich mit ihm zusammen dieser Angelegenheit annahm. Ronald Inchley (bekannt als „RI“) war autodidaktischer Musiker, begabter Schauspieler und der erste aus seiner Familie, der überhaupt studierte. DJ, der sich noch gut erinnern konnte, wie RI die Christian Union an der Universität in Birmingham geprägt hatte, bat ihn, ihm „bei der Herstellung von Literatur zu helfen". Bis zu diesem Zeitpunkt hatte die Bewegung ganze drei handgeheftete Broschüren produziert sowie die Geschichte der gerade erst entstehenden IVF – geschrieben von einem jungen Mann namens Donald Coggan, der später Oberhaupt der Anglikanischen Kirche wurde.

RI war ein Mann mit schneller Auffassungsgabe und klarem Instinkt. Und er hatte Durchhaltevermögen in dem Sinn wie oben beschrieben: Er wollte für die Studenten und Akademiker immer mehr und immer Besseres. In den folgenden 30 Jahren wurde er oft auf Studentenkonferenzen gesichtet, wo er aufmerksam Diskussionen und Debatten folgte, Studenten bei Mahlzeiten in Gespräche verwickelte und sich sorgfältig Notizen machte. Er wollte, dass die Bücher der IVP genau den Kern dessen trafen, was die Studenten beschäftigte. Viele der Autoren, deren Bücher er später publizierte, lernte er schon als Studenten kennen. Er erkannte ihre Begabung früh und bekam mit, wie Ihre Fähigkeiten weiter geschliffen wurden. Kurz: Schon während ihrer Entwicklung sah er, wie Gott sie später würde gebrauchen können.

Als RI 2005 starb, erschienen in großen Zeitungen Großbritanniens Nachrufe auf ihn. Er hatte ein Verlagshaus gegründet, das noch zu seinen Lebzeiten weltweit Einfluss haben sollte – das sich die Aufmerksamkeit der ganzen Nation verdiente, nicht nur der Kirche.[59]

Dabei bleiben ist alles

Was wir aus dem Leben dieser Heiligen mit Durchhaltevermögen lernen können

1. *Gott arbeitet nach seinem eigenen Zeitplan.* Eugene Petersen hat es gut ausgedrückt: „Nachfolge ist ausdauernder Gehorsam in die gleiche Richtung." Wir sind oft so getrieben von der Sehnsucht nach einer schnellen Lösung. Samuel Escobar hat einmal sehr treffend gesagt, dass das Einzige, was das 20. Jahrhundert hervorgebracht hat, die Geschwindigkeit ist. Gott folgt seinem eigenen Zeitplan, und manchmal lässt er eine Arbeit langsamer wachsen, als uns lieb ist. Wie es in der Schrift heißt: „denn zu seiner Zeit werden wir auch ernten, wenn wir nicht nachlassen."

2. *Wir müssen den Verheißungen Gottes Glauben schenken.* Wenn wir schwierige Zeiten durchmachen, müssen wir uns an Gottes Versprechen erinnern und darin Halt finden. In Hebräer 10, 35-36 heißt es: „Darum werft euer Vertrauen nicht weg, welches eine große Belohnung hat. Geduld aber habt ihr nötig, damit ihr den Willen Gottes tut und das Verheißene empfangt."

3. *Es ist wichtig, eine realistische Sicht der Dinge zu bewahren.* Wenn wir kurz davorstehen aufzugeben, überfällt der Feind uns oft mit einem Gefühl der Einsamkeit, wie er das bei Elia getan hat (vgl. 1. Könige 19). Gott musste ihn daran erinnern, dass es noch mehrere tausend Gläubige in Israel gab. Wir denken oft, dass wir die Einzigen sind, die etwas Bestimmtes durchmachen. Dann müssen wir uns neu bewusst machen, dass andere genau in der gleichen Situation sind und dass auch Jesus Christus selbst das Rennen gelaufen ist.

4. *Wir sollten dankbar bleiben.* Jede größere Herausforderung ist eine Gelegenheit zu wachsen. Niemand ist je zu einem reifen Christen geworden, indem ihm die Hände aufgelegt wurden. Eine Geistesgabe mag einem in einem einzigen Augenblick zufallen, aber Charakterbildung dauert ein Leben lang. Peter Kuzmic aus Kroatien hat einmal gesagt: „Charisma ohne Charakter buchstabiert man K-a-t-a-s-t-r-o-p-h-e." Wenn wir unter Druck geraten, wenn unsere Pläne und Träume zerschlagen werden, wenn uns alles fast unerträglich scheint, dann ist das genau die Zeit, in der Gott unseren Charakter formt. Wir sollten das also positiv sehen und Gott in dankbarer Haltung begegnen. Die Schrift fordert uns auf, „dankbar in allen Dingen" zu sein, mitten in allen Situationen.

5. *Wir dürfen Gott als Vater kennen.* Als ich zum ersten Mal Calvins *Unterricht in der christlichen Religion* las, schrieb ich Hugh Goddard, einem IFES-Mitarbeiter, der damals im Libanon die Studentenarbeit aufbaute, und erzählte ihm, dass ich entdeckt hatte, dass ich ein Sklave (*doulos*) Christi war. Er schrieb mir schnell zurück: „Wenn das alles ist, was du bist, unterscheidest du dich nicht nennenswert von einem Moslem. Du bist nicht nur ein Sklave, du bist ein *Sohn*." Er hatte recht. Die Zusage, dass wir Söhne und Töchter Gottes des lebendigen Gottes sind, weckt in uns den dringenden Wunsch, weiterzumachen und ihm Ehre zu bringen.

6. *Wir müssen darauf hinarbeiten, unsere Aufgabe gut zu Ende zu bringen.* Bei allem, was Gott uns zu tun aufträgt, gibt es eine Ziellinie. Jesus hat von seinem Vater einen Auftrag bekommen und er wusste, dass er irgendwann würde sagen können: „Es ist vollbracht!" Für uns alle, für jede Berufung, gibt es eine Ziellinie, bei der wir sagen können, dass die Aufgabe erfüllt ist. Wir müssen alles daransetzen, dranzubleiben, bis wir Gottes Auftrag erfüllt haben – bis die Aufgabe erledigt ist oder bis wir den Stab an jemanden weitergegeben haben, der die Aufgabe übernimmt.

7. *Manche säen, manche pflanzen, manche ernten.* Unsere Aufgabe mag es sein, etwas zu säen, während andere dann da weitermachen, wo wir aufgehört haben. Ich kann mich an einen Mitarbeiter im Iran erinnern, der extra aus dem Ausland dorthin gezogen war und sagte: „Ich habe hier 40 Jahre gearbeitet und wenig Frucht gesehen. Ich glaube nicht einmal, dass ich besonders viel gepflanzt habe, aber ich habe jede Menge Schutt weggetragen, so dass jemand anderes kommen und etwas Neues aufbauen kann." Diese Aussage beweist ein Gespür für Gottes Zeitplan, ein Bewusstsein dafür, wie klein der eigene Beitrag zum großen Gesamtwerk ist, und sie macht deutlich, dass er sich bewusst dazu entschlossen hatte, Grundlagen für die Arbeit anderer zu schaffen.

10. Der Blick nach vorn

Da sprach er zu seinen Jüngern:
Die Ernte ist groß, aber wenige sind der Arbeiter. Darum bittet den Herrn der Ernte, dass er Arbeiter in seine Ernte sende.

(Matthäus 9,37-38)

Er dankte mir für diese edle Vision, die Gottes Wort und die Nachfolge in den Mittelpunkt stellte. Er hatte das Gefühl, dass das prophetische Auswirkungen hatte.

(Pionierarbeit in Äquatorialguinea)

Am Ende dieses Buches steht eine entscheidende Frage: Wie können die IFES-Bewegungen der weltweiten Gemeinde am Besten dienen? Dies wird immer die Schlüsselfrage sein. In Kapitel 5 habe ich Bobby Sng aus Singapur zitiert, als es um den gesellschaftlichen Beitrag von Studenten ging. Er hat recht mit seiner Aussage, dass sich das, was wir in Studenten investieren, am Besten zwanzig Jahre später beurteilen lässt. So lange dauert es, bis die Frucht unserer Arbeit im Reich Gottes herangereift ist.

Ich hoffe und bete, dass Studenten, Hauptamtliche und alle, die die Arbeit unterstützen, die Vision lebendig erhalten, die Gott uns gegeben hat. Um das zu tun, müssen wir jeder Studentengeneration neu vermitteln, woher wir kommen und wie der Herr uns auf unserem Weg geholfen hat. Manche der Lektionen, die wir gelernt, manche der Prinzipien, die wir entwickelt haben, hatten einen hohen Preis. Und wenn wir nun nach vorn blicken, denken wir an Martin Luthers Warnung zurück, die am Anfang von Kapitel 1 zitiert wurde, dass nichts so kurz ist wie das Gedächtnis des Christen, und an die wiederholte Ermahnung an das Volk Israel, sich zu erinnern.

Bei der internationalen Konferenz für evangelikale Studenten 1939 in Cambridge haben die Studenten und Akademiker einen Choral gesungen, der ihr Vertrauen auf Gott ausrichtete und der auf Konferenzen in den Jahren danach noch oft erklingen sollte:

Wir traun auf dich, du Schirmer und Beschützer,
wir gehen nicht allein ins Feindesland.
Du machst uns stark, wir sind in dir geborgen
und traun auf dich, du hast uns ausgesandt.

Wenige Monate nach dieser Konferenz brach der Krieg aus und es dauerte bis 1947, bis die IFES offiziell gegründet wurde. Und doch war die Gemeinschaft und Verbindung untereinander schon vorher real.

Der Apostel Paulus hat sich nicht gescheut, um Gebet zu bitten, und ich möchte seinen Wunsch aufgreifen und Sie um Gebet für die Welt der Studenten bitten. Viele Anliegen sind schon in den letzten Kapiteln vorgekommen. Auf diesen Schlussseiten soll es noch einmal verstärkt um etwas gehen, das uns sehr am Herzen liegt: die Gründung neuer Bewegungen so voranzutreiben, dass diese Aufgabe bald abgeschlossen ist. Und es soll um die Herausforderungen gehen, die vor allem in der muslimischen Welt vor uns liegen. Möge der Herr uns viel Mut geben, im Leben von Studenten zu säen, zu pflanzen, zu bewässern und aufzubauen. Viele von ihnen haben außergewöhnlichen Mut bewiesen. Besonders für drei Bereiche möchte ich Sie um Gebet bitten.

1. China

1948 produzierte die britische Inter-Varsity Fellowship einen anspruchsvollen Stummfilm mit dem Titel *The Decisive Years* („die entscheidenden Jahre"), der der christlichen Öffentlichkeit die Bedürfnisse und Möglichkeiten der Studentenarbeit nahebrachte. Zunächst stellte er die Arbeit in Großbritannien und Irland dar, dann in Nordamerika, und schließlich streifte er kurz über die Kontinente. Dabei wurde deutlich, in welchen Ländern die IFES schon eine Arbeit etabliert hatte und was für eine gewaltige Aufgabe noch bevorstand. In einer ergreifenden Szene wurde der Text eingeblendet:

CHINA
Christliche Studenten in China werden ihren Glauben in schwierigen Zeiten bezeugen müssen

Diese Aussage erwies sich als prophetisch. Am 1. Oktober 1949 verkündete der große Vorsitzende Mao auf dem Platz des Himmlischen Friedens in Peking, dass das chinesische Volk „aufgestanden war“, und 1950 stellte die Bewegung in China, größtes Gründungsmitglied der IFES, die Arbeit ein. In den 20 Jahren davor hatte Gott in seiner Gnade dafür gesorgt, dass Leiter zugerüstet wurden für die Gemeinde in China, von der in den folgenden 20 Jahren so gut wie keine Nachricht mehr nach außen drang.

Ich kann mich noch an einen Bericht in der christlichen Presse Großbritanniens erinnern, nachdem Studenten 1989 auf dem Platz des Himmlischen Friedens demonstriert hatten. Der Chinaexperte der OMF, Tony Lambert, war dort und traute seinen Ohren nicht, als Choräle erklangen. Es war der erste Gottesdienst unter freiem Himmel seit 40 Jahren! Studenten bekannten vor den Augen der kommunistischen Regierung und den Medien der ganzen Welt mutig ihren Glauben. Die Gemeinde in China mochte in den Untergrund getrieben worden sein, aber gewiss nicht gestorben – hier war eine neue Generation missionarischer Studenten, die das bewies.

Als Tony Lambert sich dort mit Studenten unterhielt, stellte er fest, dass sie die Schriften von Francis Schaeffer für sich entdeckt hatten. Sie waren ganz aufgeregt über diesen Fund, waren sie doch auf der Suche nach den Grundlagen von Demokratie und Freiheit gewesen, als Schaeffers Werke sie geradewegs zur Bibel führten.

In China gibt es heute keine offizielle IFES-Bewegung, aber wir sind Gott dankbar für alles, was er unter den Millionen Studenten dort tut.[60] Die chinesische Hauskirchenbewegung verbreitet sich vom Land aus in die Städte hinein und hat entscheidenden Anteil daran, dass Gott wieder in großartiger Weise unter Studenten wirkt. Weil die Gruppen sich nicht auf dem Campus treffen dürfen, sind die Leiter der Hausgemeinden mit großem Einsatz dabei, geeignete Strategien für Studentenarbeit zu entwickeln und untereinander abzustimmen. Dutzende von Gruppen treffen sich und sind mit diesem Netzwerk verbunden; zu manchen von ihnen gehören über 100 Studenten. Ein Freund der Bewegung schreibt:

Die Studenten sind sich des Vakuums bewusst, das die atheistische Ideologie hinterlassen hat. Die politischen und sozialen Verirrungen haben Wunden geschlagen und die jungen Leute zutiefst frustriert. Nun suchen sie nach Antworten und sehnen sich nach Heilung. Das Evangelium trifft in der akademischen Welt bei sehr vielen auf offene Ohren und Herzen; viele werden zu einem neuen Leben in Christus geführt.

Nicht nur Studenten, auch Dozenten an den Hochschulen bekehren sich. Viele übernehmen Leitungsfunktionen in den Studentengruppen, und manche werden im politischen und sozialen Bereich aktiv.

Es ist abzusehen, dass China einen konkurrenzlos großen Einfluss in der Welt besitzen wird. Die Olympiade in Beijing, der Beitritt zur Welthandelsorganisation und die Tatsache, dass nun Scharen von chinesischen Studenten und Akademikern nach Osten und Westen reisen – vieles gibt Anlass zu der Hoffnung, dass sich in den nächsten zehn Jahren weitere radikale Veränderungen ergeben werden.

2. DIE ISLAMISCHE WELT

Wir veröffentlichen keine Liste der Länder, in denen wir derzeit noch daran arbeiten, eine evangelikale Studentenbewegung aufzubauen. Aber zu der Zeit, da dieses Buch in Druck geht, gibt es 18 davon, darunter einige der unzugänglichsten islamischen und totalitären Staaten der Welt.

Wir geben Gott die Ehre dafür, dass in der Vergangenheit immer mehr IFES-Bewegungen entstanden sind und in vielen die Verantwortung an Leiter aus dem jeweiligen Land übergegangen ist.

Muslimischen Studenten das Evangelium verkündigen

Wir haben mehr und bessere Möglichkeiten als je zuvor, muslimische Studenten mit dem Evangelium in Kontakt zu bringen. Aber welche Assoziationen verbinden wir mit dem Islam? Vielleicht denken wir an Terrorismus, Ölscheichs, die Burka oder den Gebetsruf des Muezzin. Missverständnisse und Unkenntnis haben dazu geführt, dass sich verschiedene Mythen gebildet haben, was christliche Mission unter den 1,1 Milliarden Anhängern des Islam betrifft. Fraglos stehen wir vor großen Herausforderungen, aber ein Mangel an Informationen kann das Bild doch sehr verzerren.

- *Mythos 1: Die muslimische Welt steht dem Evangelium geschlossen feindselig gegenüber.* Missionarische und Gemeindearbeit sind in den Golfstaaten wirklich schwierig, aber in manchen offiziell islamischen Ländern wächst die Offenheit dem Evangelium gegenüber. Dazu gehören die zentralasiatischen Republiken der ehemaligen Sowjetunion. Manche dieser Völker kennen kaum die Lehren des Islam. Ihre Religion besteht für sie nur aus einigen in der Alltagskultur verankerten Praktiken und Ritualen, wie der Beschneidung oder dem Beerdigungsritus. (Mehr Informationen dazu in *Gebet für die Welt.*[61])

- *Mythos 2: Die islamische Welt besteht vor allem aus Nordafrika und dem Nahen Osten.* Was als das 10:40-Fenster bekannt geworden ist, bildet immer noch das Kernland des islamischen Fundamentalismus. Aber eine große Zahl von Muslimen lebt anderswo. Während sie in Asien zahlenmäßig am stärksten vertreten sind, breitet sich der Islam auch in Afrika südlich der Sahara aus. Der Einzelstaat mit der größten Anzahl an Muslimen ist Indonesien.

- *Mythos 3: Es ist unmöglich, in Ländern zu evangelisieren, die dem Gesetz der Scharia folgen.* In einem solchen Land gibt es bereits eine Arbeit unter mehreren hundert Studenten. Unser Gott handelt – politische Einschränkungen hin oder her. Ihm ist nichts unmöglich. Eine sehr heikle Sache wird es immer bleiben, Länder gut zu regieren, in denen es große christliche und große muslimische Volksgruppen gibt. Wenn wir mitbekommen, dass es in Ländern wie Nigeria oder dem Sudan zu Unruhen kommt, wo beide Glaubensrichtungen etwa gleich stark vertreten sind, bekommen wir eine kleine Ahnung von den Spannungen und Schwierigkeiten. Es hat immer wieder Studenten gegeben, die mit fantastischem Mut ihren Glauben bezeugt haben. Wichtig ist, dass Hauptamtliche der IFES-Bewegungen und andere christliche Leiter gute Vorbilder darin sind, das weise und vernünftig zu tun.

- *Mythos 4: Muslime sind in islamisch geprägten Ländern nicht in der Lage, das Evangelium zu hören.* Es gibt mindestens vier bedeutende Arten, wie das Evangelium zu Muslimen getragen wird. *Erstens* kann man von jedem Land der Welt aus inzwischen christliche Radio- und Fernsehsender empfangen. Initiativen wie SAT-7 haben Tausende christlicher Sendungen in die islamische Welt ausgestrahlt.[62] Muslime können dadurch die Wahrheit des Christentums in ihrer eigenen Sprache empfangen. *Zweitens* ziehen viele Christen im Rahmen ihrer beruflichen Tätigkeit in islamisch geprägte Länder, so dass Christus durch sie auch dort anwesend ist. *Drittens* kommen Studenten aus islamischen Ländern zum Studium in den Westen. Ein Nordafrikaner, der sich während seines Studiums in Europa vom Muslim zum Christen bekehrte, arbeitet inzwischen unter Studenten in einer europäischen Metropole. Er veranstaltet regelmäßig mit islamischen Geistlichen und Studenten Diskussionsrunden zu Themen wie „Gottes Vergebung im Koran und in der Bibel" oder „Jesus Christus, Prophet des Islam?" Zu diesen Veranstaltungen kommen leicht einmal 100 Studenten. *Viertens* können Studenten das Evangelium von christlichen Arabern hören. In vielen Gegenden in Nordafrika und dem Nahen Osten gibt es inzwischen christliche Studentengruppen.

- *Mythos 5: Ägypten und der Sudan sind das Einfallstor für den Islam.* Diese beiden Länder sind traditionell als die Einfallswege betrachtet worden, durch die der Islam sich in Afrika ausbreitet. Aber christliche Studenten sehen das anders. Könnten die beiden Länder nicht auch das Einfallstor sein, durch die das Evangelium in die Golfstaaten gelangt? In beiden Staaten ist das studentische Zeugnis höchst lebendig und die Studenten haben eine tiefe Sehnsucht, Christi Namen verherrlicht zu sehen.

3. Länder und Universitäten, die noch ganz brach liegen

Wie funktioniert das eigentlich, Pionierarbeit für eine neue Bewegung zu leisten? An manchen Orten hat es viele Jahre gedauert, an anderen ging es zügig. Im April 2005 hat Gideon Para-Mallam aus Nigeria unserem 150. Land seinen ersten Besuch abgestattet: Äquatorialguinea, das an Kamerun und Gabun grenzt. Die IFES-Zeitschrift *Special Report* gab einen kleinen Einblick in diese aufregende Woche.[63]

Tagebuch eines Pioniers

Montag, 10. April 2005. Ein ganzes Jahr warte und bete ich nun. Heute habe ich mit täglichen Besuchen der Botschaft in Lagos begonnen und mich mit allerlei Willkür herumgeschlagen.

Freitag, 14. April. Habe fast aufgegeben, aber dann bekam ich einen Anruf von einer Frau, die ich noch nie getroffen habe. Sie hat mir Mut gemacht, dranzubleiben, weil die Reise es ganz sicher wert sein würde.

Montag, 18. April. Um 11 Uhr habe ich das letzte Formular eingereicht. Dann wollten sie *noch einen* Brief vom Internationalen Büro der IFES haben. Ich war bestürzt. Eine ältere Übersetzerin spornte mich auf Englisch an: „Mein Land braucht Sie. Mein Volk lebt in Knechtschaft. Ich möchte wirklich, dass Sie dieses Visum bekommen." Ich war ganz gerührt, dass sie das sagte – vor dem übrigen Botschaftspersonal! Ich rief also im Büro in Oxford an und Kirsty Thorburn reagierte sofort. Innerhalb einer halben Stunde hatte ich den Brief. Das Visum bekam ich um 15.15, und das letzte Flugzeug ging um 16.45 Uhr. Der Verkehr in Lagos wurde immer dichter, aber – Gott sei die Ehre – ich kam gerade noch rechtzeitig, fünf Minuten vor Schalterschluss.

Dienstag, 19. April. Bin in Malabo gelandet. Die junge Dame am Zoll durchwühlte das Gepäck der meisten Passagiere und verlangte außerdem Geld. Ich kam davon, aber dann nahmen zwei Wachen in Zivil mir und einem nigerianischen Pastor die Pässe ab und verlangten Geld. Wir

weigerten uns. Ein Pastor aus Malabo schaltete sich ein, aber die Sicherheitsleute schafften die Pässe einfach außer Sichtweite. Wir standen völlig hilflos da. Der Pastor aus Guinea musste zahlen, bevor wir sie wieder bekamen. Ein Tiefschlag für meine Stimmung, meine Motivation, meinen Mut. Ich wusste ja, dass wir auf Schwierigkeiten stoßen konnten, aber das hier hatte ich nicht erwartet. In meinem Herzen wurde mir meine Aufgabe immer dringlicher – wir brauchen hier eine lebendige evangelikale Studentenbewegung, die einen Unterschied machen kann, Veränderungen bewirken kann.
Unterkünfte gibt es kaum, und die Hotels sind teuer. Schließlich kam ich in einer Einrichtung des Roten Kreuzes unter. Dort gab es ein Bett, Wasser in Eimern und weiter gar nichts.

Mittwoch, 20. April. Habe mich mit einem älteren christlichen Geschäftsmann getroffen, der der erste Botschafter des Landes in Nigeria war. Er war sehr vorsichtig, aber mir doch eine große Hilfe. Die Universidad Nacional De Guinea Ecuatorial ist die einzige Universität des Landes mit Niederlassungen in Malabo und Bata. Habe mich zum Campus in Malabo durchgeschlagen. Das Taxi habe ich mir mit einem jungen Guineer geteilt, der etwas Englisch sprach. Er fragte, ob ich Professor sei, und ich gab zur Antwort, dass ich Studenten die Bibel lehre. Dann sagte mir dieser Mann – genau wie der äthiopische Kämmerer zu Philippus –, dass er nach jemandem gesucht hatte, der ihm die Bibel erklärt. Adolfos übergab Jesus sein Leben, nachdem ich ihm das Evangelium erklärt hatte, und wurde mein erster Dolmetscher.

Donnerstag, 21. April. Nach Bata. Wurde vom nigerianischen Generalkonsul abgeholt und blieb zwei Tage bei ihm. Der Dolmetscher des Konsulats – selbst ein Pastor – ging mit mir zur Universität. Drei Studenten wollen gerne zu einer IFES-Gruppe gehören. Wir sprachen mit einem ghanaischen Pastor, der tief bewegt war, als er begriff, dass IFES eine Basisinitiative ist. Sieben Jahre lang hatte er unter ausländischen, englischsprachigen Christen gearbeitet, und er wollte so gerne die Guineer mit einbeziehen. „IFES scheint das von Anfang an richtig zu machen“, meinte er. Ich war ganz beschwingt, als er das sagte, und ließ ihm gleich einige Ausgaben von *Praise and Prayer* (dem internationalen Gebetsmagazin der IFES) da.

Samstag, 23. April. Zurück nach Malabo. Dem ersten Studenten, den ich dort kennen gelernt hatte, hatten sich inzwischen drei weitere angeschlossen. Ein Pastor aus der Stadt fungierte als Dolmetscher und ich erzählte den Studenten, was die Vision der IFES ist: Nachfolge, Evangelisation, Mission und Förderung von Leiterschaft. Ich erzählte Geschichten aus der Welt der IFES. Nachdem sie ihre Fragen losgeworden waren, fragte ich die Studenten, ob sie sich an die Spitze einer neuen Bewegung setzen wollten. „Ja!“, sagten sie. (Es wird nicht einfach für sie werden. Die Vorlesungen und Veranstaltungen finden jeweils von 8–13 und 14–20 Uhr statt. Jedes Treffen von mehr als fünf Studenten bedarf einer Sondergenehmigung – die gewöhnlich verweigert wird.) Anschließend ein fruchtbares Gespräch mit Gemeindeleitern. Der stellvertretende Vorsitzende dankte mir für „diese edle Vision, die Gottes Wort und die Nachfolge in den Mittelpunkt stellt“. Er meinte, dass das frischen Wind zu den Studenten des Landes bringen würde. Er spüre, dass das „prophetische Auswirkungen“ habe.

Im Oktober desselben Jahres kehrte Gideon zurück und stellte fest, dass die Pastoren über 50 Studenten der verschiedenen Niederlassungen der Universität zusammengetrommelt hatten, um ihn zu treffen. Bei diesem Treffen wurde die Equatorial Guinea Evangelical Student Association (EGESA) formal ins Leben gerufen; es wurden Leiter bestimmt und einige ältere Christen zu Beratern berufen. Vier Monate später schickte die Gruppe einen eigenen Vertreter nach Lagos zu der Aids-/HIV-Konsultation der IFES in Westafrika. Diese ganz junge Bewegung wächst nun in die weltweite IFES-Familie hinein.

* * *

Die Bedrohungen und Schwierigkeiten mögen in jeder Kultur und in jedem Kontext unterschiedlich sein, aber real und ernst zu nehmen sind sie immer, gerade weil die Universität eine Schlüsselrolle in der Gesellschaft spielt.

Ich möchte mit einer Ermahnung des Apostels Paulus an die Christen in Philippi schließen, die wir übernehmen und den Studenten auf allen Kontinenten aufs Herz legen:

> Das Entscheidende ist: Lebt so, dass es im Einklang mit dem Evangelium von Christus steht! Dann werdet ihr – ob ich nun komme und euch besuche oder ob ich nur aus der Ferne von euch höre – einmütig zusammenstehen. Ihr werdet Seite an Seite für den Glauben kämpfen, der sich auf das Evangelium gründet, und werdet euch durch nichts von euren Gegnern einschüchtern lassen.
> (Philipper 1,27-28, Neue Genfer Übersetzung)

Studenten brauchen unser Gebet, wenn sie die Wahrheit des Evangeliums an vorderster Front in ihrer Generation und Kultur verkündigen und verteidigen.

Es gibt noch viel zu tun. Auch in den Ländern, in denen eine Studentenarbeit begonnen hat, gibt es noch genug weiße Flecken auf der Landkarte – und jede Studentengeneration muss neu in die Verantwortung hineingenommen werden, ihre Kommilitonen zu erreichen. Ich hoffe, dass Sie, indem Sie dieses Buch lesen, Ihre Rolle in dem Ganzen entdecken. Möge der Herr Ihnen helfen – mit all den Gaben, die er zur Verfügung stellt –, der Aufgabe gerecht zu werden, die er Ihnen in seinem Reich zugedacht hat.

Anhang 1: Was macht den Beitrag der IFES für die Gemeinde weltweit so besonders?

Fünf Dinge, die die IFES auszeichnen

1. *Ganzen Generationen von Studenten und Akademikern wird eine Liebe zu solider Glaubenslehre vermittelt*

Unsere Studenten sollen nicht nur an das Evangelium glauben, sondern auch lernen, es gut zu formulieren, zu begründen und zu verfechten. Eine solche inhaltliche Zähigkeit geht dem heutigen Evangelikalismus manchmal ab. Wir möchten es mit dem Apostel Paulus halten und junge Christen fest in der Lehre verwurzeln, damit Sie eine Basis für ihr Leben haben.

Eine Liebe zur Lehre und zur Theologie zu wecken, hat die Bewegung von Anfang an ausgezeichnet. Das erste Buch, das die IVP je herausbrachte, war T. C. Hammonds *In Understanding be Men* (dt. etwa: An Einsicht seid erwachsen – vgl. 1. Korinther 14,20).[64] Dazu gehört auch, dass wir studentische Leiter dahingehend schulen, von den Prinzipien her zu denken. *Student Witness and Christian Truth* (etwa: Studentisches Zeugnis und christliche Wahrheit) von Bob Horn, dem späteren Generalsekretär der IFES, erwies sich als bahnbrechend, es war eines der am stärksten diskutierten Bücher seiner Zeit. *From Cambridge to the World* (Von Cambridge in alle Welt), das der gleiche Autor, diesmal in Verbindung mit Oliver Barclay, herausbrachte, griff die Geschichte der Cambridge Inter-Collegiate Christian Union, der Studentengruppe in Cambridge, auf, um das gleiche Prinzip deutlich zu machen.

Als ich Generalsekretär wurde, schrieb mir John Stott einen Brief, in dem er John Newton zitierte: „Lindsay, ich hoffe, dass du in den wesentlichen Fragen hart wie Stahl bist und in den unwesentlichen flexibel wie Schilfrohr." Diese Unterscheidung ist wichtig, sowohl für studentische Mitarbeiter als auch für die Hauptamtlichen der nationalen Bewegungen. Wir müssen an den Grundwahrheiten des Evangeliums unbeirrbar festhalten und in der Lage sein, sie von Gepflogenheiten der einzelnen Denominationen zu unterscheiden. (vgl. Anhang 2).

2. ***Durchdachte, überzeugende und kreative Evangelisation***
Wir versuchen, Studenten in zu einem Evangelisationsstil auszubilden, der inhaltlich gehaltvoll, überzeugend und kreativ ist. Sie sollen in der Lage sein, auf ehrliche Fragen gute Antworten zu geben und das Evangelium auf durchdachte und attraktive Weise zu vermitteln, damit es andere Studenten anspricht und deren eigene Vorstellungskraft anregt. Möglichkeiten, das umzusetzen, sind etwa die Verteilung von Evangelien, das persönliche Zeugnis, öffentliche Verkündigung und Apologetik, vielleicht in Verbindung mit Musik oder Theater. Studenten bringen sich hier mit Leidenschaft, Energie und Fantasie ein. Wir wollen evangelistische und apologetische Fertigkeiten fördern, weil unser Evangelium vernünftig und gut begründbar ist, und weil wir glauben, dass der Heilige Geist uns in alle Wahrheit leiten wird.

Wir nötigen Studenten regelrecht, Fragen zu stellen, auf die sie normalerweise gar nicht gekommen wären. In der „i-Generation", in der die wirklich wichtigen Themen in einer Flut an nichtiger Information untergehen, in der subjektive Erfahrung regiert und alles als relativ gesehen wird, versuchen wir immer noch, die Frage nach der *Wahrheit* aufzuwerfen. Wir sind es Studenten schuldig, ihnen durch den Zeitgeist-Dschungel hindurch den Weg zu zeitlosen Fragen zu bahnen.

3. *Jüngerschaft und Nachfolge*
Wir leiten Studenten in Bibelstudium und Gebet an. Wir machen ihnen Mut, (a) ihren Glauben auf ihr persönliches Leben, Studieren und Arbeiten anzuwenden, und (b) die ethischen Auswirkungen zu erkennen, die das Evangelium in sämtlichen Bereichen des öffentlichen Lebens hat. Ein wichtiger Beitrag der IFES lag und liegt darin, dass sie das geistliche Denken stark betont – nicht zuletzt durch die Bücher, die sie herausgebracht hat.

4. ***Leitung und Ausbreitung der Gemeinde weltweit***
Unser Anliegen ist, Pastoren und Leiter für die Kirche hervorzubringen, die die Wahrheit lieben und sich der Autorität der Schrift verpflichtet wissen.

Wir wollen vermitteln, dass Weltmission Gottes Wesen entspricht. Dafür setzen wir uns im Rahmen von Schulungsprogrammen und größeren Konferenzen ein.

Wir machen Studenten Mut, sich auf Kurzzeiteinsätzen ein Bild von Weltmission zu verschaffen. Tausende unserer Studenten gehen vollzeitlich in die kulturübergreifende Mission.

Alle IFES-Bewegungen arbeiten nicht nur unter einheimischen, sondern auch unter internationalen Studenten.

Die IFES gehörte zur Vorhut einer Entwicklung, in dazu geführt hat, dass immer mehr Christen aus der nicht-westlichen Welt sich in die Mission rufen lassen. Seit Ende der 40er-Jahre sind Studenten und Akademiker aus einigen der ärmsten Ländern der Welt ins Ausland gegangen, um dort eine Studentenarbeit aufzubauen. Erst rund 20 Jahre später fand dieses Modell von Mission allgemeine Zustimmung.

5. ***Christliche Bücher zur Stärkung der weltweiten Gemeinde***
Das Verlagshaus Inter-Varsity Press (IVP) ist aus der britischen IFES-Bewegung hervorgegangen und hat inzwischen Schwesterverlage in mehr als 30 Ländern, die einen großen Teil der Welt erreichen. Auf dem Lausanner Kongress 1974 bemerkte Ian Rennie, ein kanadischer Historiker schottischer Abstammung: „IVP ist, global gesehen, einer der entscheidendsten Faktoren für die Renaissance der evangelikalen Theologie nach dem Zweiten Weltkrieg gewesen." Alle IFES-Verlage produzieren evangelistische Bücher, Bücher zur Lehre, Bibelkommentare und apologetische Literatur, alles in Übereinstimmung mit der Glaubensgrundlage der IFES. Wir bemühen uns, biblische Wahrheit jeder Generation und jedem Kontext neu begreiflich zu machen und neue einheimische Autoren zu fördern. In einem Zeitalter, in dem Studenten sich instinktiv eher dem Internet zuwenden, versuchen wir weiterhin, eine Liebe zu Büchern zu wecken und Bücher von bleibendem Wert herzustellen.

Anhang 2:
Was wir glauben

Alle nationalen Bewegungen der IFES bekennen sich zu den folgenden Grundwahrheiten des Christentums, wie sie in der Heiligen Schrift offenbart werden:

1. Gott Vater, Sohn und Heiliger Geist sind eins.
2. Gott allein ist Herr in Schöpfung, Offenbarung, Erlösung und Endgericht.
3. Die Heilige Schrift ist von Gott eingegeben und völlig vertrauenswürdig. Sie ist höchste Autorität in allen Fragen des Glaubens und Lebenswandels.
4. Seit dem Sündenfall sind alle Menschen der Sünde und Schuld vor Gott verfallen und darum seinem Zorn und der Verdammnis unterworfen.
5. Allein der stellvertretende Opfertod des Herrn Jesus Christus, des fleischgewordenen Sohnes Gottes, bringt die Erlösung von Schuld und Strafe und die Befreiung von der verderbenden Herrschaft der Sünde.
6. Der Herr Jesus Christus ist leiblich von den Toten auferstanden und zur Rechten Gottes, des Vaters, erhöht.
7. Die Wiedergeburt ist ein Ereignis im Menschen, das durch den Heiligen Geist bewirkt wird.
8. Die Rechtfertigung empfängt der Sünder aus Gottes Gnade allein durch den Glauben.
9. Der Heilige Geist wohnt und wirkt im Gläubigen.
10. Die eine heilige weltweite Gemeinde ist der Leib Christi, zu ihr gehören alle wahren Christen.
11. Der Herr Jesus Christus wird persönlich wiederkommen.

WARUM HABEN WIR EINE AUSFORMULIERTE GLAUBENSGRUNDLAGE?

In 1. Timotheus 4,16 ermahnt Paulus Timotheus: „Gib Acht auf dich selbst und auf das, was du lehrst! Halte dich treu an alle diese Anweisungen. Wenn du das tust, wirst du sowohl dich selbst retten als auch die, die auf dich hören." (Neue Genfer Übersetzung) In den Versen davor (13-15) warnt er ihn, dass viele Menschen von falscher Lehre fortgerissen werden könnten; umso dringender legt er ihm deshalb ans Herz:

Widme dich bis zu meinem Kommen mit ganzer Kraft dem Vorlesen der Heiligen Schrift, dem Ermahnen und Ermutigen der Gläubigen und dem Lehren. Lass die Gabe nicht ungenutzt, die dir durch Gottes Gnade geschenkt worden ist. Du hast sie ja aufgrund eines prophetischen Wortes und unter Handauflegung der Ältestenschaft bekommen. Konzentriere dich also ganz auf diese Aufgaben; lass dich durch nichts beirren. Dann werden die Fortschritte, die du im Glauben machst, allen sichtbar sein.

DIE LEHRE MACHT DEN KERN DER BIBLISCHEN BOTSCHAFT AUS

Im Neuen Testament wird nicht weniger als 50-mal von der Lehre gesprochen. Wenn von ihr die Rede ist, geht es um Gottes Wahrheit. Schauen wir uns einmal die Aufforderungen von Paulus im 2. Timotheusbrief an:

- *Halte dich* an das Vorbild der heilsamen Worte, die du von mir gehört hast (1,13),
- *bewahre* dieses kostbare Gut, das dir anvertraut ist (1,14),
- *befiel* treuen Menschen *an*, was du von mir gehört hast (2,2),
- *predige* das Wort ... denn es wird eine Zeit kommen, da sie die heilsame Lehre nicht ertragen werden (4,2-3).

WIR KÖNNEN AUS DEN FEHLERN DER VERGANGENHEIT LERNEN

Das *Student Volunteer Movement* (SVM) leistete 60 Jahre lang einen enormen Beitrag dazu, dass Studenten und die Gemeinde überhaupt eine

Sicht für Weltmission bekamen. In Kapitel 1 haben wir mehr davon gelesen. Aber diese Bewegung hat sich verrannt und ist in den Ökumenismus abgedriftet. Sie fühlte sich der sichtbaren Einheit mit Menschen aus den verschiedensten christlichen Prägungen verbunden; dagegen fehlte dieser Bewegung eine klare Formulierung der christlichen Lehre als Mitte und Klammer. Sie hatte nie eine Glaubensgrundlage, zu der sich alle bekannten. Auch das Student Christian Movement, von dem sich die Gründungsmitglieder der britischen Inter-Varsity-Bewegung abspalteten, verlor seine anfängliche Begeisterung für Christus. Diesen Bewegungen ging der evangelistische Schwung verloren, weil ihnen die lehrmäßige Verwurzelung fehlte.

Die Leiter der IFES haben von Beginn an betont, dass wir nicht ökumenisch, sondern evangelikal sind: Wir sind Leute des Evangeliums, der Frohen Botschaft. Unter Martin Lloyd-Jones stellte der erste IFES-Vorstand deswegen eine Zusammenfassung der wichtigsten biblischen Wahrheiten auf, die uns helfen sollten, uns auf das Wesentliche zu konzentrieren und uns nicht im Nebensächlichen zu verlieren. Stacey Woods, der erste IFES-Generalsekretär, drückte das so aus: „Unsere Glaubensbasis ist der Anker, der uns davor bewahrt, an den Klippen des Irrtums zu zerschellen oder an den Untiefen geistlicher Wirkungslosigkeit auf Grund zu laufen."

LEHRE ZU VERMITTELN IST WICHTIG

Die Heilige Schrift selbst nennt gute Gründe, warum es wichtig ist, Lehre zu vermitteln. Drei sollen hier angeführt werden:

- *Erfrischung.* Im Lied des Mose (5. Mose 32,1-2) beschreibt Gott, dass seine Lehre wie der Morgentau kommen wird, der das Gras erfrischt, oder wie der Regen, der auf das Gras fällt. Die Lehre erfrischt das Leben des Christen. Sie bietet eine ausgewogene Ernährung mit den Wahrheiten der Schrift und führt, wenn diese gut gelehrt werden, zu gesundem Glaubenswachstum und gesunden Studentengruppen.
- *Einheit.* Die Lehre wird die Grundlage für Einheit schaffen, nicht Ursache der Spaltung sein (1. Korinther 3,9-11). Die Wahrheit der Bibel

verbindet uns als Einzelpersonen und als Leib Christi miteinander (daher auch die Rede vom „Gürtel der Wahrheit" in Epheser 6,14). Robin Wells, ehemals Mitglied des IFES-Vorstands und Generalsekretär der britischen IFES-Bewegung hat die Glaubensgrundlage einmal als „Minimalkonsens und Maximalkonsens" beschrieben. Sie enthält alle Grundwahrheiten des Evangeliums, lässt aber Themen von untergeordneter Bedeutung wie beispielsweise Gemeindestrukturen, Tauffrage oder Geistesgaben aus, so dass in diesen Bereichen Freiheit herrscht. Es würde über die Schrift hinausgehen, sich in diesen Fragen auf eine bestimmte Linie festzulegen. Deswegen bringen wir unseren Studenten bei, sich um die Grundwahrheiten herum zu sammeln und das Nebensächliche auch nebensächlich sein zu lassen. In manchen Ländern sind unsere Gruppen passenderweise als „Christian Unions" bekannt.

- *Freiheit und Stabilität.* Jesus Christus hat gelehrt, dass es uns in die Freiheit führt, wenn wir die Wahrheit der Bibel verstehen. In Johannes 8, 32 lesen wir: „Ihr werdet die Wahrheit erkennen und die Wahrheit wird euch frei machen." Sie verleiht uns außerdem Beständigkeit im Glauben: Je mehr wir von Gottes Wesen und seinem Wirken in Zeit und Ewigkeit verstehen, desto tiefer begreifen wir, wie er für uns sorgt.

Durch große Schulungsinitiativen und durch Kleingruppen arbeiten wir daran, diese Grundwahrheiten so zu vermitteln, dass die Studenten über die Herrlichkeit des Evangeliums ins Staunen geraten. Denn nur das wird ihnen die Leidenschaft und den Ansporn geben, selbst hinzugehen und das Evangelium zu verkündigen und zu erklären – ihren Klassenkameraden und Kommilitonen, später ihrer eigenen Familie, am Arbeitsplatz und bis zu den Enden der Erde. Und genau dazu sind wir schließlich da!

Wir beten, dass Gott uns auch weiterhin Mitarbeiter und Vorstandsmitglieder schenkt, die die Wahrheit lieben und die sich gerne dafür einsetzen, dass sie in der Lebenswelt der Studenten klar vermittelt wird. Wo Leute der Lehre gleichgültig gegenüberstehen oder es ihnen an Leidenschaft mangelt, haben sie für gewöhnlich noch nicht begriffen, wie schön die Wahrheit ist, die uns offenbart wurde: die Wahrheit über unseren dreieinigen Gott, der mit uns und der Welt Gutes vorhat.

Anhang 3:

Wie man für Studenten beten kann[65]

Paulus hat voller Sehnsucht und Freude für die Gemeinden gebetet, denen er gedient hat – wären Sie bereit, in derselben Weise für christliche Studenten in aller Welt mitzubeten?

Die Universitäten dieser Welt sind Orte, an denen Menschen geprägt und für ihr weiteres Leben beeinflusst, an denen Ideen und Philosophien ausgebrütet werden. Die Studenten von heute sind die Entscheidungsträger der Zukunft – in allen Bereichen: Bildung, Wissenschaft und Technik, Justiz, Wirtschaft, Medien ...

Der Herr Jesus Christus ist der Eine, in dem alle Schätze der Weisheit und der Erkenntnis verborgen liegen. Und doch wird heute weithin das Konzept einer allgemein gültigen Wahrheit abgetan und der Name des Herrn ignoriert oder verachtet. Christliche Studenten müssen sich oft mit heimtückischen und heftigen Widerständen gegen ihren Glauben auseinandersetzen.

In manchen Ländern gibt es riesige Hochschulen mit 200.000 Studenten. Die meisten Universitäten haben mehrere tausend Studenten; manche kleineren Hochschulen nur einen Bruchteil davon.

Jede Hochschule spiegelt die Situation ihres Landes wider. Zum Beispiel

- werden in stürmischen Zeiten Universitäten geschlossen;
- haben Studenten nach Kriegen und Völkermorden mit ihren traumatischen Erfahrungen zu kämpfen; viele haben große persönliche Verluste erlebt oder Schlimmes gesehen und gehört;
- nehmen Studenten in Wohlstandsländern das Studieren weniger ernst;
- gibt es in totalitären Staaten normalerweise keine Räumlichkeiten, wo sich Studenten außerhalb der Kurse treffen dürfen;
- sind in den von HIV/Aids besonders heimgesuchten Ländern auch Zehntausende von Studenten betroffen.

Glaub, was du willst!?

Steht es Studenten frei zu glauben, was sie möchten? Das ist keine einfache Frage. In islamischen, buddhistischen oder hinduistischen Ländern ist oft der Druck sehr groß, den jeweils vorherrschenden Glauben zu vertreten. In kommunistischen Ländern sind Treffen von Christen auf dem Universitätsgelände nicht gestattet. Es erfordert echten Mut, in einer solchen Situation Christ zu sein, und es gibt Umstände, in denen Christen ihren Glauben im Geheimen ausleben müssen. Im Westen ersticken auf eine subtilere Weise oft der Materialismus und die Spaßgesellschaft jedes Gespür für die eigene Verlorenheit. Und doch kann unser allmächtiger Gott in die Herzen der Menschen eindringen.

Athen damals und heute

Der Apostel Paulus hat den Intellektuellen in Athen in einer sehr direkten Rede den Gott vorgestellt, der keinem von uns fern ist und der sich wünscht, dass wir „ihn wohl fühlen und finden könnten" (Apostelgeschichte 17,27). Als die Athener von der Auferstehung hörten, spotteten einige, andere sagten, dass sie mehr darüber hören wollten – und einige wenige glaubten. Die gleichen Reaktionen erleben wir heute.

Oft haben Studenten Angst, dass das Evangelium sie in ihrer Freiheit einschränkt. Sie wissen, dass es auch ihre Ethik und Moral betrifft, und manchmal scheint ihnen der Preis zu hoch. Wir müssen beten, dass der Heilige Geist Studenten überzeugt, dass sie einen Erlöser brauchen, und ihnen klarmacht, was wahre Freiheit ist.

Jahr für Jahr sehen wir Tausende in der ganzen Welt zum Glauben kommen. Für manche ist die saubere Argumentation des Redners bei einer öffentlichen Veranstaltung ausschlaggebend. Für andere, die unter der Zerrissenheit und Beziehungsunfähigkeit unserer Zeit leiden, ist es die Tatsache, dass Gott sich uns ganz persönlich zuwendet.

Gebet für die Hauptamtlichen

Paulus, der Wanderprediger der ersten Generation, bat um Gebet für folgende Anliegen:

- Mut oder „Freimütigkeit" (Epheser 6,19-20)
- offene Türen und Sprachfähigkeit (Kolosser 4,3-4)
- Bewahrung (2. Thessalonicher 3,2-3)

Würden Sie bitte für unsere Hauptamtlichen das Gleiche erbitten? Beten Sie auch für ihre Familien; viele von ihnen haben kleine Kinder. Die Mitarbeiter müssen oft weite Strecken zurücklegen und können nicht in dem Maß in ihren Familien und Heimatgemeinden präsent sein, wie sie es gerne wären.

Gebet für die Studenten

Ein Leitfaden für das tägliche Gebet

Sonntag – geistliches Leben

Regelmäßiges Bibellesen und Gebet gewöhnen sich viele in ihrer Studienzeit an. Beten Sie für (a) den Wunsch, die Bibel wirklich zu verstehen, sie zu lieben und das eigene Verhalten von ihr bestimmen zu lassen; (b) gute Verbindungen zu einer Ortsgemeinde, sowohl während des Semesters als auch während der vorlesungsfreien Zeit; (c) Gemeinschaft mit anderen Christen, wo es keine Gemeinde gibt; (d) den Wunsch nach Lektüre und für Bücher von bleibendem Wert, die die Studenten und Akademiker ansprechen.

Montag – Studium

Sich auf das Studium zu konzentrieren, kann sehr schwierig sein für Studenten, die nebenbei arbeiten müssen, um ihre Studiengebühren zahlen zu können, oder für Studenten aus dem Ausland, die mit der fremden Sprache zu kämpfen haben. Beten Sie, dass christliche Studenten (a) die richtigen Prioritäten setzen können; (b) eine durch und durch biblische Weltanschauung entwickeln. Bitten Sie den Herrn um Studienabsolventen, die in ihrem Fach und Arbeitsbereich Salz und Licht sein können.

Dienstag – Evangelisation

In der Welt der Studenten gibt es tolle evangelistische Gelegenheiten. Beten Sie dafür, dass (a) gläubige Studenten die Wahrheit des Evangeliums klar erkennen – und dass sie willens sind, diese Wahrheit zu verkündigen und zu verteidigen; (b) Gott in den Herzen der Ungläubigen wirkt; (c) angemessene Evangelisationsmethoden entwickelt und angewendet werden; (d) dort, wo Regierungen Studenten nicht gestatten, ihren Glauben öffentlich weiterzugeben, mehr Freiheit entsteht.

Mittwoch – Weltmission

Tausende von Missionaren, die im Ausland leben, haben sich in diese Arbeit rufen lassen, als sie noch studierten. Beten Sie (a) dafür, dass Studenten Gottes Wesen als zutiefst missionarisch begreifen; (b) für Freundschaften zu internationalen Studenten; (c) für regelmäßige Missionskonferenzen für Studenten in der ganzen Welt; (d) für Hochschulabsolventen, die über den Dienst als Hauptamtliche nachdenken, ob in ihrer eigenen Kultur der in einer fremden.

Donnerstag – Leiterschaft

Jedes Jahr werden auf allen Ebenen Leiter gesucht. Manche Studenten stehen Gruppen vor, die größer sind als eine durchschnittliche Gemeinde. Die Leiter von Bibelkreisen oder Gebetstreffen können das Leben der anderen Mitglieder ebenso prägen wie die Leute, die in Organisations- oder sonstigen Teams mitarbeiten. Beten Sie, dass die Leiter „auf sich selbst und auf die ganze Herde Acht haben" (Apostelgeschichte 20, 28). Paulus hat die Gefahr, dass Leiter ihr eigenes geistliches Leben vernachlässigen, klar erkannt.

Freitag – Pionierarbeit

Es gibt immer noch Länder, in denen es zwar Universitäten, aber keine IFES-Bewegung gibt. Beten Sie dafür, dass dort Studentenarbeit beginnt und dass Gott uns einheimische Studenten mit Leitungsbegabung schenkt, die zu gegebener Zeit als Hauptamtliche einsteigen können, damit eine eigenständige, von Einheimischen geleitete Arbeit entsteht.

SAMSTAG – FAMILIEN UND FREUNDE

Viele Studenten kommen aus kaputten Familien oder aus einem Umfeld, das dem Evangelium feindlich gegenübersteht. Unsere Herkunftsfamilie prägt unser ganzes Leben. Beten Sie für Versöhnung, wo sie nötig ist. Sexuelle Reinheit ist immer gefährdet. Beten Sie, dass Studenten – vielleicht in der Gemeinde – ältere Freunde finden, die als seelsorgerliche Gesprächspartner zur Verfügung stehen. Beten Sie, dass neu zum Glauben gekommene Christen Gottes Gnade in allen Bereichen ihres Lebens erfahren und starke und gesunde Freundschaften aufbauen.

Wir veröffentlichen per E-Mail und gedruckt regelmäßig Gebetsanliegen für unsere Arbeit (auf Englisch). Sie lassen sich bestellen unter www.ifesworld.org/pray.

Anhang 4:
Nationale Bewegungen innerhalb der IFES

Gründungsmitglieder 1947

Australien
China
Frankreich
Großbritannien
Kanada
Neuseeland
Niederlande
Norwegen
Schweiz
USA

Heute zur IFES gehörende Bewegungen[66]
In mehreren Ländern gibt es evangelikale Studentenbewegungen, die nicht offiziell zur IFES gehören, weil das politisch unklug wäre. Bei einigen Bewegungen läuft das Aufnahmeverfahren in die IFES-Mitgliedschaft noch. Das kann mehrere Jahre dauern, während ein nationaler Vorstand gebildet und, wo möglich, Beziehungen zu den nationalen Leitern von Kirchen und Gemeinden hergestellt werden. Ob eine Bewegung nun zur IFES gehört oder nur mit uns zusammenarbeitet – wir dienen ihr auf dieselbe Weise.

Englisch- und portugiesischsprachiges Afrika

Angola	GBECA	Grupos Bíblicos de Estudantes Cristãos de Angola
Äquatorialguinea	EGESA	Equatorial Guinea Evangelical Student Association
Äthiopien	EvaSUE	Evangelical Students Union of Ethiopia
Botswana	ICCM	Inter-College Christian Movement of Botswana
Eritrea		
Gambia	FES	Fellowship of Evangelical Students – Gambia
Ghana	GHAFES	Ghana Fellowship of Evangelical Students
Guinea-Bissau	GBU	Grupo Bíblico Universitario
Kenia	FOCUS	Fellowship of Christian Unions
Lesotho	SULTM	Scripture Union of Lesotho – Tertiary Ministry
Liberia	LIFES	Liberia Fellowship of Evangelical Students
Malawi	SCOM	Student Christian Organisation of Malawi
Mosambik	ABEMO	Aliança Bíblica Estudantil de Moçambique
Namibia	CSF	Christian Students Fellowship
Nigeria	NIFES	Nigeria Fellowship of Evangelical Students
Sambia	ZAFES	Zambia Fellowship of Evangelical Students
Sierra Leone	SLEFES	Sierra Leone Fellowship of Evangelical Students
Simbabwe	FOCUS	Fellowship of Christian Unions
Südafrika	SCO	Students' Christian Organisation
Sudan	FOCUS	Fellowship of Christian University Students
Swasiland	INCOSCM	The Inter-Collegiate Student Christian Movement
Tansania	TAFES	Tanzania Fellowship of Evangelical Students
Uganda	FOCUS	Fellowship of Christian Unions

Französischsprachiges Afrika

Benin	GBEEB	Groupes Bibliques des Elèves et Etudiants du Bénin
Burkina Faso	UGBB	Union des Groupes Bibliques du Burkina Faso
Burundi	UGBB	Union des Groupes Bibliques du Burundi
Demokratische Republik Kongo	GBU	Groupes Bibliques Universitaires
Elfenbeinküste	GBUCI	Groupes Bibliques Universitaires de Côte d'Ivoire
Gabun	GBG	Groupes Bibliques du Gabon
Guinea	GBEEG	Groupes Bibliques des Elèves et Etudiants de Guinée

Kamerun	GBEEC	Groupes Bibliques des Elèves et Etudiants du Cameroun
Kongo	GBUSC	Groupe Biblique Universitaire et Scolaire du Congo
Madagaskar	UGBM	Union des Groupes Bibliques de Madagascar
Mali	GBEE	Groupe Biblique des Elèves et Etudiants
Mauritius	SCF	Student Christian Fellowship
Niger	GBU	Groupes Bibliques Universitaires du Niger
Ruanda	UGBR	Union des Groupes Bibliques du Rwanda
Senegal	GBUSS	Groupes Bibliques des Universitaires et Scolaires du Sénégal
Togo	GBUST	Groupes Bibliques Universitaires et Scolaires du Togo
Tschad	UJC	Union des Jeunes Chrétiens du Tchad

Mittlerer Osten und Nordafrika

Ägypten	USM	University Students' Ministry
Algerien	GBU	Groupes Bibliques Universitaires
Israel	FCSI	Fellowship of Christian Students in Israel
Jordanien	JUCS	Jordan University Christian Students
Libanon	LIVF	Lebanon Inter-Varsity Fellowship
Marokko		
Mauretanien		(Pionierarbeit)
Palästinensische Gebiete		(Pionierarbeit)
Syrien		(Pionierarbeit)
Tunesien		

Südpazifik

Australien	AFES	Australian Fellowship of Evangelical Students
Fidschi	PSFC	Pacific Students for Christ
Neuseeland	TSCF	Tertiary Students' Christian Fellowship
Papua-Neuguinea	TSCF	Tertiary Students' Christian Fellowship

Ostasien

Kambodscha	FES	Fellowship of Evangelical Students
Hong Kong	FES	Fellowship of Evangelical Students
Indonesien	Perkantas	Persekutuan Kristen Antar Universitas
Japan	KGK	Kirisutosha Gakusei Kai
Korea	IVF	Inter-Varsity Fellowship
Malaysia	FES	Fellowship of Evangelical Students
Mongolei	FCS	Fellowship of Christian Students
Philippinen	IVCF	Inter-Varsity Christian Fellowship
Singapur	FES	Fellowship of Evangelical Students
Taiwan	CEF	Campus Evangelical Fellowship
Thailand	TCS	Thai Christian Students

Südasien

Bangladesch	BSFB	Bible Students Fellowship of Bangladesh
Indien	UESI	Union of Evangelical Students of India
Nepal	NBCBS	University Christian Students Fellowship of Nepal
Pakistan	PFES	Pakistan Fellowship of Evangelical Students
Sri Lanka	FOCUS	Fellowship of Christian University Students

Eurasien

Armenien	CSUA	Christian Student Union of Armenia
Aserbaidschan		
Georgien	SKSK	Sakartvelos Kristian Studentda Kavshiri Kazakhstan
Kirgisien		
Moldawien	CSC	Comunitatea Studentilor Crestini
Russland	CCX	Soobshchestvo Studentov Kristian
Tadschikistan		
Ukraine	CCX	Spivdruzhnist Studentiv Khrystyan
Weißrussland		

Zentraleuropa

Albanien	BSKSh	Besëlidhja Studentëve të Krishterë Shqiptarë
Bosnien	EUSFBiH	Association of Evangelical Students of Bosnia and Herzegovina
Bulgarien	BCSU	Bulgaria Christian Student Union
Estland	EEÜÜ	Eesti Evangeelsete ÜliOpilaste Ühendus
Griechenland	CESA	Christian Evangelical Students' Association
Kroatien	STEP	Studentski Evandeoski Pokret
Lettland	LKSB	Latvijas Kristiga Studentu Braliba
Litauen	LKSB	Lietuvos Kriksoniu Studentu Bendria
Mazedonien	Exodus	Exodus
Österreich	ÖSM	Österreichische Studentenmission
Polen	ChSA	Chrzescijanskie Stowarzyszenie Akademickie
Rumänien	OSCER	Organizatia Studentilor Crestini Evanghelici din România
Serbien u. Montenegro	EUS	Evandeosko Udruzenje Studenata
Slowakei	VBH	Vysokoškolské Biblické Hnutie
Slowenien	ZVESh	Zveza Evangelijskih Studentov Slovenije
Tschechische Republik	UKH	Univerzitni krst'anské hnutí
Türkei		(Pionierarbeit)
Ungarn	MEKDSZ	Magyar Evangéliumi Keresztyén Diákszövetség
Zypern		(Pionierarbeit)

Westeuropa

Belgien *(französischsprachig)*	GBU	Groupes Bibliques Universitaires Belgium
Belgien *(flämischsprachig)*	Ichtus	Ichtus
Dänemark	KFS	Kristeligt Forbund for Studerende
Finnland	OPKO	Suomen Evankelisluterilainen Opiskelija-ja Koululaisla¨hetys
Frankreich	GBU	Association des Groupes Bibliques Universitaires de France
Deutschland	SMD	Studentenmission in Deutschland

Großbritannien	UCCF	Universities and Colleges Christian Fellowship
Island	KSH	Kristilega Skólahreyfingin
Irland	IFES Ireland	IFES Ireland
Italien	GBU	Gruppi Biblici Universitari
Niederlande	IFES Nederland	IFES Nederland
Norwegen	NKSS	Norges Kristelige Student-og Skoleungdomslag
Portugal	GBU	Grupo Bíblico Universitário de Portugal
Spanien	GBU	Federación de Grupos Bíblicos Universitarios de España
Schweden	CREDO	Sveriges evangeliska student-och gymnasiströrelse
Schweiz *(französischsprachig)*	GBEU	Groupes Bibliques des Ecoles et Universités
Schweiz *(deutschsprachig)*	VBG	Vereinigte Bibelgruppen in Schule Universität Beruf

Nordamerika

Kanada *(englischsprachig)*	IVCF	Inter-Varsity Christian Fellowship Canada
Kanada *(französischsprachig)*	GBUC	Groupes Bibliques Universitaires et Collégiaux du Canada
USA	InterVarsity	InterVarsity Christian Fellowship

Karibik

Antigua	ISCCF	Inter-School & Colleges Christian Fellowship
Barbados	IS/IVCF	Inter-School & Inter-Varsity Christian Fellowship
Belize	IS/IVCF	Inter-School & Inter-Varsity Christian Fellowship
Französisch-Guayana	AAGCG	L'Association des Amis du Groupe Biblique Universitaire et des Clubs Bibliques Lycéens de la Guyane
Guadeloupe	GBU	Groupes Bibliques Universitaires
Guyana	IS/IVCF	Inter-School & Inter-Varsity Christian Fellowship

Haiti	GBEUH	Groupe Biblique des Ecoles et Universités d'Haïti
Jamaika	SCF/SU	Students' Christian Fellowship & Scripture Union
Martinique	GBU	Groupes Bibliques Universitaires
St Lucia	IS/CCF	Inter-School and Colleges Christian Fellowship
Surinam	JSSM	Jesus' Students Suriname Movement
Trinidad & Tobago	IS/IVCF	Inter-School & Inter-Varsity Christian Fellowship

Lateinamerika

Argentinien	ABUA	Asociación Bíblica Universitaria Argentina
Bolivien	CCU	Comunidad Cristiana Universitaria
Brasilien	ABUB	Aliança Bíblica Universitária do Brasil
Chile	GBUCH	Grupo Bíblico Universitario de Chile
Costa Rica	ECU	Estudiantes Cristianos Unidos
Dominikanische Republik	ADEE	Asociación Dominicana de Estudiantes Evangélicos
Ecuador	CECE	Comunidad de Estudiantes Cristianos de Ecuador
El Salvador	MUC	Movimiento Universitario Cristiano
Guatemala	GEU	Grupo Evangélico Universitario
Honduras	CCUH	Comunidad Cristiana Universitaria de Honduras
Kolumbien	UCU	Unidad Cristiana Universitaria
Kuba	Koinonia	Comunidad 'Koinonia' de Estudiantes y Profesionales Cristianos de Cuba
Mexiko	Compa	Compañerismo Estudiantil A C
Nicaragua	CECNIC	Comunidad de Estudiantes Cristianos de Nicaragua
Panama	CEC	Comunidad de Estudiantes Cristianos
Paraguay	GBUP	Grupo Bíblico Universitario de Paraguay
Peru	AGEUP	Asociación de Grupos Evangélicos Universitarios del Perú
Puerto Rico	ABU	Asociación Bíblica Universitaria de Puerto Rico
Uruguay	CBUU	Comunidad Bíblica Universitaria de Uruguay
Venezuela	MUEVE	Movimiento Universitario Evangélico Venezolano

Anmerkungen

[1] Anmerkungen zur Übersetzung:
Evangelikal: Der im Englischen gewachsene Begriff „evangelical" steht für eine große Breite erwecklicher Strömungen im Protestantismus, deren gemeinsame Ausrichtung wohl am ehesten die Glaubensgrundlage der Evangelischen Allianz zum Ausdruck bringt. In diesem weiten, neutralen und beschreibenden Sinn wird in diesem Buch das Wort „evangelikal" verwendet. Eine andere angemessene Übersetzung existiert leider nicht, auch wenn der Begriff im Deutschen stark schillert und mitunter als Kampfbegriff oder Schimpfwort dient.
Studenten: Selbstverständlich sind Studentinnen immer eingeschlossen und gleichberechtigt mitgemeint. Aus Gründen des Sprachflusses wurde trotzdem auf ausdrücklich inklusive Bezeichnungen verzichtet.

[2] Diesen Fragen geht man im Moment sehr gründlich und mit einer gewissen Dringlichkeit nach. Vgl. zum Beispiel Craig Ott und Harold A Netland (Hrsg.): Globalizing Theology. Belief and Practice in an Era of World Christianity. Grand Rapids: Baker, 2006.

[3] Offenbarung 2,10

[4] A Christian Critique of the University. North Waterloss Academic Press, 1990.

[5] Kolosser 1,17

[6] 5. Mose 6,5; Markus 12,30

[7] Epheser 3,20

[8] Aufgeschrieben wurde ihre Geschichte von Gustav Warneck, dem großen Historiker und Theologen. Großenteils nacherzählt wird sie in David M. Howards Buch *Student Power in World Missions* (Intervarsity Press USA, 2. Auflage 1979).

[9] Die Herrnhuter Brüdergemeinde geht auf Zinzendorf zurück. 1722 nahm er Glaubensflüchtlinge vor allem aus Mähren auf seinem Gut in Sachsen nahe der heutigen Grenze zu Polen auf. Die Siedlung bekam den Namen „Herrnhut" (unter der Hut des Herrn).

[10] Das Buch wird übrigens immer noch aufgelegt: The Life of God in the Soul of Man. Christian Heritage, 1995.

[11] Simeons Einfluss lässt sich kaum überschätzen, und jede Biographie über ihn ist es wert, gelesen zu werden. Er war direkt daran beteiligt, dass 1811 in Cambridge die British and Foreign Bible Society gegründet wurde. Deren Ziel war es, das Wort Gottes in aller Welt in den Sprachen der Menschen bekannt zu machen. Viele Hauptamtliche der IFES-Bewegungen haben sich in den Bibelgesellschaften engagiert, die heute unter den United Bible Societies zusammengeschlossen sind (dazu gehört zum Beispiel auch die Deutsche Bibelgesellschaft). Zwischen den Landeszweigen dieser Organisation und den nationalen Bewegungen der IFES besteht eine fruchtbare Zusammenarbeit.

Auch die UCCF, die britische IFES-Bewegung, lässt sich auf die Arbeit zurückführen, die Charles Simeon begonnen hat. Die Cambridge Inter-Collegiate Christian Fellowship (CICCU) wurde 1877 gegründet. Ihre Geschichte wird erzählt in *From Cambrige to the World* (O. R. Barclay und R.M. Horn, IVP, 2002). Aus den kleinen Anfängen entwickelte sich 1928 eine landesweite Studentenbewegung, die auch auf andere Länder übergriff. Die ersten regelmäßigen Treffen begannen nach einem Besuch von David Livingstone, der gerade aus Afrika zurückkam. „Ich sehe vor mir die Art Männer, die als Missionare gebraucht werden", sagte er zu den Studenten, die sich extra versammelt hatten, um ihn im Senatshaus reden zu hören. „Alles Weitere überlasse ich Ihnen." 1858 wurde die Cambridge University Church Missionary Union gegründet. Vier Jahre später kamen zwei neue Studenten, die in der Erweckung von 1859 zum Glauben gekommen waren, nach Cambridge. Obwohl viele der geachtetsten Männer der Universität ihre Aktivitäten missbilligten, bildeten sie eine Gruppe von zwanzig Studenten, die sich täglich zum Gebet trafen. Ab 1867 gab es auch an der Universität Oxford ein tägliches Gebetstreffen, und an beiden Universitäten hielt sich die Tradition dieses täglichen Gebets über hundert Jahre lang.

[12] Wie sehr Henry Martyns Leben für andere Christen zur Inspiration geworden ist, lässt sich auf der Webpage www.martynmission.cam.ac.uk nachlesen. Und im Altarraum der Holy Trinity Church in Cambrigde ist eine Plakette mit einer bewegenden Inschrift zu seinem Gedenken angebracht.

[13] Später gründete C. T. Studd die Missionsgesellschaft Worldwide Evangelization Crusade (WEC).

[14] Später ging Stanley Smith nach Ruanda und wurde einer der Gründerväter der Ruandamission.

[15] David Jayakumar, Generalsekretär der indischen IFES-Bewegung UESI, ist kürzlich der Frage nachgegangen, welchen Beitrag Absolventen aus den UESI-Gruppen dazu geleistet haben, dass das Evangelium nicht nur zu allen Sprachgruppen in Indien, sondern auch zu vielen Völkern über Indien hinaus getragen wurde. Inzwischen gibt es zweihundert von Einheimischen geleitete Organisationen, die mit der Indian Missions Association verbunden sind; viele von ihnen wurden von ehemaligen UESI-Studenten gegründet. Er kam zu dem Schluss, dass vermutlich bis zu 50 Prozent der indischen Missionare entweder selbst in der UESI aktiv waren oder doch zumindest eng mit ihr verbunden.

[16] Samuel Mills starb auf See auf der Rückreise von dem Land, das heute Liberia ist. Er war fünfunddreißig. Er war seiner Zeit weit voraus mit seiner Vision für Einheimischenmission. Er wollte einen Weg finden, wie man die Afrikaner so ausbilden konnte, dass sie selbst auf ihrem Kontinent das Evangelium verkündeten. Weil ihm soziale Gerechtigkeit am Herzen lag, wollte er erreichen, dass man afrikanische Sklaven zurück in ihre Ursprungsländer lässt, wo er ihnen den Glauben vermitteln und sie zu Evangelisten ausbilden wollte.

[17] Im Juni 1810 wandten sich Mills und seine Kommilitonen an die Congregational Church Association mit der Bitte, sie als Missionare auszusenden. Noch im selben Monat wurde das erste evangelische Missionsgremium gegründet, das sich einer breiten Unterstützung vonseiten vieler Kirchen erfreute.

[18] Gekürzt aus Kapitel 8 von David Howards Klassiker Student Power in World Missions (s. Fußnote 8 oben).

[19] vgl. 1. Thessalonicher 2,9.

[20] vgl. Apostelgeschichte 18,3-5

[21] Leah Genita ist die Vertreterin von Ostasien im IFES-Vorstand.

[22] Das ist ein jährlich stattfindender Kurs in Kiew in der Ukraine. Im Kapitel 3 wird von ihm noch mehr berichtet.

[23] Wer mehr darüber wissen will, wie man ein oder zwei Jahre (oder mehr) investieren kann, um bei der Gründung neuer Bewegungen mitzuhelfen oder die Christen in anderen Ländern in ihrem Dienst am Evangelium zu stärken, findet weitere Informationen unter www.ifesworld.org.

[24] 2001 tauschte sich eine Gruppe von Hauptamtlichen der Region Eurasien über die Ziele und Träume aus, für die sie beten wollten. Weite Entfernungen, das Erbe des Kommunismus, schwierige wirtschaftliche Verhältnisse, religiöser Widerstand und Gegenwind von staatlicher Seite – all das waren wirkliche Hindernisse für die Arbeit. Aus dieser Diskussion heraus wurde das Eurasia-Institut gegründet, und schon 2002 fand in Kiew unter Leitung von Bob Grahmann der erste Sommerschulungskurs für Nachwuchs-Leiter statt. Das Institut hat kein eigenes Gelände, führt aber durch das ganze Jahr hindurch Fernkurse durch.

[25] Zum Beispiel Friends International (Großbritannien), ISI (USA und anderswo), ISM (Neuseeland), IMF (Indien). In Deutschland ist die Arbeit unter internationalen Studenten kein eigenständiges Werk, sondern ein Bereich innerhalb der SMD mit dem Namen „Welcome".

[26] Chua Wee Hian, ein Singapurer chinesischer Herkunft, war von 1972 bis 1991 der zweite Generalsekretär der IFES. Er löste den Australier Stacey Woods ab, der auch schon Generalsekretär der IFES-Bewegungen in Kanada und den USA gewesen war.

[27] Ein halbes Jahr nach Camilla-Shaloms Tod erfuhr ich, wie sie zu ihrem Namen gekommen war. Im Folgenden ist die E-Mail abgedruckt, die Emmanuel und Asèle schrieben. Ich fand sie rührend, und mit ihrer Einwilligung gebe ich sie hier wieder: Camilla-Shalom lebte nur kurz, aber sie hat uns mit einer Menge guter Erinnerungen zurückgelassen. Ich glaube, deswegen ist sie unter uns immer noch sehr lebendig: ihr Gelächter, ihr Rufen, ihre Spiele und so weiter. Und wisst ihr was? Ihre Babysitterin ist auch noch bei uns, obwohl Jolly und Lewis eigentlich niemanden brauchen, der nach ihnen schaut. Wir fanden, dass ihr das vielleicht helfen würde, Heilung zu finden, schließlich hat sie die unglückseligste Rolle in dem allem gehabt. Es ist schön, dass wir sie wieder lachen sehen!

Zur Wahl ihres Namens: Was unseren Kindern mit am schwersten fiel, war, dass sie immer ihre Spielkameraden zurücklassen mussten, wenn wir wegzogen (Bujumbura, UK, Abidjan). Am All Nations College hatte Jolly eine gute Freundin, die Camilla hieß. Sie stammte aus Brasilien und ging in die gleiche Klasse. Ihre Eltern waren nur ein Jahr da, und die beiden Mädchen standen sich sehr nahe. Die beiden weinten bitterlich, als sie Abschied voneinander nehmen mussten. Im gleichen Jahr freundete sich Lewis mit einem holländischen Klassenkameraden an. Er hieß Rick. Manchmal haben sie am Wochenende zusammen bei uns oder bei Ricks Familie übernachtet. Unsere Kinder haben Rick und Camilla sehr vermisst.

Als die Geburt von Shalom bevorstand, sprachen Jolly und Lewis sich erst untereinander ab und fragten dann uns, ob das Baby, wenn es ein Mädchen wurde, Camilla, oder wenn es ein Junge wurde, Rick heißen dürfte – zur Erinnerung an diese tollen Freunde. Deswegen mussten wir Shalom noch zusätzlich Camilla nennen. Ihr Verlust war somit doppelt schmerzlich, vor allem für Jolly.

Weil wir zum Dienst des Tröstens berufen sind, glaube ich, dass es Gottes Gnade ist und seinem Plan entspricht, dass wir selber auch etwas von dem erleben, was andere durchgemacht haben oder noch durchmachen.

[28] David Adeney (von der CIM/ÜMG) hat mehrere IFES-Bewegungen in Ostasien gegründet; David Bentley-Taylor (vormals CIM/ÜMG in China und Indonesien) wurde Generalsekretär des britischen Zweigs von Middle East Christian Outreach (MECO) und tat als Autor einen fruchtbaren Dienst; David Penman wurde später Erzbischof von Melbourne; Gottfried Osei-Mensah wurde zum ersten internationalen Leiter der Lausanner Bewegung berufen; David Gitari wurde Bischof von Nairobi, dann Erzbischof von Kenia; Alistair Kennedy diente als stellvertretender Leiter von WEC International und John White, der als christlicher Psychiater aktiv war, schrieb mehrere Bestseller, die von Inter-Varsity Press verlegt wurden.

[29] So wird die Grundbedeutung des hier verwendeten griechischen Wortes mitunter im Englischen wiedergegeben („to gossip the gospel") – *Anm. d. Übers.*

[30] 2003 in überarbeiteter Neuauflage erschienen. Die Originalversion von 1970 erschien 1977 auf Deutsch unter dem Titel *Evangelisation zur Zeit der ersten Christen* (vergriffen).

[31] Ziel Machado, Regionalsekretär der IFES, hat einmal bemerkt, dass sich die Aktion noch in den folgenden fünfzehn Jahren auf die ganze Region ausgewirkt hat: „Die nationalen Bewegungen haben die Erfahrungen an ihre Verhältnisse angepasst. Bis heute greifen viele Bewegungen auf Prinzipien von Cochabamba 91 zurück."

[32] Prof. Nigel M. de S. Cameron war als Student in Cambridge und Edinburgh in der britischen IFES-Bewegung UCCF aktiv und wurde nationaler studentischer Vorsitzender der britischen Theologiestudentenarbeit (heute RTSF). Er war Hochschulleiter der Trinity International University und ist nun Leiter des Instituts für Bio-

technologie und die Zukunft der Menschheit sowie Forschungsprofessor für Bioethik am Illinois Institute of Technology, USA.

[33] In Deutschland erfüllt das zur SMD gehörende Institut für Glaube und Wissenschaft eine ähnliche Aufgabe: Auf der Website www.iguw.de finden sich akademisch hochkarätige Aufsätze, die fachliche und aktuelle Themen von einem biblisch-christlichen Denken her beleuchten. – *Anm. d. Übers.*

[34] „What are Christian Apologetics?" in *Evangelicals Now*, November 2005 (www.e-n.org.uk).

[35] Daniel Bourdanné hat ein einzigartiges Buch herausgegeben, das in den Flüchtlingslagern an den Großen Afrikanischen Seen geschrieben wurde. Es trägt aus erster Hand Erfahrungen von Studenten und Absolventen der IFES-Bewegungen während des Völkermords zusammen, setzt sich gründlich mit Fragen nach Stammeszugehörigkeit und Menschlichkeit auseinander und gibt auf Grundlage der ersten Kapitel der Bibel klarsichtige Einblicke in das Wesen des Menschen. Daniel Bourdanné, Antoine Rutayisiré, Emmanuel Ndikumana und Abel Ndjerareou (Hrsg.): *Tribalisme en Afrique*. Press Bibliques Africaines (ISBN 2-911752-28-7).

[36] Im 8. Kapitel erzähle ich kurz die Geschichte von Adoniram Judson. Alles, was von oder über Mildred Cable, Jonathan Goforth – oder in der letzten Zeit über Helen Roseveare, David Adeney, David Bentley-Taylor, Leslie Lyall oder Michael Griffiths geschrieben worden ist, ist lesenswert. Diese Liste ließe sich beliebig fortsetzen – Männer und Frauen, deren Glauben in ihrer Studentengruppe gefestigt worden ist und die ihr Leben dann der kulturübergreifenden Missionsarbeit gewidmet haben.

[37] John Stott hat in Robin Wells' programmatischen Buch *Jesus Says Go* (Monarch/Kregel 2006) einen meisterhaften vierminütigen Überblick geliefert, warum Mission aus einem echten biblischen Glauben nicht wegzudenken ist. Dieser Beitrag lässt sich als Audio-Datei kostenlos von der Website der UCCF herunterladen: www.uccf.org.uk/omt. Ausführlicher behandelt wird das Thema in Kapitel 19 von John Stotts *The Contemporary Christian* (IVP 1995; auf deutsch: *Christen auf dem Weg ins nächste Jahrtausend*, vergriffen) oder Rose Dowsetts *God's Missionary Heart: From Eden to Eternity*, das den zweiten Teil von Jesus Says Go bildet.

[38] So hat es Sir Geoffrey Elton beschrieben, emeritierter Professor für Moderne Geschichte an der Universität Cambridge.

[39] 1800 war die Bibel nur in 70 Sprachen erhältlich. Heute haben sind zumindest Teile der Bibel in über 2.200 der 6.500 Sprachen, die es weltweit gibt, verfügbar. 80 Prozent der Menschen haben Zugang zur Heiligen Schrift in einer Sprache, die sie verstehen können. Zwischen 1960 und 2000 ist die Anzahl der Evangelikalen in der westlichen Welt von 57 Millionen auf ungefähr 100 Millionen angewachsen, in der nicht-westlichen Welt von 21 Millionen auf über 220 Millionen. Die Kirche ist wahrhaft global geworden.

Von den 279 Mega-Sprachen der Welt (den Sprachen, die von mehr als einer

Million Menschen gesprochen werden), gibt es nur noch 91, in denen keine evangelistischen Radiosendungen ausgestrahlt werden, und diese Zahl verringert sich jährlich um zehn bis fünfzehn. Es ist lehrreich, sich klarzumachen, dass in jedem Jahr rund 25.000 neue christliche Bücher publiziert und 68 Millionen Bibeln ausgegeben werden. Es wird genug evangelisiert, um die ganze Welt 79fach zu erreichen – wenn es nur gleichmäßig verteilt wäre.

[40] Die Langham Partnership International (LPI) wurde von John Stott gegründet, um sich diesem Bedarf zu widmen. Alle Leiter sind als Studenten in den IFES-Bewegungen ihres jeweiligen Landes aktiv gewesen, und LPI arbeitet in seinen Schulungsseminaren eng mit IFES-Hauptamtlichen zusammen. Jonathan Lamb, der Leiter der Predigt-Abteilung, hat als stellvertretender IFES-Generalsekretär gearbeitet.

[41] In den karibischen IFES-Bewegungen hat Schülerarbeit (die es in rund einem Drittel der IFES-Bewegungen gibt) einen sehr hohen Stellenwert. Deshalb wird das unpräzise englische „students" in diesem Abschnitt mit „Schüler und Studenten" übersetzt. – *Anm. d. Übers.*

[42] Das Verlagshaus im französischsprachigen Afrika bedient inzwischen 20 Länder.

[43] Ich möchte aus einem Aufsatz zitieren, den Las Newman, stellvertretender Generalsekretär der IFES, 2003 verfasst hat: „Der Begriff ganzheitliche Mission, ‚integrale' Mission in anderen Sprachen, geht auf die Missionsdiskurse innerhalb der Micha-Initiative zurück – einem Netzwerk von christlichen Kriseninterventions- und Entwicklungshilfeorganisationen. Einer ihrer Gründer ist das IFES-Urgestein C. René Padilla. Die Micha-Erklärung von 2001 legt Wert darauf, dass soziales Engagement und evangelistische Verkündigung nicht nur nebeneinander her stattfinden, sondern unmittelbar zusammenhängen. Wie im Leben von Jesus gehören in der ‚Integralen Mission' sein Handeln und Reden zentral zu einem ganzheitlichen Auftrag."

[44] Dieses Zitat wird immer Edmund Burke zugeschrieben, dem britischen Politiker des 19. Jahrhunderts, aber bislang hat es noch niemand in seinen Schriften gefunden. Das nimmt ihm allerdings nichts von seiner Scharfsinnigkeit.

[45] Mehr über Tony Wilmots bemerkenswertes Leben findet sich in den Nachrufen in der *Times* vom 27.12.1996, im *Telegraph* vom 28.12.1996 und im *Oxford Dictionary of National Biography*. Eve Wilmot, die 2006 starb, war eine Tochter von Algernon Stanley-Smith von der Ruanda-Mission und Enkelin von Peregrine Stanley-Smith, einem der Cambridge Seven. Sie und Tony waren Tausenden afrikanischer Studenten als „Tante und Onkel" oder auch als „Mama und Papa" bekannt. Wir sind ihnen für ihren aufopferungsvollen Dienst, mit dem sie an den Universitäten überall in Afrika Gemeinde Christi gebaut haben, zu großer Anerkennung verpflichtet.

[46] Thomas von Aquin (1225–1274) in der *Summa Theologica* (II. Buch, I. Teil, 114. Frage, 1. Artikel, 3. Einwand).

[47] Allen, die darüber nachdenken, in einen hauptamtlichen christlichen Dienstzu

gehen, empfehle ich Ajith Fernandos Aufsatz *An Authentic Servant* zur Selbstprüfung (von IFES und OMF als Broschüre herausgegeben).

[48] Harry Blamires, *The Christian Mind* (neueste Auflage: Regent College Publishing, 2005), John Stott, *Your Mind Matters* (neueste Auflage: IVP 2007; dt. *Es kommt auch auf den Verstand an*, Neuhausen 1975, vergriffen).

[49] Vergleiche dazu auch die Geschichte in 1. Samuel 7,7-13, in der die Philister besiegt werden.

[50] Dieser Bibelleseplan, der den Leser in einem Jahr einmal ganz durch das Alte Testament und zweimal durch das Neue Testament und die Psalmen führt, ist von ungezählten Christen in der ganzen Welt genutzt worden. Er wurde von einem schottischen Pastor, Robert Murray McCheyne (1813–1843) zusammengestellt, und die IFES hat kürzlich eine neue Ausgabe herausgebracht.

[51] Roger Brown von der Church Mission Society (CMS) hat seine Überlegungen zum Völkermord in Ruanda in der J. C. Jones-Gedenkvorlesung 1995 geäußert. Zu beziehen über die CMS unter www.cms-uk.org.

[52] Vladimir Martinovsky, ein sehr mutiger Christ, hatte 1939 auf der Internationalen Konferenz für Evangelikale Studenten in Cambridge den Abendmahlsgottesdienst mitgeleitet (vgl. Kapitel 10). Dieses Treffen war der Vorläufer der Konferenz in Harvard nach dem Krieg, auf dem die IFES gegründet wurde.

[53] Es war damals fast überall in der Sowjetunion sehr unüblich, dass ein als evangelikal bekannter Student, der nicht aus dem Ausland stammte, überhaupt je seinen Abschluss bekam. Entsprechend schwierig war es, mit den Christen aus dem Ausland Gemeinschaft zu pflegen.

[54] CCX sind die kyrillischen Buchstaben, Aussprache in etwa: S-S-H.

[55] Religiös gab es drei Hauptgruppen: die Serbisch-Orthodoxen, die kroatischen Katholiken und die bosnischen Muslime. Tito hatte eine labile Balance der Macht geschaffen, indem er die wichtigsten Stellen reihum im Wechsel mit Angehörigen der verschiedenen ethnischen Gruppen besetzte. Jede Republik war für ihre eigene Innenpolitik verantwortlich, während sich die jugoslawische Regierung um Dinge wie Verteidigungs- und Außenpolitik kümmerte. Nach Titos Tod begann das System zu versagen. Es gab keine Führungsfigur, die den Interessen aller Gruppen gerecht zu werden vermochte. Die Wirtschaft begann Schaden zu nehmen, und die wohlhabenderen Republiken sahen nicht mehr ein, den ärmeren aushelfen zu müssen. Dass Slobodan Milosevic völlig einseitig die Interessen Serbiens vertrat, machte die Spannungen noch schlimmer.

1991 verkündeten sowohl Slowenien als auch Kroatien ihre Unabhängigkeit. Serbien und die jugoslawische Armee wollten Jugoslawien zusammenhalten und versuchten, die Ablösung der beiden Republiken mit Gewalt rückgängig zu machen. Das unvermeidbare Resultat war Bürgerkrieg: ein kürzerer in Slowenien, ein längerer und blutigerer in Kroatien. Im September 1992 kam es auch in Bosnien zum

Volksentscheid – auch hier stimmte die Mehrheit für die Unabhängigkeit, aber Bosnien hatte damit nur noch mehr Probleme. Der Westen des Landes war großteils kroatisch, der Osten dagegen mehrheitlich serbisch, und die bosnischen Serben hatten den Volksentscheid komplett boykottiert. So kam es auch nach Bosniens Unabhängigkeitserklärung zum Bürgerkrieg. Die Kämpfe wurden erst nach dem Einschreiten internationaler Streitkräfte beendet, und Serbien musste zugestehen, dass das ehemalige Jugoslawien, nachdem sich auch Mazedonien noch abgespalten hatte, auf zwei Gebiete zusammengeschrumpft war: Serbien und Montenegro. Schon zu Titos Zeiten waren im Kosovo Schwierigkeiten und Spannungen zwischen der albanischen Mehrheit und der serbischen Minderheit allgegenwärtig gewesen. Die Kosovo-Albaner wünschten sich die Unabhängigkeit von Serbien, aber das Kosovo – der Schauplatz der großen Schlacht gegen die Osmanen – gilt den Serben als geheiligter Boden, den sie nicht kampflos aufzugeben bereit waren.

[56] Die britische Inter-Varsity Press hat seine Autobiographie *An Adopted Son* (1985) herausgebracht. Es lohnt sich, nach einer gebrauchten Ausgabe Ausschau zu halten.

[57] In der Luther-Bibel und anderen deutschen Übersetzungen findet man das Wort „Gnade" freilich auch im Alten Testament. Die im Urtext stehenden Begriffe wären aber anders noch wörtlicher wiederzugeben (etwa mit „Gunst" oder „Treue"). – *Anm. d. Übers.*

[58] Kornél Herjeczki gehört als einer der Vertreter von Europa/Eurasien IFES-Vorstand.

[59] Siehe *Independent* vom 14. Mai 2005 und *Times* vom 25. Mai 2005. Der Independent arbeitete heraus, welchen Einfluss IVP auf die theologische Literatur ausgeübt hat – das wäre eine eigene Geschichte wert. Ich zitiere nur kurz aus der *Times*:
„Führende Autoren wie John Stott, J. I. Packer und der Philosoph Francis Schaeffer wurden von Inchley erstmals publiziert. Er hatte Freude daran, die Fähigkeiten neuer Autoren weiterzuentwickeln, er ging mit ihnen spazieren, um herauszufinden, worüber sie gerne schreiben wollten, und dann blieb er ihnen auf den Fersen, bis sie ihre Erzeugnisse abgeliefert hatten.
Unter den Autoren der IVP, die aus der Wissenschaft, der Kirche, der Industrie, aus dem medizinischen oder ethischen Bereich kamen, sind einige der brillantesten Denker der evangelikalen Welt gewesen. Fast alle von ihnen, darunter auch Inchley selbst, sind in ihrem Glauben durch Studentengruppen an ihren Hochschulen gefestigt worden."

[60] Tony Lamberts *China's Christian Millions* (OMF/Monarch 1997, 2006) bietet einen guten Überblick über das, was im Moment unter chinesischen Intellektuellen geschieht.

[61] *Gebet für die Welt* wird in Buchform regelmäßig überarbeitet und ist im Buchhandel erhältlich. Auf Englisch finden sich die Inhalte auch im Internet unter www.operationworld.org.

[62] Mehr zum Dienst von SAT-7 findet sich unter www.sat7.com.

[63] Band 2, Ausgabe 5.

[64] Das Buch erschien zuerst 1936 und wurde seither (auf Englisch) immer wieder neu aufgelegt und überarbeit.

[65] Dieser Text ist auf Englisch auch separat als Faltblatt erhältlich. Bestellungen (kostenlos) an info@ifesworld.com oder per Post an das IFES International Office, 321 Banbury Road, Oxford OX2 7JZ, Großbritannien.

[66] Die Namen einiger Länder/Bewegungen fehlen aus Sicherheitsgründen

Weitere Veröffentlichungen bei FRANCKE

Nick Pollard
Von Jesus reden?!
Evangelisieren ein bisschen einfacher gemacht
ISBN 978-3-86122-675-8
208 Seiten, Paperback

Viele Leute wollen eigentlich gar nichts von Jesus hören. Sie geben zu verstehen, dass sie mit sich und ihrem Weltbild rundum zufrieden sind. Schluss, aus, Ende des evangelistischen Gesprächs? Dieses Buch zeigt ganz praktisch, wie wir diese Menschen trotzdem auf Jesus neugierig machen können.

Nick Pollard erklärt, warum manche so denken, und zeigt Wege, wie man sie trotzdem erreicht.
Er beschreibt, wie wir
- Leute auf Jesus neugierig machen,
- ihnen das Evangelium erklären,
- ihre kniffligen Fragen beantworten und
- sie bei ihren ersten Schritten im Glauben begleiten können.

Evangelisieren ist schwierig. Und es wird schwierig bleiben. Doch Nick Pollard zeigt ehrlich und durchdacht, mit unwiderstehlichem Humor und ansteckender Begeisterung, wie es uns ein wenig leichter fallen kann, über unseren Glauben zu reden.

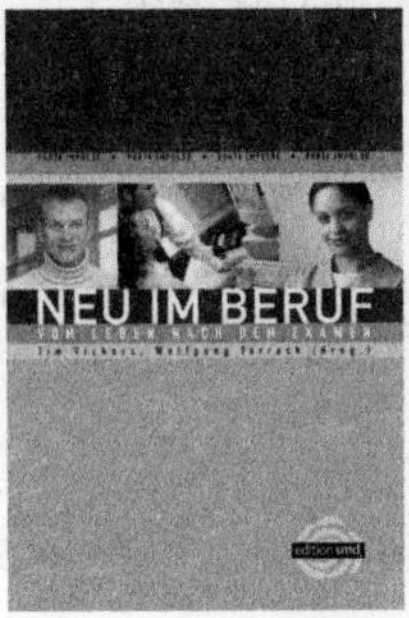

Tim Vickers & Wolfgang Tarrach (Hrsg.)

Neu im Beruf

Vom Leben nach dem Examen

ISBN 978-3-86122-758-8

128 Seiten, Paperback

Eine Welle von Herausforderungen bricht über jeden herein, der sein Studium hinter sich gelassen und den ersten Job gefunden hat. Kaum ein Lebensbereich, der nicht kräftig durcheinander gewirbelt würde. Das gilt umso mehr für Christen, die vielleicht eben noch in einer Gruppe gleich gesinnter Studierenden ihren Glauben leben und bezeugen konnten und nun damit zu kämpfen haben, dass Christsein und Alltag auseinander zu driften drohen.

Dieses Buch hilft, sich auf den Umbruch einzustellen und ihn zu gestalten. Persönliche Einblicke, die berufstätige Christen in ihr Leben und Arbeiten geben, machen es besonders praxisrelevant. Wer das Thema Christsein im Beruf vertiefen möchte, findet Literaturtipps sowie Adressen von Netzwerken berufstätiger Christen.

Jörg Berger
Lebensziel Berufung
Den eigenen Weg finden in einer Welt der Beliebigkeit
ISBN 978-3-86122-812-7
128 Seiten, gebunden

Berufung – ein etwas sperriger Begriff, dessen Perspektive und Bedeutung uns häufig verloren gegangen ist.
Wie finde ich eine Lebensform, die meinem Wesen entspricht?
Wofür soll ich mein Leben einsetzen?
Mit anderen Worten: Was ist meine *Berufung?*

Auf die Frage nach dem „Wie“ gibt der Autor praktische Antworten, die sich nicht nur in der Psychotherapie bewährt haben.
Auf die existenzielle Frage nach dem „Wofür“ bietet die Bibel Lösungen, die zu einem frohen, schöpferischen und einsatzbereiten Leben freisetzen und dem Leser neue Impulse geben.

Mit Illustrationen von Marion Schowalter.